AF480738

Naviguer à travers le temps - Édition pour lecteurs

Eric Jones

Dédicace

La vie peut être enrichissante, mais elle peut parfois être complexe. Je voudrais dédier ce livre à toutes les femmes fortes qui ont contribué à façonner ma vie.

J'ai grandi dans un milieu très modeste, et ma grand-mère a toujours été à mes côtés, me soutenant sans relâche. Sa force, sa sagesse et son dévouement envers la famille étaient sans égal.

J'essaie de suivre l'exemple de mes grands-parents, car je me tiens sur les épaules de géants, et je continue d'avancer chaque jour, sachant qu'ils vivent en moi. En écrivant ce livre, je souhaitais dialoguer avec le monde à travers le prisme de la découverte de soi, de l'identification de ce qui est important et de la manière dont nous pouvons traverser le temps de façon à donner tout son sens à cette vie.

J'ai la chance d'avoir une belle famille et des filles fortes qui me soutiennent sans faille, et j'espère que quelque chose dans ces pages fera une différence dans la vie du lecteur, de manière à ce qu'il puisse trouver la direction, la satisfaction et l'épanouissement qu'il m'a fallu attendre bien plus tard dans ma vie pour découvrir.

Nous sommes tous pressés par le temps alors que nous naviguons à travers le temps sur des montagnes russes imaginaires qui peuvent accélérer ou ralentir. Parfois, le trajet est cahoteux, mais selon nos choix, il pourrait être tout en douceur alors qu'il nous emmène vers ce prochain plan d'existence. J'apprécie le temps et les efforts que vous consacrez à vous lancer dans ce voyage, et j'espère que votre temps sera bien employé.

Avertissement

Les informations fournies dans cet ouvrage sont uniquement destinées à des fins d'information générale et éducative et ne doivent pas être considérées comme des conseils financiers, d'investissement, fiscaux ou juridiques. L'auteur n'est ni conseiller financier agréé, ni comptable, ni avocat, et le contenu de cet ouvrage ne constitue pas un conseil financier professionnel.

Les lecteurs sont encouragés à mener leurs propres recherches et à solliciter l'avis de professionnels qualifiés avant de prendre toute décision financière. L'auteur et l'éditeur déclinent toute responsabilité quant aux erreurs ou omissions dans le contenu, ainsi qu'aux conséquences résultant de l'utilisation des informations contenues dans cet ouvrage. Toute confiance accordée aux informations fournies est strictement aux risques et périls du lecteur.

En lisant ce livre, vous acceptez que l'auteur et l'éditeur ne soient pas tenus responsables des pertes financières, dommages ou autres conséquences pouvant résulter de l'application des informations ou recommandations présentées ici.

Sommaire

Chapitre 1
Introduction

Nous naviguons tous à travers le temps. Le balancement régulier du pendule de l'horloge nous rappelle à quel point chaque seconde passe vite, puis disparaît en un clin d'œil. Les instants nous glissent entre les doigts, tout comme des grains de sable s'échappant d'une main ouverte. Certains de ces instants recèlent des opportunités. Ce sont des occasions pour nous de réfléchir, de grandir et de nous investir d'une manière qui pourrait nous mener à un sentiment plus profond de sens et d'épanouissement.

Prendre conscience de cela peut vous donner envie de revenir en arrière et de vivre ces moments différemment, de retenir ce qui n'était que fugace. Même si nous souhaitons changer les choses, le temps ne fait que s'écouler. La plupart d'entre nous, à un moment ou à un autre, nous retrouvons à repenser aux occasions manquées, en reconnaissant qu'elles sont désormais hors de notre portée. Pourtant, ce qui importe, ce n'est pas ce que nous avons perdu, mais la manière dont nous choisissons d'aller de l'avant. Chaque pas, chaque choix, façonne notre évolution, et nous avons le pouvoir de créer quelque chose qui a du sens.

Le contenu de ce livre est conçu pour vous aider à découvrir les décisions qui contribuent à forger votre personnalité et votre processus décisionnel, ainsi qu'à identifier les facteurs susceptibles de vous apporter un plus grand épanouissement.

L'épanouissement est lié à la façon dont nous menons notre vie ici et maintenant. Il dépend de la manière dont nous occupons notre temps et des choix que nous faisons au fil du chemin. Nos valeurs agissent comme une boussole, guidant nos attentes et influençant la façon dont nous nous percevons. Mais la vie a le don de mêler réalité et imagination, et parfois, l'image que nous créons dans notre esprit ne correspond pas à celle que nous voyons devant nous. Lorsque cela se produit, cela peut susciter de l'anxiété ou nous laisser un sentiment d'épuisement.

Je veux que vous gardiez à l'esprit quelque chose d'important : vous avez à la fois le pouvoir et la responsabilité de façonner votre vie d'une manière qui corresponde à vos valeurs et nourrisse votre âme. L'épanouissement survient lorsque ce que vous pensez, ressentez et faites s'harmonisent. J'espère que ce livre vous aidera à réfléchir à cette harmonie et vous rapprochera d'une vie qui vous semble pleine de sens et satisfaisante.

Chacun de nous est à la fois un être spirituel et un être physique. Nous menons deux vies à la fois : l'une dans notre esprit, qui regorge de rêves et d'imagination, et l'autre dans le monde physique, où nous concrétisons ces rêves. La beauté de l'être humain réside dans notre capacité à réfléchir profondément à ce que nous voulons, puis à choisir comment y parvenir. C'est là que naissent le véritable contentement et une vie saine.

Une vie meilleure, quelle que soit la signification que vous lui donnez, dépend entièrement de votre capacité à observer le monde, à comprendre votre réalité actuelle et à identifier ce que vous voulez vraiment. Il s'agit de connaître la différence entre là où vous êtes et là où vous voulez être. Lorsque vous pouvez voir clairement cette différence, vous pouvez vous fixer des objectifs significatifs qui reflètent vos valeurs et travailler à leur réalisation avec détermination. Mais soyons honnêtes : la vie ne se déroule pas toujours comme prévu. Lorsque les choses ne se déroulent pas selon notre calendrier ou nos attentes, la frustration et le stress peuvent s'installer. Je ne le sais que trop bien.

Nous n'avons qu'une seule vie, et je souhaite tirer le meilleur parti de la mienne. Au lieu de laisser les revers nous définir, nous pouvons changer notre état d'esprit et nous concentrer sur ce qui compte vraiment. C'est là que réside la croissance.

Certaines personnes sont satisfaites de leur vie telle qu'elle est. Elles ne voient pas la nécessité de la peaufiner. Mais pour beaucoup d'entre nous, une petite voix nous dit : « Si je pouvais juste ajuster quelques petites choses, peut-être que la vie serait encore plus agréable. » C'est là qu'intervient la réflexion consciente. Ce qui nous rend heureux peut être mieux compris par l'introspection et l'analyse. La philosophie repose précisément sur ce principe : il faut réfléchir attentivement, rechercher la vérité et prendre des décisions qui ont du sens.

Au fond, la philosophie consiste à nous comprendre nous-mêmes et à comprendre le monde qui nous entoure. Elle nous aide à prendre des décisions judicieuses, à vivre de manière intentionnelle et à éviter de dériver dans la vie en pilote automatique. Grâce à une réflexion approfondie, nous pouvons gagner en clarté, affiner notre concentration et façonner notre vie pour en faire quelque chose dont nous sommes fiers.

Qu'est-ce que la philosophie ?

C'est une quête intellectuelle d'une profondeur et d'une ampleur remarquables, définie comme l'examen discipliné et méthodique des questions fondamentales au cœur de l'existence humaine. En termes simples, c'est la recherche de la vérité — une manière de comprendre la nature des choses qui nous entourent et la façon dont elles interagissent avec nous dans le monde physique. Ancrée dans la recherche rationnelle, cette quête s'aventure dans les domaines de l'ontologie, de l'épistémologie, de l'éthique et de la métaphysique, démêlant les liens complexes entre la réalité, la connaissance, la moralité et les mystères de notre expérience humaine commune.

Grâce à l'application d'une pensée critique rigoureuse, d'un raisonnement logique et d'une analyse approfondie, la philosophie s'attache à dévoiler les vérités insaisissables qui se cachent sous la surface de notre conscience.

Métaphysique

La métaphysique explore en profondeur les questions fondamentales sur la nature de la réalité elle-même. Elle se penche sur l'existence de Dieu, la nature insaisissable de la vérité, et même la relation énigmatique entre l'esprit et le corps. Avec audace et curiosité intellectuelle, la métaphysique cherche à mettre au jour les principes et les structures sous-jacents qui façonnent les aspects physiques et non physiques de notre monde.

Épistémologie

L'épistémologie, connue comme l'étude de la connaissance, s'intéresse aux choses et à leur environnement. Elle répond également à la question de savoir comment nous pouvons acquérir des connaissances. Les épistémologues s'efforcent de comprendre la nature de la connaissance et utilisent leur esprit explorateur pour rechercher ce qu'ils ne savent pas.

Leur quête de compréhension les aide non seulement à saisir l'authenticité de ce qu'ils apprennent, mais leur permet également d'évaluer la fiabilité de ce savoir. Même s'ils savent ce qu'il faut faire, ils se perdent souvent dans le labyrinthe du doute de soi. Cela peut paraître étrange, mais la lutte, le doute et les questions rendent la recherche d'informations si importante.

Éthique

L'éthique, souvent considérée comme synonyme de moralité, se concentre sur la capacité d'une personne à adopter un comportement idéal. Elle nous invite à réfléchir à des questions intemporelles : qu'est-ce qui est bien ou mal ? Qu'est-ce qui est bon ou mauvais ? Comment devrions-nous idéalement vivre ? L'éthique nous aide à faire la lumière sur les complexités du comportement humain et ses effets alors que nous naviguons entre principes moraux et théories éthiques. Elle sert de boussole, nous guidant à travers le terrain difficile de la prise de décision morale et nous inspirant à améliorer le monde pour nous-mêmes et ceux qui nous entourent.

Logique

La logique est l'étude et l'application systématiques du raisonnement et de l'inférence valide. C'est une discipline qui examine des principes et des règles de pensée clairs et cohérents. À la base, la logique établit un cadre permettant d'évaluer les arguments, de déterminer s'ils sont valides ou invalides, et d'apprécier la solidité des conclusions.

Elle fournit des outils et des méthodes pour analyser et évaluer la structure et la cohérence des arguments. Elle explore le raisonnement déductif et inductif — la manière dont des conclusions logiques découlent de prémisses. Le raisonnement inductif consiste à élaborer des généralisations à partir d'observations ou de données spécifiques, tandis que le raisonnement déductif tire des conclusions spécifiques de principes ou de prémisses plus généraux. En termes simples, la logique est le processus de raisonnement selon des principes de validité largement compris par l'esprit commun.

Logique et intelligence émotionnelle

Prenons l'exemple d'une dispute où les émotions sont à fleur de peau. L'envie de réagir immédiatement peut être irrésistible. Cependant, prendre du recul et faire appel au raisonnement logique permet d'adopter une réponse plus mesurée. C'est là l'essence même de la synergie entre la logique et l'intelligence émotionnelle. La logique fournit le socle qui soutient l'intelligence émotionnelle, aidant ainsi les individus à comprendre, gérer et exprimer leurs émotions d'une manière qui renforce les relations plutôt que de les détériorer.

À la base, la logique sert de force stabilisatrice. Elle permet aux individus d'analyser leurs émotions, d'identifier les déclencheurs et d'éviter de prendre des décisions fondées uniquement sur l'impulsion. Lorsque la logique est appliquée, il devient plus facile d'identifier les schémas dans les réactions émotionnelles et de mettre au jour les biais cognitifs qui pourraient les influencer. Ce niveau de conscience de soi est un aspect fondamental de l'intelligence émotionnelle. Il offre la capacité de réfléchir, de réguler les réactions émotionnelles et de développer un meilleur contrôle sur les interactions avec les autres.

L'intelligence émotionnelle est efficace lorsqu'une personne comprend quand il est nécessaire de mettre la rationalité de côté. Laissez-moi vous expliquer plus en détail. Tant de conversations déraillent parce qu'une personne refuse d'écouter ou de comprendre le contexte de ce qui est discuté ou expliqué. La réaction instinctive est souvent la colère et l'irrationalité. En général, les gens doivent apprendre à trouver un équilibre entre rester rationnel et écouter activement. Dans ces moments-là, ils devraient être capables de mettre temporairement leurs émotions de côté. Je conseille aux gens de prendre leurs émotions et de les mettre de côté. Développer ces compétences est le meilleur moyen d'éviter les conflits et de prendre du recul, ce qui, en fin de compte, favorise la compréhension et l'épanouissement.

Dans les situations de forte pression, chacun doit trouver un équilibre entre compassion et esprit critique. Par exemple, un médecin qui doit annoncer une mauvaise nouvelle doit rester empathique tout en veillant à ce que l'information soit transmise clairement et de manière professionnelle. Laisser les émotions prendre le dessus dans de telles situations peut entraîner des malentendus ou des conséquences imprévues. Le raisonnement logique fournit la structure nécessaire pour aborder ces moments avec à la fois clarté et sensibilité.

La logique améliore également la capacité à interpréter les émotions des autres. Au lieu de simplement réagir à une manifestation émotionnelle, le raisonnement logique aide à analyser les indices verbaux, le langage corporel et le contexte situationnel. Cette compréhension plus profonde permet des réponses plus réfléchies qui favorisent la connexion plutôt que la mauvaise interprétation.

L'intelligence émotionnelle ne consiste pas à devenir un robot ou un automate. Il s'agit de comprendre les émotions, tant les siennes que celles des autres. C'est savoir comment réagir de manière à favoriser la compréhension et le respect mutuels.

La relation entre la logique et l'intelligence émotionnelle ne consiste pas à choisir l'une au détriment de l'autre. Il s'agit plutôt de savoir quand appliquer chacune correctement. L'intelligence émotionnelle favorise l'empathie et la connexion. C'est l'art de savoir que tout ira bien après les disputes animées et qu'une communication claire sera établie. En même temps, la logique apporte clarté et maîtrise sur les manifestations des émotions d'une personne. C'est exposer les faits et les considérer sans la moindre trace de partialité. Maîtriser cet équilibre permet d'approfondir les relations, d'améliorer la prise de décision et d'adopter une approche plus terre-à-terre de la vie.

Philosophie et histoire

En ce qui concerne le concept de philosophie tel qu'il a été décrit dans les pages du passé, le débat intellectuel est sans fin. Un historien, par nature, insisterait sur le fait que le passé détient toutes les réponses. Cependant, le philosophe ne serait pas d'accord et soutiendrait que les questions sont plus importantes que les faits. S'ils étaient enfermés ensemble dans une pièce pour trouver un terrain d'entente, ils discuteraient sans fin, sans qu'aucun ne gagne ni ne perde, car la vérité est qu'ils ont besoin l'un de l'autre. La philosophie et l'histoire ne sont pas des disciplines distinctes ; elles sont les deux faces d'une même médaille.

L'histoire fournit les événements, les faits et les résultats. Elle nous raconte ce qui s'est passé, qui a fait quoi, et comment les civilisations se sont élevées et sont tombées. Mais l'histoire sans la philosophie, c'est comme lire un roman sans en comprendre les thèmes. Bien sûr, on pourrait mémoriser les dates de toutes les grandes révolutions, mais sans raisonnement philosophique, ces révolutions restent des faits sans vie au lieu d'être des leçons sur la nature humaine, le pouvoir et la société.

La philosophie, en revanche, pose les questions difficiles. Qu'est-ce que la justice ? Qu'est-ce que la vérité ? Qu'est-ce qu'une bonne société ? Alors que l'histoire nous donne des exemples, la philosophie nous oblige à les examiner d'un œil critique. Prenons l'exemple de la Rome antique. L'histoire nous dit que l'empire est tombé. La philosophie demande pourquoi il est tombé et ce que cela signifie pour les sociétés d'aujourd'hui. Était-ce la corruption ? Une expansion excessive ? Le cycle inévitable du pouvoir ? Sans la philosophie, l'histoire se contenterait de nous dire que Rome s'est effondrée, et nous passerions à autre chose. Avec la philosophie, nous voyons Rome comme une étude de cas sur le leadership, la gouvernance et les limites de l'ambition humaine.

La période des Lumières est l'un des meilleurs exemples de la collaboration entre l'histoire et la philosophie. Les historiens peuvent nous dire quand cela s'est produit et quels penseurs y ont contribué, mais la philosophie nous oblige à nous demander pourquoi cette explosion de nouvelles idées a eu lieu. Pourquoi des penseurs comme Voltaire et Rousseau ont-ils remis en cause l'autorité traditionnelle ? Pourquoi les sociétés ont-elles soudainement adopté des idées sur les droits individuels et la démocratie ? Les réponses ne se trouvent pas seulement dans les événements historiques, mais aussi dans les débats philosophiques qui les ont entourés.

Ce lien entre la philosophie et l'histoire ne s'adresse pas uniquement aux universitaires. Il est pertinent dans la vie quotidienne. Pensez à la politique moderne. L'histoire nous dit quelles politiques ont fonctionné ou échoué par le passé. La philosophie nous pousse à nous demander pourquoi certaines idées réussissent et d'autres non. Ensemble, elles nous aident à comprendre le présent, à remettre en question le statu quo et à anticiper l'avenir.

Sans l'histoire, la philosophie manque d'ancrage dans le monde réel. Sans la philosophie, l'histoire n'est qu'un recueil d'histoires anciennes. Mais lorsqu'elles agissent de concert, elles offrent quelque chose de véritablement puissant. Elles ont la capacité de voir le passé, de comprendre le présent et de façonner l'avenir avec sagesse.

Philosophie et sagesse

La philosophie et la sagesse sont deux des forces les plus méconnues de l'histoire de l'humanité. Elles sont comme deux frères et sœurs lors d'un dîner de famille. L'un est l'intellectuel qui aime disséquer le sens de la vie autour d'un verre de bon vin. L'autre est le pragmatique, terre-à-terre, qui lève les yeux au ciel et dit : « C'est bien beau, mais en quoi ça m'aide à payer mes factures ? » Il est vrai que la philosophie et la sagesse sont liées, mais elles ne sont pas la même chose. Elles ont besoin l'une de l'autre, mais elles ne s'entendent pas toujours.

La philosophie, c'est la curiosité à outrance. Elle pose les grandes questions. Qu'est-ce que la vérité ? Qu'est-ce que la justice ? Pourquoi l'ananas a-t-il sa place – ou pas – sur une pizza ? Elle ne se soucie pas nécessairement de répondre rapidement à ces questions. En fait, les philosophes adorent faire durer les débats le plus longtemps possible, car le processus de questionnement a autant de valeur que la recherche de la réponse. Quant à la sagesse, c'est la sœur plus efficace et plus débrouillarde de la philosophie. Alors que la philosophie s'attelle à contempler l'existence, la sagesse reste en retrait, murmurant : « C'est génial, mais tu ferais peut-être mieux de ne pas le dire à voix haute à ton patron. »

La philosophie fournit le plan. La sagesse décide si ce plan tiendra réellement la route quand le vent se mettra à souffler. La sagesse est cette partie de votre cerveau qui vous empêche d'envoyer un SMS à votre ex à deux heures du matin. C'est cette petite voix intérieure qui dit : « J'ai déjà vu ce film, et ça ne finit pas bien. » Mais avant que la sagesse n'en arrive là, c'est la philosophie qui s'interroge en premier sur le fonctionnement des relations, sur les raisons qui poussent les gens à agir comme ils le font, et sur ce qui mène à une vie bien vécue.

Dans la vie réelle, quand il est question de justice, on entend souvent certains débiter des références historiques, citant Aristote, Kant et tous les juristes qui se sont succédé entre les deux. L'autre se contente de soupirer et de dire : « La justice, c'est simplement savoir se taire au bon moment. » Les deux ont raison, mais l'un se perd dans la théorie, tandis que l'autre s'appuie sur l'expérience. C'est là tout le jeu de tension entre la philosophie et la sagesse.

Si nous plongeons dans l'histoire et réfléchissons à Socrate, cet homme était un véritable point d'interrogation ambulant. Il croyait que la sagesse consistait à savoir que l'on ne sait en réalité rien. Mais si nous nous souvenons encore de lui aujourd'hui, c'est parce que l'histoire a fait ce qu'elle fait de mieux. Elle a pris ses idées, les a testées et les a transformées en quelque chose d'utile. La philosophie nous pose les questions, mais c'est la sagesse qui décide comment nous les appliquons.

C'est là qu'interviennent la croyance et la foi. Ces deux cousines se retrouvent à la même fête mais refusent de s'asseoir à la même table. La croyance est la plus simple des deux. On peut croire en quelque chose parce qu'on en a la preuve ou parce que cela semble logique. La foi, en revanche, c'est ce qui se produit quand on croit en quelque chose, même quand les preuves sont en vacances. C'est une chose de dire : « Je crois que je peux décrocher ce poste. » C'en est une autre d'avoir la foi nécessaire pour se présenter, donner le meilleur de soi-même et gérer le rejet avec dignité s'il survient.

La croyance, c'est semer une graine. La foi, c'est l'arroser, même quand on ne voit que de la terre. C'est faire confiance au processus malgré tous les doutes qui s'insinuent dans votre esprit.

Ce n'est pas si facile que ça. Si acquérir de la sagesse et comprendre la philosophie étaient faciles, nous aurions tous notre vie bien en main, prendrions des décisions parfaites et n'aurions aucun regret. Cependant, la vérité est que la sagesse se gagne à la sueur de son front. Elle vient des erreurs, de ces nuits où l'on remet tout en question et des leçons que l'on n'a jamais voulu apprendre mais qu'il fallait absolument apprendre.

Au bout du compte, la philosophie et la sagesse ne sont pas rivales ; ce sont des coéquipières. L'une pose les questions difficiles et l'autre trouve comment utiliser ces réponses pour améliorer la vie. Ignorez l'une, et vous risquez de devenir soit un théoricien détaché, soit quelqu'un qui ne cesse de refaire les mêmes erreurs. Mais embrassez les deux, et soudain, le monde commence à avoir beaucoup plus de sens.

Alors, la prochaine fois que quelqu'un vous dira que la philosophie est inutile ou que la sagesse vient comme par magie avec l'âge, souriez poliment et sachez qu'il passe à côté de l'essentiel. En réalité, la sagesse et la philosophie nous empêchent d'avancer à l'aveuglette, de nous cogner contre les mêmes murs et de faire sans cesse les mêmes choix stupides.

Religion et philosophie

Le but de développer un esprit philosophique est de comprendre la réalité ; l'effort pour connaître la réalité donne naissance au concept de religion. Avoir un esprit philosophique complète également l'effort humain pour comprendre la trame de la réalité et rechercher instinctivement notre créateur. La sagesse et la vision de Dieu sont infinies, et en le recherchant, ainsi que notre sauveur, Jésus-Christ, nous nous ouvrons à une plus grande propension à comprendre notre mission et notre place dans l'univers.

En d'autres termes, on peut dire que la religion et la philosophie s'entremêlent pour former une magnifique chaîne. La religion est décrite comme la foi en Dieu. Elle pourrait s'expliquer comme un code de conduite permettant de vivre selon des principes éthiques tout en s'acquittant des responsabilités qui nous sont confiées. D'autre part, la philosophie constitue les piliers de la réflexion sur le monde afin de vivre avec optimisme et de traverser les sentiments négatifs avec conscience et maîtrise de soi. L'esprit philosophique peut être utilisé pour mieux apprécier l'existence de la religion ; il complète le développement et la compréhension des principes et des concepts de la religion et de Dieu.

Ainsi, il explique des concepts incompréhensibles d'une manière accessible à tous. Il renforce la croyance en un créateur pour aider les individus à rechercher la vérité qui ne peut être perçue à l'œil nu. Les concepts philosophiques complètent les fondements de la religion pour aider les gens à explorer leur environnement et à garder espoir en l'humanité et en le monde.

La religion et la philosophie sont l'assimilation de cadres théoriques et de pratiques visant à apporter de l'espoir dans la vie des gens. Ces deux vastes domaines se concentrent sur l'amélioration du monde et des individus sur le plan social en inculquant les principes de l'éthique et la nécessité de valoriser les émotions d'autrui. En outre, la religion et la philosophie ont accordé une importance considérable à l'identification du sens de la vie.

La philosophie et la religion peuvent donner l'impression de s'asseoir à la même table, mais elles ont des assiettes très différentes devant elles. La religion a la lourde tâche de comprendre la volonté de Dieu, les gens et l'éthique. C'est l'aînée qui est chargée de veiller à ce que tout le monde reste dans le droit chemin. D'un autre côté, la philosophie ressemble davantage au petit frère curieux qui ne cesse de demander « pourquoi » et « comment », essayant de comprendre la nature du monde, l'essence de la religion et les mystères de l'esprit humain. Avec le pouvoir de la croyance comme fidèle lampe de poche, la philosophie explore ces concepts et tente de les relier entre eux.

À sa manière originale, la philosophie peut s'immiscer dans votre système de croyances et affiner la façon dont il s'articule avec votre raisonnement. Considérez-la comme une boîte à outils qui vous aide à analyser les questions de la vie et à creuser pour trouver des réponses qui satisferont cette curiosité insatiable. Une fois que vous comprenez comment le monde fonctionne, ou du moins que vous vous en êtes convaincu, vous y voyez plus clair. Cette clarté forme des croyances logiques, celles sur lesquelles vous pouvez vous appuyer sans qu'elles vacillent sous la pression.

Le plus beau, c'est que ces croyances logiques peuvent s'enraciner si profondément qu'elles se transforment en foi. C'est un peu comme planter une graine de scepticisme et la voir s'épanouir en quelque chose d'assez solide pour résister aux tempêtes de la vie. La philosophie n'a peut-être pas toutes les réponses, mais elle sait assurément poser les bonnes questions et donner à vos croyances la colonne vertébrale dont elles ont besoin pour se tenir debout.

Ainsi, la vérité pouvait être comprise car les croyances construites par les peuples des civilisations anciennes les aidaient à atteindre un niveau plus élevé de satisfaction et de sens dans leur vie. Cette croyance aboutit au concept de foi – le premier pilier de toute religion. La foi pourrait aider à semer les graines du succès en raison de son lien avec l'espoir et la constance. Par conséquent, il est conseillé à chacun de croire en soi avec suffisamment de fermeté pour avoir foi en ses qualités.

Même un esprit aussi brillant que celui d'Einstein ne garantit pas le succès, mais la confiance en soi permet de persévérer plus longtemps et de redoubler d'efforts même lorsque les choses ne se passent pas comme prévu. La confiance en soi encourage à rester constant dans l'espoir d'obtenir bientôt des résultats, et c'est pourquoi elle mène au succès. Elle pousse à rechercher des solutions et à fournir un effort maximal pour transformer l'image que l'on a en tête en réalité.

Certaines personnes accomplissent des choses incroyables d'une manière qui surprend tout le monde. Mon ami était l'une de ces personnes. Son histoire montre à quel point la confiance peut être puissante lorsqu'elle provient d'une croyance profonde et personnelle en soi-même.

Il n'avait pas de diplômes prestigieux ni de milieu privilégié, mais il n'en avait pas besoin. Sa confiance ne consistait pas à être arrogant ou à prétendre avoir toutes les réponses. C'était une croyance tranquille et inébranlable en ce qu'il était capable de faire. La vie n'a pas toujours été facile pour lui, et il a connu de nombreux défis et moments de doute, comme tout le monde. Mais sa confiance l'a aidé à aller de l'avant, et elle a été comme un bouclier qui lui a permis de rester concentré et de persévérer, quelle que soit la difficulté de la situation.

Fort de sa foi en lui-même, il a poursuivi ses objectifs sans crainte, ignorant les détracteurs, les pessimistes et tous les revers qui tentaient de le faire dévier de sa route. Sa confiance n'était pas seulement profonde. Elle semblait sans fond. Elle lui a donné la force d'accomplir des choses que d'autres jugeaient tout simplement impossibles.

Son histoire est un parfait exemple de la façon dont la foi et la confiance sont liées. Sa confiance s'épanouissait parce qu'elle était ancrée dans la foi. C'était la foi en ses capacités, ses décisions et sa vision. Cette rare combinaison de confiance active et de profond sentiment de conviction est devenue sa force motrice, le poussant de plus en plus près de ses rêves. Tout au long de l'histoire, nous avons vu maintes et maintes fois ce puissant partenariat entre la foi et la confiance. Ensemble, ces deux forces permettent aux gens de surmonter les défis, de tracer leur propre chemin et de laisser derrière eux un héritage qui inspire les autres longtemps après leur départ.

Philosophie et nécessité

C'est l'un des plus grands dilemmes de la vie. Distinguer ce dont on a réellement besoin de ce que l'on veut simplement, vraiment, vraiment. Il y aura des moments où faire la distinction entre les deux ne sera pas toujours facile. Vous pourriez penser que vous avez besoin de cette machine à expresso hors de prix qui occupe la moitié de votre plan de travail. Ce dont vous avez réellement besoin, c'est de caféine et, selon toute vraisemblance, d'une meilleure compréhension de vos propres priorités.

Chacun a ses propres besoins, même s'ils ne doivent pas nécessairement correspondre à ceux que les spécialistes du marketing vous martèlent, du genre : « Vous AVEZ BESOIN de cette taie d'oreiller ultra-haut de gamme, bio et sans gluten pour une qualité de sommeil optimale. » Non, nous parlons ici de besoins réels. Ceux qui comptent vraiment. Ceux qui, s'ils venaient à manquer, vous feraient trébucher dans la vie comme quelqu'un qui cherche ses lunettes alors qu'elles sont posées sur sa tête.

Définir ce qui est vraiment nécessaire n'est pas aussi simple qu'il n'y paraît. Les gens pensent le savoir. Ils se trompent. Ils confondent confort et survie. Ils confondent distractions éphémères et épanouissement. Ils traitent leurs envies comme des besoins. Le résultat ? Beaucoup de gens tournent en rond dans une quête existentielle, se demandant pourquoi ils se sentent vides alors qu'ils possèdent tout ce qu'Amazon leur a jamais recommandé.

La philosophie consiste à poser les grandes questions. Qu'est-ce qui est réel ? Qu'est-ce qui est bon ? Qu'est-ce qui est nécessaire ? La plupart des gens ne s'arrêtent jamais pour se poser ces questions. Ils partent simplement du principe que si quelque chose semble urgent, c'est forcément important. C'est une façon dangereuse de vivre.

Pensez à l'air. Vous en avez besoin. Sans lui, vous prendriez une teinte bleutée peu flatteuse et vous vous effondreriez. Maintenant, pensez à votre téléphone. Vous avez l'impression d'en avoir besoin, et l'idée de le perdre vous remplit d'effroi. Pourtant, d'une manière ou d'une autre, les gens ont survécu pendant des milliers d'années sans vérifier leurs notifications toutes les 12 secondes. La différence entre une véritable nécessité et une nécessité perçue est énorme, mais les gens s'arrêtent rarement pour la remarquer.

Pensez au sommeil. Tout le monde en a besoin, et personne n'a jamais contesté ce besoin essentiel. Malgré cette vérité indéniable, les gens s'en privent volontairement pour les raisons les plus absurdes. « Encore un épisode » se transforme en six. « Je vais juste vérifier mes e-mails rapidement » mène à la lecture d'une page Wikipédia entière sur l'histoire des cuillères. Puis, ces mêmes personnes se traînent comme des zombies épuisés le lendemain, se demandant pourquoi la vie leur semble insupportable. La philosophie conseillerait quelque chose de radical, peut-être quelque chose comme le sommeil, qui n'est pas seulement une suggestion mais une véritable nécessité pour fonctionner en tant qu'être humain.

En tant qu'êtres humains, nous avons soif de liens et en dépendons. Pas dans le sens où il faudrait « rassembler mille abonnés en ligne », mais dans le sens où il faudrait « avoir au moins une personne qui remarquerait votre disparition ». Le problème, c'est que les gens ont pris cette simple vérité et l'ont rendue absurdement compliquée. Les relations devraient être une nécessité, mais les gens les traitent souvent comme des accessoires, des options facultatives que l'on peut négliger pour courir après d'autres choses.

La philosophie nous invite à nous demander pourquoi. Pourquoi les gens consacrent-ils plus d'efforts à soigner leur image en ligne qu'à être réellement présents auprès de leurs proches ? Pourquoi certaines personnes prétendent-elles détester les banalités tout en ayant du mal à entretenir des conversations profondes ? Si les relations sont un élément si central de l'existence humaine, pourquoi tant de gens évitent-ils de les aborder de front ? Les réponses à ces questions pourraient probablement remplir toute une bibliothèque, mais au fond, tout se résume à une seule chose. Les gens ont besoin de liens, mais ils ont aussi besoin de se sentir en sécurité, valorisés et compris. C'est pourquoi les relations sont à la fois nécessaires et, parfois, extrêmement épuisantes.

Si l'on fait abstraction de tout ce qui est superflu, que reste-t-il ? La santé, le repos, un but dans la vie et des relations enrichissantes. C'est à peu près tout. Le reste n'est que de la poudre aux yeux. La philosophie nous enseigne que la plupart du stress de la vie provient d'une incompréhension de ce principe. Les gens courent après des choses dont ils n'ont pas besoin, ignorent ce qui les nourrit véritablement, puis se demandent pourquoi ils se sentent insatisfaits.

Alors, commencez à y prêter attention et demandez-vous : « Ai-je vraiment besoin de cela, ou s'agit-il simplement d'une distraction ? » Si la réponse est une distraction, laissez peut-être tomber. Si la réponse est un besoin, alors traitez-le avec le respect qu'il mérite. Ne vous privez pas des véritables nécessités tout en vous noyant dans des désirs futiles. Ce n'est pas de la sagesse profonde. C'est du bon sens élémentaire déguisé sous une robe philosophique sophistiquée.

Philosophie et finance

Avant de lever les yeux au ciel en voyant ces deux mots côte à côte, sachez qu'il ne s'agit pas d'un énième conseil vous exhortant à conserver vos reçus ou à calculer les intérêts composés. Il s'agit de quelque chose de plus grand. L'argent ne se résume pas à des chiffres sur un tableur. Il s'agit de la façon dont les gens pensent, de ce à quoi ils accordent de la valeur et des choix qu'ils font. En d'autres termes, l'argent n'est que de la philosophie déguisée.

À première vue, la philosophie et la finance semblent appartenir à des mondes différents. L'une débat de la nature de l'existence. L'autre détermine si vous pouvez vous permettre une deuxième tasse de café. L'une demande : « Quel est le sens de la vie ? » L'autre demande : « Combien êtes-vous prêt à dépenser en frais de livraison avant de réaliser que vous auriez pu préparer le même repas pour la moitié du prix ? » Ces questions peuvent sembler sans rapport, mais elles sont profondément liées.

L'argent n'est que le reflet de la pensée.

Chaque décision financière reflète une philosophie personnelle. Les gens aiment croire qu'ils font des choix financiers basés sur la logique. C'est rarement le cas. Dépenser, épargner et investir relèvent tous de systèmes de croyances. Certaines personnes thésaurisent l'argent comme des rois médiévaux gardant un coffre-fort, convaincues que la sécurité financière est la clé du bonheur. D'autres le dépensent dès qu'il arrive, vivant selon la philosophie que les expériences comptent plus que les chiffres sur un compte bancaire. Aucune de ces approches n'est entièrement bonne ou mauvaise. La vraie question est de savoir si ces décisions s'alignent sur des valeurs profondes ou ne sont que des habitudes acquises en cours de route.

La philosophie invite les gens à examiner leurs a priori. La finance exige le même niveau de réflexion. Que signifie réellement la richesse ? La réussite financière est-elle uniquement une question de sécurité, de liberté, de pouvoir, ou d'autre chose ? La réponse est différente pour chacun, mais trop peu de gens prennent la peine de se poser la question. Ils courent après l'argent sans jamais se demander pourquoi ils le veulent au départ.

Dépenser, c'est faire une déclaration morale.

L'argent n'est pas neutre. Chaque achat est une décision sur ce qui compte. Lorsque les gens dépensent, ils révèlent leurs priorités. Quelqu'un qui investit dans l'éducation croit en l'amélioration de soi. Quelqu'un qui achète des objets coûteux pour impressionner les autres croit en la validation sociale. Peu importe ce qu'il possède, quelqu'un qui refuse de dépenser quoi que ce soit croit que l'argent en soi a plus de valeur que ce qu'il peut procurer.

Les philosophes ont passé des siècles à débattre de la nature de la valeur. Les économistes ont fait de même. Tous s'accordent sur un point. Les gens attribuent un sens aux choses, et ce sens façonne leur comportement. Une personne qui considère l'argent comme un moyen d'acquérir un statut n'en aura jamais assez, car il y aura toujours quelqu'un qui en a plus. Une personne qui considère l'argent comme un outil de stabilité fera des choix différents, car son objectif n'est pas l'accumulation, mais la sécurité. Ces idées ne concernent pas seulement les chiffres. Elles concernent la manière dont les gens définissent le succès, le bonheur et même la moralité.

Avant d'entrer dans le vif du sujet, je tiens à préciser à mes lecteurs que je ne suis pas un professionnel de la finance agréé.

Les idées, conseils et réflexions partagés dans ces pages reposent uniquement sur mes expériences personnelles, mes observations et ma compréhension de la vie. Ils ne sont pas destinés à servir de conseils financiers officiels ni à se substituer à l'avis d'un expert. Bien que je pense que les principes abordés ici soient pratiques et ancrés dans le bon sens, ils peuvent ne pas correspondre à la situation particulière de chacun.

Il vous appartient d'évaluer et de décider ce qui vous convient le mieux, idéalement avec l'aide de professionnels qualifiés si nécessaire. Mon objectif est simplement de partager des idées qui m'ont aidé à réfléchir à une vie pleine de sens et épanouissante, ni plus, ni moins.

Chapitre 2
Philosophie

La philosophie n'est pas seulement un exercice intellectuel réservé aux vieillards en toge. Ce n'est pas un club exclusif où seuls les grands penseurs ont leur place. C'est le fondement de la manière dont les humains pensent, prennent des décisions et tentent de comprendre le monde. Vous êtes déjà en contact avec la philosophie chaque jour, que vous en soyez conscient ou non.

Nous avons déjà parlé de philosophie. Nous avons tourné autour de ses idées, approuvé sa sagesse d'un signe de tête, et peut-être même lancé quelques citations pour paraître cultivés lors de dîners. Il est maintenant temps d'arrêter de faire semblant et d'aller au fond des choses. Qu'est-ce que la philosophie ? Pourquoi existe-t-elle ? Pourquoi un type de la Grèce antique a-t-il décidé qu'elle était si importante que nous en parlons encore des milliers d'années plus tard ? Et surtout, pourquoi devriez-vous vous en soucier ?

Chaque fois que vous remettez en question l'équité d'une règle, que vous débattez de la signification du bonheur ou que vous vous demandez pourquoi la vie semble si chaotique, vous entrez dans le monde de la philosophie. Où cette grande tradition a-t-elle commencé ? Si l'on doit attribuer le mérite, ou peut-être la responsabilité, des origines de la philosophie, il faut remonter à Pythagore. C'est ce personnage énigmatique qui a été le premier à forger le terme « philosophie », dérivé des mots grecs « philo », qui signifie amour, et « sophia », qui signifie sagesse. Ensemble, ils forment une expression qui se traduit par « amour de la sagesse ». Si cela semble noble à première vue, il convient de noter que Pythagore nourrissait également des croyances singulières, comme sa conviction que les haricots étaient intrinsèquement mauvais, et qu'il cultivait un mouvement de disciples frôlant le culte. Les philosophes, semble-t-il, ont toujours constitué un groupe intrigant et éclectique.

Le récit s'articule souvent autour de Socrate, le provocateur d'Athènes, qui s'était donné pour mission de tout remettre en question, au grand dam des détenteurs du pouvoir. Ses interrogations incessantes ont finalement conduit à son exécution, faisant de lui non seulement un martyr de la liberté de pensée, mais aussi un symbole du courage intellectuel. Son élève, Platon, a repris ces idées et les a développées, créant toute une académie dédiée à leur exploration. Puis vint Aristote, l'élève de Platon, qui estimait que la philosophie devait englober tous les aspects de la réflexion humaine, de l'éthique et de la politique à la science et à la métaphysique.

Ces trois figures, à savoir Socrate, Platon et Aristote, sont souvent considérées comme les références absolues de la pensée philosophique occidentale. Cependant, il est essentiel de reconnaître que leurs contributions, bien que monumentales, ne sont pas nées de rien. Les Grecs, aussi brillants fussent-ils, ont beaucoup appris des civilisations antérieures, en particulier du continent africain, qui a été une source de savoir et de sagesse bien avant l'essor d'Athènes.

Avant même que les Grecs ne codifient leurs systèmes philosophiques, les civilisations africaines de l'Antiquité avaient déjà développé des systèmes de pensée profonds. Les Égyptiens, par exemple, ont apporté des éclairages sur la morale, la gouvernance et la nature de l'existence à travers des textes tels que les Enseignements de Ptahhotep et le Livre des Morts. Ces ouvrages exploraient les questions de justice, d'équilibre et d'au-delà avec une sophistication qui a influencé les penseurs ultérieurs. De même, les Nubiens et d'autres cultures africaines ont apporté de riches perspectives sur la communauté, la spiritualité et l'interdépendance de toute vie. Lorsque les Grecs se sont rendus en Égypte et en Afrique du Nord, ils ont assimilé ces idées et les ont intégrées à leurs propres cadres de pensée. Ainsi, si Socrate, Platon et Aristote sont à juste titre célébrés, il est essentiel de reconnaître la dette intellectuelle qu'ils avaient envers les traditions antérieures.

Les Romains ont eux aussi joué un rôle dans l'évolution de la philosophie, bien qu'ils se soient largement appuyés sur les fondements grecs. Des figures comme Cicéron et Sénèque ont adapté le stoïcisme à la sensibilité romaine, mettant l'accent sur des vertus telles que le devoir, la résilience et l'autodiscipline. Pourtant, même ici, il faut se rappeler que Rome elle-même a été façonnée par ses interactions avec diverses cultures, notamment celles du Proche-Orient et de l'Afrique du Nord. La philosophie n'est donc pas simplement un produit de la Grèce et de Rome ; c'est une tapisserie tissée à partir d'innombrables fils, chacun représentant une perspective culturelle unique.

Cela nous amène à la conclusion que la philosophie est en soi un creuset d'idées enrichi par des contributions provenant des quatre coins du globe. En Chine, Confucius a articulé une vision de l'harmonie et de la conduite éthique qui continue de façonner la pensée est-asiatique. En Inde, les Upanishads et les enseignements du Bouddha ont exploré en profondeur les questions de l'existence, de la souffrance et de la libération. Au cours de l'âge d'or islamique, des érudits tels qu'Al-Farabi, Avicenne et Averroès ont préservé et développé la philosophie grecque tout en y ajoutant leurs propres innovations, garantissant ainsi que ces idées atteignent l'Europe médiévale et au-delà. Les philosophies indigènes des Amériques, d'Afrique et d'Océanie offrent des visions holistiques de la relation de l'humanité avec la nature, remettant en question les tendances dualistes de la pensée occidentale.

Pourquoi la philosophie est-elle importante ? Certains la rejettent comme étant peu pratique, arguant qu'elle manque d'applications concrètes. De telles affirmations sont profondément erronées. Chaque aspect de la vie humaine est façonné par la réflexion philosophique. Les lois qui régissent la société, les codes éthiques qui guident les comportements et le raisonnement qui sous-tend les croyances personnelles trouvent tous leur origine dans la philosophie.

Même la science, souvent considérée comme l'antithèse de la pensée abstraite, s'appuie fortement sur la philosophie. La méthode scientifique elle-même est issue de débats philosophiques sur la meilleure façon d'acquérir des connaissances. La philosophie enseigne aux individus à penser de manière critique, à analyser les arguments et à reconnaître les raisonnements erronés. Sans elle, les gens deviennent vulnérables à la manipulation, acceptant les informations telles quelles sans en remettre en question la validité. Un monde dépourvu de philosophie serait un monde où la pensée critique cesserait, où l'autorité ne serait pas remise en question et où une compréhension plus profonde resterait insaisissable, une perspective à la fois alarmante et intenable.

La philosophie ne se limite pas à des recoins poussiéreux de l'université ; elle imprègne toutes les facettes de l'expérience humaine. Elle croise la sagesse, la finance, la foi, les relations et l'identité personnelle. Les discussions sur la moralité impliquent inévitablement des considérations philosophiques, tout comme les débats sur l'éthique financière exigent une réflexion philosophique. Les traditions religieuses s'appuient elles aussi sur le raisonnement philosophique pour articuler leurs doctrines et leurs pratiques, aussi intimes ou personnelles soient-elles. La philosophie sert de ciment reliant ces domaines disparates, fournissant un cadre pour construire du sens, se comprendre soi-même et déterminer ce qui compte vraiment.

Pour revenir au thème de l'inclusivité, célébrons la philosophie non seulement comme une entreprise occidentale, mais aussi comme un phénomène mondial. Sa richesse réside dans sa diversité, puisant dans la sagesse africaine ancienne, les philosophies orientales, la pensée islamique et les traditions autochtones. Chaque culture apporte son propre regard sur les questions éternelles de l'existence, enrichissant ainsi la quête collective de l'humanité pour la compréhension. En embrassant cette multiplicité, nous honorons le véritable esprit de la philosophie — une discipline qui se nourrit du dialogue, de la curiosité et de la quête incessante de la vérité.

L'importance psychologique de la philosophie

Que vous en soyez conscient ou non, votre cerveau se nourrit de philosophie. S'adonner à la réflexion philosophique renforce les capacités de raisonnement critique, améliore l'intelligence émotionnelle et facilite la résolution de problèmes. Les neurosciences ont même démontré que s'adonner à une réflexion profonde renforce les connexions neuronales associées à la pensée complexe. En d'autres termes, tout remettre en question rend votre cerveau plus fort.

Les psychologues affirment qu'avoir une philosophie de vie personnelle conduit à une plus grande stabilité émotionnelle. Les personnes qui ont examiné leurs croyances et leurs valeurs sont moins susceptibles de se sentir perdues ou sans repères. Elles ont construit un cadre pour la prise de décision, ce qui réduit le stress et augmente la résilience. La philosophie ne fait pas seulement de vous un meilleur penseur. Elle fait de vous une personne plus équilibrée.

Applications de la philosophie

Ce terme n'est pas réservé aux vieux professeurs griffonnant sur des tableaux noirs ou aux grands penseurs assis sous les arbres, s'interrogeant sur le sens de la vie. Elle est partout, que cela plaise ou non. Elle est présente en médecine, en politique, en technologie, dans les affaires, et même dans la façon dont les gens choisissent leurs courses.

Oui, vous avez bien entendu. La philosophie s'immisce dans les décisions les plus insignifiantes. Vous êtes-vous déjà retrouvé au supermarché, à hésiter entre des pommes bio et celles, moins chères, recouvertes de cire ? C'est de la philosophie. Vous mettez en balance la santé, le coût et l'éthique, et vous vous persuadez probablement que vous faites un choix responsable, même si vous comptez acheter un paquet de chips cinq minutes plus tard. C'est à ce point-là qu'elle est omniprésente.

Les gens pensent que la médecine n'est qu'une question de science, mais croyez-moi, les médecins ne se contentent pas de jouer avec des éprouvettes et de rédiger des ordonnances. Ils prennent des décisions de vie ou de mort, et lorsqu'ils le font, la philosophie est bien présente dans la pièce. La bioéthique, par exemple, n'est qu'une façon sophistiquée de dire : « Comment décidons-nous de ce qui est juste ? »

Que ferait un médecin pour soigner un patient qui refuse un traitement vital en raison de ses croyances religieuses ? Le médecin sait qu'il pourrait sauver le patient, mais doit-il passer outre la volonté de cette personne ? Ce n'est pas seulement de la médecine.

C'est un véritable champ de mines éthique. La philosophie aide les médecins à décider s'ils doivent écouter, intervenir ou faire la distinction entre respect et responsabilité.

Quant à la technologie et à l'intégration de ce concept, elle devait forcément s'y retrouver en raison de la vitesse effrayante de ses progrès. C'est formidable d'avoir des voitures autonomes et l'IA qui prennent pratiquement tout en charge, mais qui s'assure que ces machines ne remplacent pas les emplois humains, n'empiètent pas sur la vie privée ou ne prennent pas de décisions que personne ne peut contrôler ?

Prenons l'exemple des réseaux sociaux. Ils étaient censés connecter les gens, mais ils sont désormais un terreau fertile pour la désinformation, l'anxiété liée à la comparaison et les disputes numériques qui font passer les disputes de Thanksgiving dans la vie réelle pour des moments de paix. La philosophie pose les questions difficiles. Ce n'est pas parce que quelque chose est possible qu'il faut le faire. Les gens réfléchissent-ils aux conséquences à long terme ou se contentent-ils de courir après ce qui est rentable et pratique ?

Les entreprises aiment dire qu'elles accordent de l'importance à l'intégrité, mais la moralité a tendance à passer au second plan lorsque les profits sont en jeu. C'est pourquoi la philosophie est essentielle dans le monde des affaires. Sans considérations éthiques, les entreprises rognent sur les coûts, exploitent les travailleurs et vendent aux gens des choses dont ils n'ont pas besoin, tout cela au nom du profit rapide.

Vous êtes-vous déjà demandé pourquoi certaines entreprises paient leurs employés juste assez pour les empêcher de démissionner, alors que leurs dirigeants empochent des salaires qui pourraient nourrir des petites villes ? Ce n'est pas seulement une question d'économie. C'est une question morale. Les entreprises doivent-elles se concentrer uniquement sur le profit, ou ont-elles le devoir de traiter les gens équitablement ? C'est pourquoi les entreprises qui prennent des décisions éthiques ont tendance à survivre plus longtemps. Les clients et les employés respectent les entreprises qui défendent des valeurs allant au-delà de leurs résultats financiers.

La philosophie dans la science : les questions derrière les découvertes

La science et la philosophie sont comme de vieux amis qui se disputent beaucoup mais qui, secrètement, ont besoin l'un de l'autre. La science demande : « Comment cela fonctionne-t-il ? », tandis que la philosophie demande : « Devrions-nous même faire cela en premier lieu ? »

Prenons le génie génétique. Les scientifiques peuvent désormais modifier l'ADN, ce qui pourrait permettre de prévenir des maladies et de prolonger la vie. Cela semble incroyable, mais à quel prix ? Si les gens commencent à concevoir leurs bébés, où cela s'arrêtera-t-il ? Allons-nous créer un monde où seuls les riches pourront se permettre d'avoir des enfants « génétiquement parfaits » ? Ce ne sont pas des questions scientifiques. Ce sont des questions philosophiques.

Les scientifiques se laissent souvent emporter par ce qu'ils *peuvent* faire. La philosophie leur rappelle de réfléchir à ce qu'ils *devraient* faire. Sans la philosophie, la science court le risque de résoudre des problèmes tout en en créant de plus grands encore.

La philosophie en politique : la bataille des idées

La politique ne se résume pas aux lois. Elle concerne le pouvoir, la justice et l'équité. Tout débat sur les droits, la liberté et l'égalité repose sur la philosophie. Les gens discutent du degré de contrôle que le gouvernement devrait exercer, de qui mérite quoi, et de la question de savoir si les lois doivent privilégier l'équité ou l'efficacité. Ces débats ont lieu depuis des milliers d'années et ne sont pas près de s'arrêter.

Réfléchissez à la démocratie. L'idée selon laquelle chacun devrait avoir son mot à dire dans la gestion des affaires publiques découle d'une conviction philosophique en matière d'égalité et de droits de l'homme. Elle n'est pas apparue de nulle part. Elle a fait l'objet de luttes, de débats et a été façonnée par des siècles de réflexion philosophique. La philosophie façonne les gouvernements et, que les gens en aient conscience ou non, elle influence chaque loi et chaque politique qui régit leur vie quotidienne.

Philosophie et vie personnelle : le guide invisible

Les gens ne se réveillent pas le matin en se disant : « Il est temps d'appliquer des principes philosophiques profonds à ma routine quotidienne. » Ils vivent, tout simplement. Pourtant, chaque décision importante de la vie est façonnée par la philosophie.

Prenons l'exemple des relations. L'amour n'est pas seulement un sentiment. C'est un ensemble de choix fondés sur des valeurs, des attentes et des croyances personnelles. Certaines personnes pensent que l'amour doit être inconditionnel. D'autres pensent qu'il doit être pragmatique. Ces perspectives découlent de visions philosophiques façonnées par la culture, l'expérience et l'introspection.

Le bonheur est un autre sujet important. Certaines personnes pensent que le bonheur vient de la réussite. D'autres pensent qu'il s'agit de paix intérieure. Certains courent après l'argent, tandis que d'autres courent après le sens de la vie. Toutes ces croyances sont ancrées dans la philosophie, même si les gens ne s'en rendent pas compte.

Conclusion : pourquoi la philosophie n'est pas réservée aux vieux

La philosophie n'est pas une relique du passé. Elle est présente dans chaque décision, chaque débat et chaque question que les gens se posent sur ce qui est bien et ce qui est mal. Elle influence tout, de la médecine aux affaires en passant par les choix personnels.

Le vrai problème, c'est que la plupart des gens ne la reconnaissent pas quand ils la voient. Ils pensent qu'ils font simplement des choix alors qu'ils appliquent des siècles de pensée philosophique sans même s'en rendre compte.

Alors la prochaine fois que quelqu'un vous dira que la philosophie est inutile, demandez-lui pourquoi il croit en l'équité, la justice ou la liberté. Quand il vous répondra, souriez simplement et dites : « Félicitations, vous pensez désormais comme un philosophe. »

La synthèse de la philosophie en politique

La philosophie joue un rôle immense dans la réforme de la pensée politique ; comprendre la réalité et le fonctionnement du monde permet aux philosophes de saisir la nature du pouvoir, de la justice et de l'autorité. Les gens aiment penser que le gouvernement et la loi sont apparus comme par magie un jour, comme si un roi s'était réveillé et avait décidé de rédiger un code de règles pour le reste d'entre nous. Ce n'est pas ainsi que cela s'est passé. La vérité, c'est qu'un groupe de philosophes s'est réuni pour débattre de la manière dont la société devrait être dirigée, et que leurs idées ont fini par s'imposer.

Prenez Platon et Aristote. Ces deux-là avaient beaucoup à dire sur la manière dont les gens devraient être gouvernés. Platon avait cette grande idée selon laquelle les personnes les plus intelligentes et les plus vertueuses devraient être aux commandes, ce qui semble bien jusqu'à ce que l'on se rende compte que confier le pouvoir à des humains revient à confier à un chien affamé la garde d'un steak. Aristote, quant à lui, croyait en l'équilibre. Il pensait que les gouvernements devaient mélanger les choses. Laisser les sages gouverner, mais ne pas leur donner tout le pouvoir. Il faut garder un certain contrôle. Cette réflexion a contribué à façonner la manière dont les civilisations ont structuré leurs gouvernements.

Puis vinrent Thomas Hobbes et John Locke. Hobbes jeta un coup d'œil à la nature humaine et déclara : « Laissés à eux-mêmes, les gens plongeront tout dans le chaos. » Il croyait en un gouvernement central fort pour empêcher les gens de s'entre-déchirer. Locke, un peu plus optimiste, soutenait que les gens avaient des droits naturels et qu'un gouvernement devait exister pour les protéger, pas pour les contrôler. À eux deux, ils ont pratiquement posé les fondements des systèmes politiques modernes.

Or, si vous pensez que la philosophie s'est arrêtée à la politique, vous vous trompez. Elle s'est également attaquée au droit. Cicéron et Ulpien ont façonné des idées philosophiques pour en faire quelque chose qui ressemblait à la justice. Ils se sont concentrés sur le droit naturel, ce qui n'est qu'une façon sophistiquée de dire : « Il existe des règles fondamentales qui doivent être équitables et justes, peu importe qui est au pouvoir. » Leur travail a contribué à créer des systèmes juridiques qui accordaient des droits aux gens au lieu de simplement s'incliner devant celui qui disposait de la plus grande armée.

Quelques siècles plus tard, des penseurs comme John Austin et H.L.A. Hart ont compris que les lois ne pouvaient pas se contenter de reposer sur des idées dépassées. La société évolue, et les lois doivent évoluer avec elle. Ils ont étudié le droit comme un ensemble de règles et une entité vivante qui devait s'adapter. Ils ont remis en cause les idées juridiques obsolètes et ont milité pour des systèmes qui fonctionnaient réellement dans le monde moderne.

Nous voici donc, vivant sous des gouvernements et des systèmes juridiques façonnés par des philosophes qui passaient leurs journées à débattre du fonctionnement de la société. C'est amusant quand on y pense. Les mêmes débats qui ont façonné les civilisations antiques ont toujours lieu aujourd'hui. Les gens continuent de débattre du pouvoir du gouvernement, des droits individuels et de l'équité des lois. La seule différence est qu'aujourd'hui, au lieu de débattre sur les places publiques, ils le font à la télévision et sur les réseaux sociaux, souvent avec moins de logique et plus de cris.

L'un des domaines majeurs où la philosophie a laissé son empreinte est la foi. Depuis la nuit des temps, les gens s'interrogent sur l'existence d'un être suprême, le sens de la vie et ce qui se passe après la mort. Aristote et Platon, avec toutes leurs théories sur la raison et la moralité, ont jeté les bases d'une réflexion religieuse plus profonde. Leurs idées ont encouragé les gens à poser des questions, à explorer différentes perspectives et à faire de la foi quelque chose de plus qu'un simple rituel et une tradition.

À mesure que différentes religions se développaient, la philosophie suivait de près, proposant des façons d'aborder la divinité, la moralité et la nature de l'existence. Des penseurs plus tardifs, comme John Dewey et William James, ont examiné la religion en tant que croyance et moyen pour les gens d'interagir avec le monde. Ils se sont demandé si la foi devait rester rigide ou évoluer avec le temps. Certains s'accrochent à la certitude, tandis que d'autres estiment que la foi doit continuer à se développer par la raison et la réflexion.

La philosophie aide les gens à donner un sens à la vie. Elle leur permet de penser de manière critique et de prendre des décisions fondées sur la compréhension plutôt que sur l'habitude. C'est ce qui distingue la réflexion mûrement réfléchie de l'obéissance aveugle.

La philosophie aide également les gens à faire face au changement. La vie est imprévisible, chaotique et souvent injuste. Le monde change, les relations évoluent, et rien ne reste jamais pareil. Comprendre que rien n'est permanent peut être étrangement réconfortant. La philosophie enseigne que toutes choses sont liées et que chaque décision et chaque événement s'inscrit dans un ensemble plus vaste.

Cette perspective façonne la manière dont les gens vivent, traitent les autres et se perçoivent eux-mêmes. Elle développe la conscience, renforce les relations et, si elle est prise au sérieux, mène à une vie qui ne consiste pas seulement à passer chaque journée, mais à trouver un sens à ce processus. C'est ce qui fait de la philosophie bien plus qu'une simple théorie. C'est le fondement d'une vie bien vécue.

La philosophie dans différentes cultures

« Une vie non examinée ne vaut pas la peine d'être vécue. »

-Socrate

Socrate avait raison. Les gens passent leur vie à courir après des choses — l'argent, le statut social, le confort — sans s'arrêter pour se demander pourquoi. Ils partent du principe que le bonheur vient du travail, du paiement des factures et du fait de faire semblant d'apprécier les conversations futiles. La philosophie existe pour remettre en question cette hypothèse. Elle rappelle aux gens que la vie ne se résume pas à la routine. Elle les oblige à se demander s'ils vivent réellement ou s'ils se contentent d'exister.

La philosophie n'est pas réservée aux individus. Elle a façonné des gouvernements, des lois et des civilisations entières. Elle donne à la société une boussole morale, quelque chose qui empêche les dirigeants de se transformer en tyrans à part entière — ou du moins qui les freine. Quelle que soit la culture, la philosophie laisse son empreinte, influençant la façon dont les gens se perçoivent eux-mêmes et perçoivent le monde qui les entoure.

La philosophie à travers les cultures

En Occident, la philosophie est depuis longtemps une quête de sens. Les penseurs grecs en ont posé les fondements, débattant d'idées sur la justice, la moralité et l'existence. Leur influence a façonné tout, des systèmes juridiques à l'identité personnelle. Les gens se tournent vers la philosophie pour définir leurs valeurs, trouver un but et donner un sens à la vie quand tout semble chaotique. Il ne s'agit pas d'avoir toutes les réponses. Il s'agit de savoir quelles questions comptent.

Dans de nombreuses cultures asiatiques, philosophie et religion sont indissociables. Au lieu de considérer la raison et la croyance comme des forces opposées, elles sont perçues comme les parties d'un tout. La philosophie n'est pas seulement un exercice intellectuel. C'est un mode de vie, un guide pour naviguer dans les relations, faire des choix éthiques et maintenir l'harmonie. L'accent est mis sur la réflexion profonde et les actions qui reflètent la sagesse et l'intégrité.

Les communautés autochtones adoptent une approche différente. Pour elles, la philosophie est intimement liée à la nature. La vie ne consiste pas à conquérir le monde, mais à coexister avec lui. La nature n'est pas quelque chose à contrôler, mais à respecter. Leur philosophie ne perd pas de temps à se demander si les humains sont séparés de la terre : elle connaît déjà la réponse.

Pourquoi la philosophie reste-t-elle importante ?

Où que l'on regarde, la philosophie remplit la même fonction. Elle aide les gens à donner un sens à l'existence. Elle leur apprend à penser clairement, à agir avec sagesse et à ne pas s'effondrer lorsque la vie leur réserve des problèmes. Certaines cultures s'en servent pour construire des systèmes éthiques. D'autres l'utilisent pour trouver un sens, renforcer les relations ou comprendre le divin.

La philosophie n'est pas un ensemble de règles. C'est un outil. Elle ne promet pas de réponses faciles, mais elle oblige les gens à réfléchir avant d'agir. Rien que pour cela, elle mérite d'être cultivée.

Comparaisons culturelles de la philosophie

En commençant par la philosophie la plus influente en termes de popularité, les civilisations romaine et grecque ont servi d'exemples de progrès intellectuel et philosophique tout au long de l'histoire. Ces anciennes superpuissances méditerranéennes ont marqué le monde par leurs extraordinaires réalisations politiques et culturelles et ont considérablement influencé la philosophie. À l'intérieur des frontières de Rome, les courants intellectuels de l'épicurisme et du stoïcisme ont pris de l'importance.

D'autre part, les solides traditions de la philosophie socratique et platonicienne se sont fermement établies en Grèce et y ont prospéré. L'épicurisme, fondé par le philosophe grec Épicure et adopté par de nombreux Romains, adoptait une approche différente pour atteindre une existence comblée.

Aujourd'hui, les gens croient qu'ils sont les premiers à se débattre avec les grandes questions. Le bonheur, la justice et la vérité ne sont pas des préoccupations nouvelles. Les gens de l'Antiquité ne restaient pas les bras croisés à attendre que les commodités modernes résolvent leurs problèmes. Ils étaient tout aussi perdus que nous le sommes aujourd'hui, et ils avaient beaucoup à dire sur la manière de mener une bonne vie. Certaines de leurs idées étaient brillantes. D'autres étaient discutables. Quoi qu'il en soit, ils ont posé les fondements de toutes les réflexions excessives que les gens continuent de mener aujourd'hui.

Prenons les **épicuriens.** Ces penseurs avaient la réputation de rechercher le plaisir, mais pas de la manière imprudente que la plupart des gens imaginent. Ils ne se livraient pas à des fêtes débridées ni à des excès. Leur conception du plaisir était l'absence de souffrance. Ils croyaient que garder des désirs simples, éviter les drames inutiles et se concentrer sur les joies fondamentales comme la bonne chère, les amitiés sincères et la sérénité d'esprit menaient au vrai bonheur. Ils comprenaient que la course à la richesse ou à la reconnaissance ne menait qu'au stress. Leur approche consistait à vivre tranquillement, à réfléchir profondément et à s'entourer de personnes qui ne rendaient pas la vie misérable. Ce conseil reste d'actualité.

Socrate adoptait une approche totalement différente. C'était le genre de personne qui posait une question, puis répondait à chaque réponse par une autre question. Il continuait ainsi jusqu'à ce que son interlocuteur abandonne ou réalise qu'il n'en savait pas autant qu'il le pensait. Cela faisait de lui à la fois la personne la plus frustrante et la plus brillante d'Athènes. Il croyait que tout remettre en question menait à la vérité et à la conscience de soi. Sa méthode était efficace, mais elle mettait aussi les gens mal à l'aise. Finalement, la ville d'Athènes en a eu assez et l'a condamné à mort. C'est ainsi que l'on sait que l'on pose les bonnes questions : quand les gens préfèrent se débarrasser de vous plutôt que d'y répondre.

Puis vint **Platon,** l'élève qui reprit les idées de Socrate et les développa. Si Socrate était l'homme qui posait toutes les questions difficiles, Platon était celui qui créait des théories si vastes qu'elles donnaient mal à la tête. Il croyait que tout ce que les gens voient n'est que l'ombre d'une réalité plus grande. Selon lui, le monde physique n'est pas réel comme les gens le supposent. La vraie connaissance, affirmait-il, ne pouvait être atteinte que par la raison et la contemplation. Son **allégorie de la caverne** l'explique bien. Imaginez des gens qui ont été enchaînés dans une caverne toute leur vie, ne pouvant voir que des ombres sur le mur. Pour eux, ces ombres sont la réalité. Puis, une personne s'échappe, sort à l'extérieur et se rend compte qu'il existe tout un monde au-delà de ce qu'ils ont connu.

Personne ne la croit lorsqu'elle revient pour raconter cela aux autres, car ils ne l'ont jamais vu de leurs propres yeux. Platon a utilisé cette histoire pour affirmer que la plupart des gens vivent dans l'ignorance, confondant ce qu'ils voient avec la vérité absolue.

Platon a développé ses idées dans **La République,** où il a soutenu que la société devrait être dirigée par des philosophes. Il estimait que la plupart des gens étaient trop distraits, trop égoïstes ou trop mal informés pour diriger efficacement. Selon lui, les dirigeants ne devraient pas être ceux qui possèdent le plus d'argent ou de pouvoir, mais ceux qui possèdent le plus de sagesse. Cette idée ne serait pas très populaire aujourd'hui.

La philosophie n'est pas seulement un recueil de vieilles théories. Les mêmes questions qui préoccupaient les gens dans l'Antiquité — comment bien vivre, qu'est-ce qui est vrai, qu'est-ce qui est juste — sont toujours celles avec lesquelles les gens se débattent aujourd'hui. Certains cherchaient le bonheur dans la simplicité. D'autres tentaient de découvrir la vérité en remettant tout en question. Certains voulaient comprendre la réalité elle-même. La philosophie n'est que l'histoire des humains essayant de donner un sens à la vie. La seule différence est qu'à l'époque, ils n'étaient pas distraits par les réseaux sociaux ou les disputes dans les sections de commentaires en ligne. Ils prenaient réellement le temps de réfléchir. C'est peut-être pour cela que leurs idées sont toujours d'actualité.

Concepts philosophiques d'Afrique et d'Asie

Aux quatre coins du monde, des penseurs ont tenté de percer le mystère de l'existence humaine. Ils ne se sont pas tous assis à débattre dans des cours en marbre, mais ils se posaient les mêmes grandes questions : comment vivre, comment traiter les autres, et pourquoi la vie refuse la plupart du temps d'avoir un sens.

L'Asie, par exemple, pratique la philosophie depuis plus longtemps que la plupart des civilisations n'ont l'eau courante. Les enseignements de Confucius façonnent encore aujourd'hui la manière dont les gens interagissent, même s'ils n'ont jamais lu un seul mot de son œuvre. Il prônait l'éthique, l'harmonie sociale et l'idée que si les gens cessaient d'agir comme des imbéciles, la société pourrait réellement fonctionner. C'est une leçon que de nombreux dirigeants modernes auraient tout intérêt à revoir. Il y a ensuite le taoïsme, qui adopte une approche différente. Au lieu de mettre l'accent sur la structure et les règles, le taoïsme invite les gens à suivre le courant et à s'aligner sur la nature. Si le confucianisme vise à organiser la vie, le taoïsme consiste à prendre du recul et à réaliser que vouloir tout contrôler est une entreprise vaine. Les deux s'équilibrent d'une manière qui n'a de sens que lorsque les gens cessent de tout compliquer à l'excès.

Il y a ensuite le bouddhisme, qui considère la vie en disant : « Oui, la souffrance est inévitable, mais il existe un moyen d'y faire face. » Il enseigne aux gens à se détacher de leurs attachements, ce qui est une belle idée jusqu'à ce qu'ils doivent l'appliquer dans la vie réelle. Essayez de dire à quelqu'un de se détacher de son attachement émotionnel à son équipe sportive préférée ou au niveau de batterie de son téléphone, et vous verrez à quel point les humains peuvent être attachés. Pourtant, le bouddhisme offre une perspective qui aide les gens à gérer les changements de la vie sans perdre la tête.

Maintenant, rendons-nous en Afrique, où la philosophie a façonné les sociétés d'une manière que les livres d'histoire occidentaux oublient commodément de mentionner. L'ubuntu est l'une des idées les plus profondes issues de la pensée africaine. Si vous n'en avez jamais entendu parler, laissez-moi vous l'expliquer. C'est la philosophie qui dit : « Je suis parce que nous sommes. » Elle concerne la communauté, la responsabilité partagée et l'idée que les êtres humains donnent le meilleur d'eux-mêmes lorsqu'ils se soucient réellement les uns des autres. En d'autres termes, c'est le contraire de l'attitude égocentrique et égoïste qui tend à dominer le monde d'aujourd'hui.

Elle enseigne que les gens sont liés les uns aux autres, que la gentillesse n'est pas une faiblesse, et que les communautés s'épanouissent lorsque les gens veillent les uns sur les autres au lieu de considérer la vie comme une compétition.

La beauté de toutes ces philosophies — qu'elles viennent d'Asie, d'Afrique ou d'ailleurs — réside dans le fait qu'elles ne sont pas reléguées aux livres d'histoire. Elles continuent d'influencer la façon dont les gens pensent, vivent et interagissent les uns avec les autres. Le monde occidental chérit son individualisme, mais des philosophies comme le confucianisme et l'Ubuntu rappellent aux gens que la vie n'est pas censée être une aventure en solitaire. Le taoïsme leur dit d'arrêter d'essayer de tout ranger dans des petites cases bien ordonnées. Le bouddhisme leur rappelle que la souffrance fait partie du lot, mais qu'elle ne doit pas nécessairement les définir.

Les gens pensent que la philosophie n'est qu'une affaire de théories abstraites, mais il s'agit en réalité de survivre à cette chose confuse, imprévisible et souvent ridicule qu'on appelle la vie. Les plus grands penseurs du monde ne parlaient pas juste pour le plaisir de parler. Ils essayaient de donner un sens aux mêmes problèmes auxquels les gens sont confrontés aujourd'hui. La seule différence, c'est qu'ils n'avaient pas les réseaux sociaux pour les distraire de leur quête de sens. C'est peut-être pour cela que leurs idées ont traversé le temps.

Le courant de Maât

L'ancienne terre d'Égypte, avec ses pharaons majestueux et ses philosophes contemplatifs, occupe une place indispensable dans notre exploration de l'histoire et du savoir humains. Au sein de cette civilisation extraordinaire, un courant philosophique connu sous le nom de Maât coulait à travers la conscience collective du peuple. Maât, axé sur l'ordre, la vérité et la justice, guidait les Égyptiens dans leur quête d'équilibre et d'harmonie, non seulement sur terre, mais même au-delà. Il mettait l'accent sur l'interconnectivité inhérente à l'univers, révélant la toile cosmique créée par les dieux.

Les anciens Égyptiens n'étaient pas des imbéciles. Ils n'ont pas construit ces pyramides simplement pour impressionner les touristes des milliers d'années plus tard. Ils avaient toute une philosophie sur la façon dont le monde devait fonctionner, et ils l'appelaient **Maât.** Ce n'était pas seulement un mot ; c'était un mode de vie. Cela signifiait équilibre, vérité et justice, et ils croyaient que l'univers tout entier dépendait du respect de ces principes par les hommes. Si l'on ignorait Maât, tout commençait à s'effondrer.

Tout d'abord, **l'ordre.** Les Égyptiens étaient obsédés par le maintien de l'équilibre en toutes choses. Ils croyaient que l'univers avait un rythme naturel et qu'il incombait à chacun de s'y conformer. Le chaos n'était pas seulement un désagrément mineur ; c'était l'ennemi par excellence. On attendait des gens qu'ils maintiennent l'harmonie dans leurs relations, leur travail et leurs interactions avec les dieux. En d'autres termes, ils comprenaient quelque chose que la société moderne oublie constamment : si vous créez des problèmes inutiles, vous rendez la vie plus difficile pour tout le monde, y compris pour vous-même.

Puis il y avait la **vérité.** Les Égyptiens ne se contentaient pas de parler d'éviter les mensonges. Ils entendaient par là vivre d'une manière en accord avec l'ordre fondamental de l'univers. Dire une chose et en faire une autre ? C'était le moyen le plus sûr de rompre l'équilibre. Ils croyaient que parler et agir avec sincérité n'était pas seulement une bonne conduite. C'était nécessaire pour empêcher le monde de sombrer dans le chaos. Imaginez à quel point la vie serait plus sereine si, aujourd'hui, les gens cessaient de se faire passer pour ce qu'ils ne sont pas et tenaient réellement leurs promesses.

Les Égyptiens comprenaient qu'une société dépourvue d'équité et de conduite éthique s'effondrerait plus vite qu'un château de sable dans une tempête de sable. Pour eux, la justice ne consistait pas seulement à punir les fautes, mais aussi à maintenir l'harmonie. Si les gens se traitaient équitablement, l'ensemble du système fonctionnait mieux. S'ils agissaient de manière égoïste et injuste, tout commençait à se dégrader. Ils ne s'intéressaient pas à la vengeance ni au gain personnel. Ils voulaient l'équilibre, et ils voyaient la justice comme un moyen d'empêcher les choses de sombrer dans le chaos.

Ils croyaient également que les dieux étaient les gardiens ultimes de Maât. Si les humains faisaient leur part — en étant honnêtes, justes et sincères —, les dieux maintiendraient l'ordre. Les Égyptiens prenaient cela très au sérieux. Leurs cérémonies, leurs rituels et leurs codes éthiques étaient tous conçus pour les maintenir en harmonie avec cet équilibre cosmique. Ils ne croyaient pas pouvoir simplement inventer leurs propres règles et s'attendre à ce que l'univers suive le mouvement.

En réalité, Maât était leur moyen de s'assurer que la société ne sombre pas dans le chaos. Ils comprenaient que l'univers avait des règles, et que les ignorer menait au désastre. Ils ont bâti une civilisation qui a duré des milliers d'années sur ces principes. À l'inverse, la société moderne ne parvient même pas à traverser une décennie sans provoquer une nouvelle catastrophe. Peut-être que les Égyptiens avaient vu juste.

La philosophie égyptienne, qui met l'accent sur Maât, offre un aperçu fascinant de la conception antique du cosmos et de l'existence humaine. Elle propose une perspective holistique qui intègre les dimensions morales, sociales et cosmiques, mettant en lumière l'observation attentive du monde naturel par les Égyptiens et leur compréhension des principes sous-jacents qui le régissent.

La vérité du stoïcisme

Zénon de Citium, philosophe grec, a été le premier à populariser le stoïcisme, que les Romains ont fini par adopter. Le stoïcisme offrait une méthode pour trouver la paix intérieure au milieu du chaos de la vie. Son message central était que la vertu et la raison devaient régir la conduite humaine et que les événements extérieurs devaient être acceptés et gérés avec sérénité. Les stoïciens croyaient que si les actions et les idées d'une personne étaient en harmonie avec l'ordre naturel du cosmos, parfois appelé le « logos », elle pouvait trouver plaisir et satisfaction. Ils croyaient fermement que cultiver des qualités telles que la connaissance, la bravoure, la justice et la tempérance était le chemin vers une existence pleine et significative, mettant fortement l'accent sur l'importance de maîtriser ses appétits et ses émotions.

« L'homme n'est pas troublé par les choses, mais par l'opinion qu'il en a. » – Épictète.

La vie est imprévisible. Les gens vous décevront, vos projets échoueront, et parfois, vous aurez l'impression que l'univers met personnellement votre patience à l'épreuve. Le stoïcisme ne consiste pas à faire comme si ces choses n'arrivaient pas ou à réprimer ses émotions comme un robot. Il s'agit de comprendre que si l'on ne peut pas toujours contrôler ce qui arrive, on peut contrôler la façon dont on y réagit.

Les stoïciens croyaient que le vrai bonheur, qu'ils appelaient eudaimonia, vient de la maîtrise de l'esprit plutôt que de la poursuite du succès extérieur ou de l'évitement de l'inconfort. Une personne peut posséder tout l'argent, le pouvoir et les louanges du monde, mais si elle laisse chaque désagrément gâcher sa journée, elle reste prisonnière de ses circonstances. À l'inverse, quelqu'un qui a peu mais qui sait gérer ses émotions et ses attentes peut vivre avec un sentiment de paix inébranlable.

Le stoïcisme ne consiste pas à se retirer de la vie. Il s'agit de s'y engager pour empêcher les émotions de prendre le dessus. C'est la différence entre se mettre en colère à cause des embouteillages et réaliser qu'aucune frustration ne fera avancer les voitures plus vite. C'est le choix de se concentrer sur ce qui peut être contrôlé, comme la patience et la perspective, plutôt que de gaspiller son énergie sur ce qui ne peut être changé.

Cette philosophie ne promet pas une vie facile. Elle ne dit pas aux gens de faire comme si les épreuves n'existaient pas. Au contraire, elle enseigne que chacun a le pouvoir de décider de l'influence que ces épreuves ont sur son bien-être. Les stoïciens ne cherchaient pas à éliminer les émotions. Ils cherchaient à empêcher celles-ci de dicter leur vie. C'est pourquoi le stoïcisme ne murmure pas, mais s'exprime avec une certitude absolue, affirmant aux gens qu'ils ont le pouvoir de s'élever au-dessus de tout.

La pleine conscience de Bouddha

Partons maintenant vers l'est, vers les royaumes enchanteurs de l'Asie, où les philosophies orientales détiennent les clés de la pleine conscience et de l'équilibre intérieur. Alors que vous vous promenez à travers des paysages luxuriants, les enseignements du bouddhisme et du taoïsme vous attirent comme des lanternes rayonnantes au crépuscule, vous guidant vers une connexion avec l'expérience humaine.

Dans l'étreinte de la pleine conscience bouddhiste, vous êtes invité à habiter pleinement le moment présent, en chérissant la beauté et la simplicité tissées dans chaque souffle qui passe. Grâce à cette pratique, vous vous éveillez à la connexion vibrante des sensations, des pensées et des émotions qui peignent la toile de votre existence. Avec une douce conscience, vous cultivez une compréhension plus profonde de vous-même, trouvant la paix et la tranquillité dans le calme qui réside en vous.

Depuis la nuit des temps, les gens cherchent à rester calmes. Certains optent pour des vacances coûteuses, d'autres s'écrient dans leur oreiller, mais le bouddhisme propose quelque chose de bien plus simple. Asseyez-vous tranquillement, soyez attentif et cessez de faire de chaque pensée qui passe votre problème. C'est cela, la pleine conscience. Il ne s'agit pas de fuir le monde ou de faire comme si les problèmes n'existaient pas. Il s'agit de remarquer ce qui se passe dans l'instant présent sans réagir immédiatement comme si quelqu'un s'était cogné l'orteil.

Imaginez que vous regardiez les nuages défiler dans le ciel. C'est ainsi que fonctionnent les pensées. Elles vont et viennent, et à moins que vous ne vous obstiniez à fixer la même pensée indéfiniment, elles finissent par passer. La plupart des gens, cependant, s'accrochent à chaque pensée et ont l'impression qu'il s'agit de la chose la plus importante qui soit. Ils s'attardent dessus, ils se stressent et ils amplifient les problèmes plus qu'il n'est nécessaire. La pleine conscience propose une approche radicale. Au lieu de vous laisser emporter par chaque petite tempête, prenez du recul et observez le temps qu'il fait.

Le bouddhisme ne se contente pas d'aider les gens à rester calmes. Il va plus loin. Le Bouddha a été l'un des premiers grands penseurs à décortiquer la source de la souffrance humaine. Le problème, expliquait-il, n'est pas la vie elle-même. C'est la façon dont les gens y résistent. Ils veulent que le bonheur dure éternellement, ce qui n'est pas le cas. Ils veulent éviter l'inconfort, ce qui est impossible. Ils veulent que la vie soit prévisible, mais la réalité se moque bien de ce qu'ils veulent. Le vrai problème, c'est l'attachement. Les gens s'accrochent à des choses en constante évolution, puis ils se demandent pourquoi ils se sentent malheureux lorsque la vie fait ce qu'elle fait toujours : elle continue d'avancer.

Ce n'est pas seulement de la philosophie. Les neurosciences le confirment. Des études montrent que la pleine conscience modifie littéralement le câblage du cerveau. Le cortex préfrontal, responsable de la pensée rationnelle, se renforce. L'amygdale, qui contrôle la peur et la panique, devient moins réactive. C'est pourquoi les moines bouddhistes peuvent rester assis en silence pendant des heures sans perdre la tête. Leur cerveau est entraîné à rester dans le présent plutôt que d'être ballotté par chaque émotion fugace.

La pleine conscience n'est pas un tour de magie, et cela ne signifie pas que les gens ne ressentiront plus jamais de stress. Cela signifie simplement qu'ils sauront mieux le gérer. C'est la différence entre se retrouver pris au milieu d'une tempête et l'observer à distance, en sécurité. Elle permet aux gens de voir la réalité telle qu'elle est plutôt que de souhaiter constamment qu'elle soit autre chose.

Au final, la pleine conscience n'offre pas une échappatoire à la vie. Elle offre quelque chose de mieux. Elle enseigne aux gens comment vivre leur vie sans se laisser submerger par elle. La plupart des gens passent leur vie perdus dans le passé ou à s'inquiéter pour l'avenir. Ils prennent conscience d'une chose puissante lorsqu'ils apprennent à rester assis, à respirer et à prêter attention. Ils n'ont jamais vraiment contrôlé leur vie, mais ils ont toujours contrôlé la façon dont ils la vivent. C'est là, précisément, que réside le véritable secret de la paix.

L'harmonie de l'Ubuntu

À travers les vastes savanes et les civilisations anciennes de l'Afrique, une philosophie d'interdépendance connue sous le nom d'Ubuntu révèle le pouvoir extraordinaire de l'harmonie communautaire. L'Ubuntu vous murmure à l'oreille, vous exhortant à reconnaître la valeur et la dignité inhérentes à chaque âme. Il enseigne que votre bien-être est inextricablement lié à celui des autres et qu'en embrassant cette interconnexion, vous libérez la véritable essence de l'humanité. Dans la chaleureuse étreinte de l'Ubuntu, vous trouvez la force de combler les fossés, de cultiver la compassion et de bâtir un monde où nous nous élevons tous ensemble.

Philosophie, moralité et identité

En examinant la diversité des perspectives philosophiques, on constate leur influence sur la formation de la morale et de la vision personnelle à travers l'histoire. Les philosophes de l'Antiquité comprenaient le pouvoir transformateur de la philosophie pour guider les individus vers la vertu et éclairer le chemin vers une existence pleine de sens.

Si l'histoire nous a appris quelque chose, c'est qu'aucune civilisation n'a eu le monopole du génie. Contrairement à ce que certains pourraient supposer, le progrès ne s'est pas produit parce qu'un groupe s'est réveillé un matin et a décidé d'entraîner le reste du monde dans la modernité. Les plus grandes réalisations de l'humanité ont été le fruit d'un projet collectif, chaque culture apportant ses propres innovations.

Les Égyptiens de l'Antiquité ont construit des merveilles architecturales qui laissent encore aujourd'hui les ingénieurs perplexes. L'Inde a donné au monde le zéro, ce qui est ironique quand on considère à quel point la civilisation moderne dépend de ce chiffre pour fonctionner. L'âge d'or islamique a transformé les érudits en encyclopédies humaines, faisant progresser la médecine, l'astronomie et la philosophie alors que l'Europe tâtonnait encore dans l'âge des ténèbres.

Pendant ce temps, les cultures autochtones s'employaient à développer des systèmes éthiques, des modes de vie durables et des philosophies de l'interdépendance que les écologistes modernes commencent seulement à apprécier.

Platon et Socrate sont souvent les premiers noms qui viennent à l'esprit, mais ils ne travaillent pas en isolation. Les dialogues de Platon portaient tous sur la quête de la sagesse, non pas comme un ensemble de faits, mais comme une manière de bien vivre. Son maître, Socrate, passait ses journées à poser des questions difficiles aux gens jusqu'à ce qu'ils aient une révélation ou s'en aillent, frustrés. Ils ne s'intéressaient pas à la connaissance pour le simple plaisir de paraître intelligents. Ils voulaient développer leur caractère, améliorer leur raisonnement éthique et comprendre ce que signifie réellement être bon.

C'est là que le monde moderne a tendance à passer à côté de l'essentiel. Les gens pensent que l'intelligence consiste à accumuler des informations, mais les grands penseurs savaient mieux que quiconque. Il ne s'agit pas de mémoriser des faits. Il s'agit de savoir quoi en faire. La vraie sagesse réside dans la remise en question des idées reçues, la pensée critique et, surtout, l'utilisation de ce savoir pour vivre avec intégrité.

Pour ceux qui aiment faire travailler leur esprit, réfléchissez à ceci. Le concept même de moralité — ce qui est bien, ce qui est mal, et pourquoi cela nous importe — a été façonné par des siècles d'échanges philosophiques et culturels. L'éthique n'est pas une idée figée. C'est un dialogue évolutif qui a été façonné par différentes sociétés au fil du temps.

Les neurosciences suggèrent aujourd'hui que la moralité n'est pas seulement une construction sociale. Elle est inscrite dans le cerveau. Le cortex préfrontal est responsable du contrôle des impulsions et de la prise de décision, tandis que l'amygdale traite les réactions émotionnelles. Cela signifie que les humains sont biologiquement programmés pour envisager des choix éthiques, mais que ces choix sont influencés par les philosophies et les cadres culturels dont ils héritent. En d'autres termes, la moralité n'est pas seulement un ensemble de règles : c'est une danse entre la biologie, l'expérience et les traditions intellectuelles transmises de génération en génération.

Ainsi, la prochaine fois que quelqu'un suggère qu'une culture, un groupe ou une époque détenait toutes les réponses, rappelez-lui que l'histoire raconte une autre histoire. Le monde tel que nous le connaissons est le résultat d'un génie collectif, s'étendant sur les continents et les siècles. Chaque civilisation a ajouté une pièce au puzzle, et les seules personnes qui ne le voient pas sont celles qui n'y ont pas prêté attention.

L'éthique personnelle et son lien avec la philosophie

Considérez la mosaïque d'idées philosophiques qui façonnent de manière complexe nos cadres éthiques personnels. Tels des maîtres artisans du raisonnement moral, nous examinons les touches de pinceau de l'éthique de la vertu d'Aristote, les traits audacieux des principes déontologiques de Kant, les schémas calculés du calcul utilitariste de Mill et les mosaïques complexes de la théorie de la justice de Rawls. À travers ce prisme savant, nous comprenons comment ces fondements philosophiques insufflent profondeur et nuance à nos propres convictions éthiques.

Pour illustrer l'application pratique de la philosophie à l'éthique personnelle, examinons l'intrigante étude de cas du dilemme du tramway. Cette expérience de pensée nous confronte à un scénario où un tramway en fuite fonce vers un carrefour en travaux où il est presque certain qu'une collision coûtera la vie à au moins cinq personnes. Le conducteur a le choix d'appuyer sur un bouton qui permettrait de changer de voie et de modifier la trajectoire, mais cela entraînerait une série d'événements qui coûteraient une vie. En nous appuyant sur les principes du conséquentialisme, nous sommes confrontés aux implications éthiques du choix entre minimiser le préjudice global touchant plusieurs vies ou reconnaître la valeur d'une seule vie.

En nous livrant à une analyse rigoureuse et en réfléchissant à la prise de décision morale complexe impliquée dans les scénarios de vie ou de mort, nous prenons davantage conscience de la manière dont la philosophie éclaire et guide nos choix éthiques.

Valeurs et éthique philosophiques

À l'époque contemporaine, la philosophie joue un rôle crucial dans la formation des valeurs individuelles et l'orientation du jugement moral. Les idées philosophiques fournissent des cadres pour analyser les dilemmes moraux, aidant ainsi les individus à mener une existence bonne et honnête.

Ces cadres philosophiques permettent aux individus d'évaluer rationnellement des dilemmes moraux complexes et de prendre des décisions moralement responsables. La philosophie donne aux individus les compétences nécessaires pour réfléchir aux conséquences de leurs actes, méditer sur les valeurs qui leur sont chères et faire face aux dilemmes éthiques de manière réfléchie et moralement intègre. Une vision du monde plus inclusive et plus compatissante peut être développée en remettant en question les préjugés culturels et les normes sociales, comme l'encourage la philosophie. Elle favorise une meilleure compréhension de nombreux points de vue et cultive l'empathie en incitant les individus à réfléchir à leurs préjugés, leurs idées préconçues et leurs suppositions.

Considérez les théories éthiques comme différentes lentilles à travers lesquelles nous pouvons observer et aborder la prise de décision morale. Par exemple, la déontologie met l'accent sur nos devoirs moraux et l'importance de suivre des principes éthiques. L'utilitarisme, en revanche, se concentre sur la maximisation du bonheur ou du bien-être général. L'éthique de la vertu met en avant le développement de traits de caractère vertueux comme fondement d'un comportement éthique. S'engager dans ces perspectives philosophiques nous apporte des perspectives précieuses qui nous permettent d'évaluer les dilemmes éthiques et de prendre des décisions responsables de manière réfléchie. La philosophie nous donne la capacité de réfléchir aux conséquences de nos actions, de méditer sur les valeurs qui nous sont chères et de relever les défis éthiques avec sagesse et intégrité morale.

De plus, la philosophie nous encourage à remettre en question les normes et les préjugés sociaux, favorisant ainsi une vision du monde plus inclusive et plus compatissante. L'exploration de diverses idées philosophiques nous rend plus ouverts à différentes perspectives et nous apprend à confronter nos préjugés et nos a priori. Ce processus favorise l'empathie et approfondit notre compréhension de la nature complexe de la prise de décision morale.

Utiliser la philosophie pour l'introspection et le développement personnel

Les gens aiment penser qu'ils sont des êtres rationnels. Ils croient prendre des décisions fondées sur la logique, la raison et des conclusions mûrement réfléchies. En réalité, la plupart des gens fonctionnent en pilote automatique, faisant des choix basés sur l'instinct, l'habitude ou n'importe quel argument qu'ils ont lu dans une section de commentaires ce matin-là. C'est là que la philosophie entre en jeu. Ce n'est pas simplement une discipline archaïque réservée aux vieux livres et aux vestes en tweed. C'est un véritable entraînement mental conçu pour aiguiser l'esprit, remettre en question les a priori et forcer les gens à penser par eux-mêmes plutôt que de simplement approuver tout ce qui semble bien.

À la base, la philosophie est une pensée critique dopée aux stéroïdes. Elle enseigne aux gens comment analyser des idées, remettre en question des croyances et décortiquer des arguments avec la précision d'un chirurgien. C'est la raison pour laquelle certaines personnes savent voir clair dans les absurdités tandis que d'autres se laissent séduire par chaque titre accrocheur ou théorie du complot. La philosophie enseigne aux gens comment distinguer la réalité de la fiction, repérer les pièges logiques et, surtout, se forger leurs propres opinions en se basant sur la raison plutôt que sur l'émotion.

Maintenant, avant que quiconque ne pense qu'il s'agit simplement de paraître intelligent lors de dîners, la philosophie est bien plus qu'un simple exercice mental. Elle oblige les gens à faire un travail d'introspection et à remettre en question leurs préjugés, leurs valeurs et leurs croyances. La plupart des gens traversent la vie sans jamais vraiment se demander pourquoi ils croient ce qu'ils croient. La philosophie ne les laisse pas s'en tirer aussi facilement. Elle leur tend un miroir et leur demande : « En êtes-vous sûr ? » Elle pousse les gens à aligner leurs actions sur leurs valeurs et à vivre avec un niveau d'intentionnalité que la plupart n'envisagent jamais. Elle ne donne pas de réponses faciles, mais elle aide les gens à poser de meilleures questions — sur eux-mêmes, sur le monde et sur tout ce qui se trouve entre les deux.

Elle a la capacité de nourrir la curiosité intellectuelle comme nulle autre discipline. Elle ne se contente pas d'initier les gens à une seule façon de penser. Elle les entraîne à travers des siècles d'idées, de la Grèce antique à l'existentialisme moderne, des traditions orientales aux débats les plus récents en matière d'éthique et de science. Elle les oblige à voir au-delà de leur propre perspective et à explorer comment différentes cultures et époques ont été confrontées aux mêmes questions profondes : qu'est-ce que la vérité ? Qu'est-ce qui fait une bonne vie ? Pourquoi de mauvaises choses arrivent-elles aux gens bien ?

Le meilleur dans tout ça ? C'est une quête qui dure toute la vie. Il n'y a pas de réponse définitive, pas de moment où l'on peut dire : « Bon, j'ai tout compris. » La philosophie ne consiste pas à atteindre le bout du chemin. Il s'agit de rester sur la voie, d'apprendre sans cesse, d'affiner constamment sa façon de penser et de devenir chaque jour un peu plus sage. La vie est déroutante. La philosophie ne résout pas ce problème, mais elle aide les gens à mieux y faire face.

Éthique sociale et philosophie

Certaines théories éthiques offrent des perspectives uniques à travers lesquelles nous pouvons examiner et comprendre les enjeux sociaux urgents. De l'accent mis par le conséquentialisme sur les résultats à l'importance accordée par l'éthique déontologique aux devoirs et droits moraux, et de la culture d'un caractère vertueux prônée par l'éthique de la vertu à la quête de l'égalité des sexes défendue par l'éthique féministe, chaque théorie met en lumière différentes dimensions des défis éthiques auxquels nous sommes confrontés dans la société. Grâce à une analyse rigoureuse, nous mettons en lumière l'impact de ces théories sur le discours social et la prise de décision. Les gens adorent débattre de moralité, mais la vérité est que personne ne s'accorde sur ce qui rend une chose bonne ou mauvaise. Certains disent que tout dépend du résultat.

Les conséquentialistes estiment que tant que les résultats sont bons, l'action est justifiée. D'autres soutiennent que l'éthique déontologique est la voie à suivre, car la moralité consiste à respecter les règles et les devoirs, quelles qu'en soient les conséquences. Il y a ensuite les éthiciens de la vertu, qui estiment qu'il s'agit moins de règles et de résultats que de façonner son caractère pour devenir une personne véritablement bonne. Et, bien sûr, l'éthique féministe vient s'ajouter au débat, en demandant pourquoi la philosophie morale a passé la majeure partie de l'histoire à ignorer les perspectives de la moitié de la population.

Chacune de ces théories offre une manière différente d'aborder les dilemmes éthiques, ce qui revient simplement à dire qu'il n'existe pas de réponse universelle. Les gens aiment la certitude, mais la philosophie n'a pas pour vocation de donner aux gens ce qu'ils veulent. Elle a pour vocation de les faire réfléchir, même lorsqu'ils préféreraient ne pas le faire.

Quand il s'agit de construire une société juste, les théories éthiques ne restent pas simplement dans les manuels scolaires à prendre la poussière. Elles influencent les lois, les politiques et les mouvements sociaux. John Rawls, par exemple, avait cette idée farfelue selon laquelle une société juste devrait être conçue comme si personne ne savait dans quelle position il allait naître. Sa théorie de la justice comme équité suggère que si les gens devaient construire une société sans savoir s'ils finiraient riches ou pauvres, puissants ou impuissants, ils rendraient probablement les choses un peu plus égales. C'est une idée logique qui est commodément ignorée par ceux qui détiennent déjà tout le pouvoir.

Il y a ensuite Martha Nussbaum et son approche des capacités, qui pose une question simple mais importante : au lieu de mesurer le succès d'une société à l'aune de l'argent qu'elle produit, et si on le mesurait plutôt à l'aune de la capacité qu'elle offre à ses citoyens de s'épanouir ? Les gens ont-ils accès à l'éducation, aux soins de santé et à des opportunités de développement personnel ? Sont-ils libres de faire des choix qui façonnent leur propre vie ? Si ce n'est pas le cas, qualifier cette société de « réussie » revient à peu près à ce qu'un vendeur de voitures d'occasion jure que le moteur est « à peine utilisé ».

Les théories éthiques ne sont pas de simples exercices intellectuels. Elles façonnent la façon dont les gens conçoivent la justice, l'équité et la responsabilité morale. Elles fournissent des outils pour naviguer dans un monde où les dilemmes éthiques sont rarement tout noirs ou tout blancs. La prochaine fois que quelqu'un affirmera qu'il existe une réponse facile à une question morale, rappelez-lui que certains des plus grands esprits de l'histoire ont passé toute leur vie à débattre de ces idées — et qu'aucun d'entre eux n'était entièrement d'accord avec les autres.

Philosophie et visions du monde

S'il y a bien une chose que les humains aiment faire, c'est se tourmenter sur le sens de la vie. Les gens contemplent les étoiles, écrivent des poèmes sur leur existence et traversent des crises existentielles dans les rayons des supermarchés en se demandant quelle marque de céréales acheter. Ce n'est pas un problème nouveau. Les philosophes en débattent depuis des siècles, et devinez quoi ? Ils n'ont toujours pas de réponse définitive.

Certains, comme les existentialistes, affirment que la vie n'a pas de sens intrinsèque, et que chacun doit donc se créer le sien. Ils croient que les êtres humains sont jetés dans le monde sans scénario et doivent trouver leur chemin au fur et à mesure. L'inconvénient ? Cela peut sembler accablant. L'avantage ? Une liberté totale de façonner sa vie comme on l'entend.

Il y a ensuite les téléologues, qui sont convaincus qu'il existe un grand dessein derrière tout. Ils croient que le sens est inscrit dans l'univers lui-même. Si les existentialistes voient la vie comme un cahier vierge attendant d'être écrit, les téléologues la voient comme un livre dont l'intrigue est déjà en marche, que les gens s'en rendent compte ou non.

Ce qui est drôle, c'est qu'aucun des deux camps ne peut prouver qu'il a raison. Les humains n'ont d'autre choix que de naviguer dans l'existence à l'aide d'un mélange d'instinct, de sagesse empruntée et, parfois, d'une citation motivante sur une tasse à café. Ce que les gens savent, c'est que la façon dont ils interprètent la vie façonne la manière dont ils la vivent. S'ils croient qu'il n'y a pas de sens, ils peuvent sombrer dans le désespoir, ou bien embrasser leur liberté. S'ils croient en un but supérieur, ils peuvent y trouver du réconfort ou passer trop de temps à chercher un grand dessein au lieu de simplement vivre.

Nous entamons ici une exploration fascinante des façons dont les idées philosophiques trouvent un écho dans les visions individuelles et collectives, influençant notre compréhension du monde, du sublime et de la nature humaine. Une analyse élémentaire révèle l'influence considérable que les points de vue philosophiques exercent sur la formation de nos croyances, de nos valeurs et de nos récits sociétaux. Nous nous plongeons dans la trame complexe de croyances qui entoure nos points de vue, depuis la pensée antique de Platon et d'Aristote jusqu'aux modes de raisonnement novateurs de Descartes et de Kant.

Cette illustration s'appuie sur la manière dont la recherche examine les liens entre les philosophies orientales et occidentales et sur la façon dont divers points de vue affectent notre perception du monde et de la condition humaine. Notre discussion gagnerait en richesse si nous pouvions mieux comprendre la diversité des points de vue qui contribuent à créer la trame des perspectives composant l'univers, en comparant des traditions philosophiques telles que le confucianisme, le bouddhisme harmonieux, le détachement émotionnel et l'existentialisme.

Chapitre 3
Sagesse

« Se connaître soi-même est le commencement de toute sagesse.»

-Aristote

La sagesse est l'une de ces qualités que tout le monde admire, mais que peu de gens peuvent définir avec précision. Ce n'est pas exactement de l'intelligence, ni simplement de l'expérience. D'une certaine manière, c'est une accumulation de connaissances, mais c'est aussi la capacité à appliquer efficacement ces connaissances dans diverses situations. C'est la différence entre connaître un fait et comprendre comment l'utiliser de manière pertinente. La connaissance, c'est savoir qu'une tomate est techniquement un fruit. La sagesse, c'est savoir qu'il ne faut pas la mettre dans une salade de fruits. C'est du bon sens, mais c'est aussi une question de vision globale et d'application de ses connaissances.

Je considère souvent la sagesse comme une fusion de connaissances, de perspicacité et de bon jugement, appliquée de manière à mener à une prise de décision efficace et à une vie pleine de sens.

Pour comprendre la sagesse, nous devons en examiner les multiples facettes. Elle se manifeste par la sagacité, une capacité de réflexion profonde et l'aptitude à agir de manière mesurée en s'appuyant sur les connaissances acquises. Elle naît de l'expérience personnelle, souvent acquise par essais et erreurs, et s'affine grâce à une compréhension nuancée des personnes, des situations et de la vie elle-même. En d'autres termes, au fond, la sagesse est une synthèse de connaissances, d'expérience, de perspicacité et de bon jugement.

Contrairement à l'intelligence, souvent associée à la réussite scolaire et à la capacité de résoudre des problèmes, la sagesse se caractérise par le discernement, la conscience de soi et la capacité d'anticiper les conséquences à long terme de ses actions. Elle dépasse les capacités intellectuelles pour s'étendre au domaine de la prise de décision pratique et de l'intelligence émotionnelle.

Alors que l'intelligence brute peut exister dans le vide, la sagesse est pratique et adaptable. La sagesse est présente dans tous les aspects de la vie, influençant les activités professionnelles, les relations et même les interactions quotidiennes. Elle est souvent décrite à l'aide de termes tels que la prudence, la prévoyance et la sagacité. Quelle que soit la terminologie utilisée, la sagesse sert en fin de compte de force directrice qui aide les individus à naviguer dans les complexités de l'existence. Cette main invisible guide les individus à travers des paysages sociaux complexes, des défis professionnels et des dilemmes personnels.

Si l'on prend du recul et que l'on examine la sagesse d'un point de vue historique et culturel, il apparaît clairement que les humains en sont obsédés depuis toujours. Les civilisations anciennes vénéraient la sagesse comme s'il s'agissait de la dernière tendance sur TikTok. En Chine, Confucius prêchait l'importance de la sagesse morale et du développement personnel. En Égypte, des ouvrages de sagesse tels que *Les Enjeuements de Ptahhotep* offraient des conseils pratiques sur la manière de mener une bonne vie.

En Grèce, des philosophes comme Socrate et Aristote ont élevé la sagesse au rang d'art, débattant de tout, de l'éthique au sens de l'existence.

Ce qui est fascinant, c'est à quel point cette quête de la sagesse a été universelle. Qu'il s'agisse des stoïciens de Rome, des moines bouddhistes d'Inde ou des anciens autochtones des Amériques, chaque culture a sa propre version de la sagesse, et pourtant, toutes semblent pointer vers la même vérité : la sagesse consiste à comprendre le monde et la place que l'on y occupe. Il s'agit de trouver l'équilibre, de faire les bons choix et, parfois, de réaliser que l'on n'a aucune idée de ce que l'on fait, et que ce n'est pas grave.

Certaines sociétés, comme les cultures autochtones, ont une conception différente de la sagesse. Elles accordent une grande importance à l'expérience ; un lien profond avec la nature est source de connaissances précieuses. À l'inverse, les sociétés modernes considèrent souvent la sagesse comme un savoir académique et une expertise, mettant l'accent sur l'éducation et les compétences spécialisées. En examinant la sagesse à travers différents prismes culturels et historiques, nous comprenons mieux comment les peuples l'ont valorisée et recherchée de manière unique au fil de l'histoire. Cela nous donne également une vision plus globale de l'importance de la sagesse, tant pour l'épanouissement personnel que pour la société dans son ensemble.

La sagesse joue un rôle dans tous les aspects de la vie. Elle influence les carrières, les relations, les décisions et la manière dont les gens interagissent. Être sage signifie réfléchir attentivement, faire des choix mûrement réfléchis et utiliser à la fois ses connaissances et son expérience pour guider ses actions. C'est un mélange de bon sens et de compréhension profonde, façonné par les leçons tirées des expériences passées.

La philosophie de la sagesse

Le légendaire Socrate a dit un jour : « La seule vraie sagesse, c'est de savoir que l'on ne sait rien. » Ce sont là des mots audacieux pour un homme dont tout l'héritage repose sur le fait de tout remettre en question. Mais que voulait-il dire exactement ?

Les paroles de Socrate peuvent ressembler à un jeu mental conçu pour embrouiller vos pensées jusqu'à ce que vous abandonniez. Regardez de plus près, et vous verrez que son message est d'une simplicité brutale : la vraie sagesse commence lorsque vous acceptez de ne pas tout savoir. Réfléchissez-y. Ceux qui pensent avoir tout compris à la vie cessent de grandir. Ils s'accrochent à ce qu'ils savent, rejetant tout ce qui remet en cause leur vision du monde.

À l'inverse, ceux qui reconnaissent leur propre ignorance restent avides de savoir. Ils questionnent, ils cherchent, et ils dévorent la connaissance comme s'il s'agissait d'un festin dressé devant eux. Socrate ne disait pas simplement : « Nous sommes tous des imbéciles. » Il offrait la clé de la véritable compréhension : l'humilité. Le moment où vous cessez d'essayer d'être la personne la plus intelligente de la pièce est celui où vous commencez réellement à le devenir.

Tout le monde possède une certaine forme de sagesse. Certains sont capables de décomposer des théories complexes, tandis que d'autres maîtrisent l'art impossible du créneau dans une rue bondée. Qu'elle soit pratique ou intellectuelle, la sagesse n'est jamais figée. Elle évolue, s'adapte et s'élargit. C'est comme mettre à jour le logiciel de votre esprit. Vous prenez ce que vous avez appris, vous y ajoutez vos expériences, et si vous êtes attentif, vous mettez à jour votre façon de penser pour ne pas vous écraser à chaque fois que la vie vous réserve une surprise.

La leçon de Socrate est à la fois une leçon d'humilité et une source d'autonomie. Peu importe ce que vous pensez savoir, il y a toujours plus à apprendre. La meilleure chose à faire est de continuer à poser des questions, à chercher, et de ne jamais présumer que vous avez atteint la ligne d'arrivée. La vraie sagesse ne consiste pas à avoir toutes les réponses, mais à ne jamais cesser de les rechercher.

La juxtaposition de la philosophie et de la sagesse

La philosophie et la sagesse vont de pair, comme le beurre de cacahuète et la confiture. Elles ont des textures différentes, mais d'une certaine manière, elles forment le duo parfait. Si la sagesse avait un meilleur ami, ce serait la philosophie. Le mot même de « philosophe » vient de l'idée d'être un « ami de la sagesse », et la philosophie elle-même signifie « l'amour de la sagesse ». Ce concept n'est pas né dans une université prestigieuse ou sous la lumière d'un amphithéâtre. Il est né en réponse directe à la vie, avec tous ses rebondissements chaotiques, compliqués et imprévisibles.

Imaginez un scénario où la sagesse et la philosophie se retrouvent à un dîner. La sagesse est l'invitée détendue, qui sirote du vin, raconte des blagues et partage les leçons de vie glanées au fil d'années d'essais et d'erreurs. À l'inverse, la philosophie est celle qui, intense, sort un tableau blanc, se met à dessiner des schémas et transforme chaque question anodine en une réflexion approfondie de cinq heures sur le sens de l'existence. *Toutes deux* veulent des réponses, mais elles empruntent des chemins complètement différents pour y parvenir. La sagesse est pratique, terre-à-terre et pleine de bon sens. La philosophie veut démonter la réalité juste pour voir comment elle fonctionne.

La sagesse s'acquiert à la dure, à travers les erreurs, les échecs et suffisamment d'essais et d'erreurs pour faire transpirer un ingénieur. C'est comme un vieux mécanicien qui n'a pas besoin de manuel parce qu'il peut dire ce qui ne va pas avec une voiture rien qu'en écoutant le moteur. Cela ne dépend pas de se gaver de faits. Il s'agit de savoir quand parler, quand se taire et quand s'éloigner d'une discussion qui ne mène nulle part. Elle mêle intelligence, expérience, conscience émotionnelle et intuition pour former quelque chose de bien plus grand que la simple connaissance. C'est la différence entre connaître les règles et savoir quand les enfreindre.

Or, le point de vue d'un philosophe est différent. Au lieu de réparer la voiture, il reste assis là à se demander si les voitures existent vraiment. Peut-être que la voiture n'est qu'une construction de la perception humaine. Peut-être que le mouvement n'est qu'une illusion. Peut-être sommes-nous tous piégés dans une gigantesque expérience de pensée, et rien n'est réel. La philosophie est une exploration structurée et logique des plus grandes questions de la vie. Ce sont des interrogations sur l'existence, la connaissance, l'éthique et la réalité elle-même. Ce domaine ose demander : « Et si tout ce que nous savons était faux ? », tandis que la sagesse répond : « C'est une excellente question, mais pouvons-nous aussi trouver comment payer le loyer ? »

Un esprit philosophique décomposerait tout cela en catégories : la métaphysique pour l'existence, l'épistémologie pour la connaissance, l'éthique pour la moralité, l'esthétique pour la beauté, et la logique pour donner un sens à tout. Alors que la sagesse est ancrée dans le pratique, la philosophie s'épanouit dans le domaine de la théorie. Elle est fascinante, elle incite à la réflexion, et elle est parfois totalement impraticable.

Au final, ces deux concepts s'équilibrent. La sagesse empêche la philosophie de s'égarer trop loin dans la pensée abstraite, tandis que la philosophie empêche la sagesse de devenir rigide et aveugle. L'une nous enseigne comment bien vivre, tandis que l'autre nous met au défi de réfléchir à la raison d'être de la vie.

Les philosophes de la Grèce antique, Socrate, Platon et Aristote, nous interpellent par leurs contributions significatives au concept de sagesse alors que nous entamons notre exploration. Socrate, parfois considéré comme le fondateur de la philosophie occidentale, exhortait les gens à adopter une attitude modeste d'étude et d'introspection permanentes. Sa célèbre phrase, « La seule vraie sagesse consiste à savoir que l'on ne sait rien », nous sort de notre complaisance et nous propulse dans un processus dynamique de questionnement et de contemplation.

Platon s'appuie sur les idées de Socrate et nous emmène dans un voyage fascinant à la découverte de la nature de la sagesse à travers ses dialogues philosophiques. Dans son allégorie de la caverne, Platon illustre l'idée selon laquelle la véritable connaissance s'acquiert en surmontant les limites de l'expérience sensorielle pour entrer dans le monde des *Formes* ou *des Idées*. Selon lui, la sagesse consiste à plonger profondément dans les vérités intemporelles et universelles qui se cachent sous le monde des apparences en constante évolution.

Dans l'Éthique à Nicomaque, Aristote, disciple dévoué de Platon, donne sa vision unique de la sagesse. Selon lui, la sagesse est la plus haute forme de vertu intellectuelle et comprend la capacité de reconnaître les buts ultimes et les stratégies pour les atteindre. Elle englobe à la fois la connaissance théorique, qui implique la compréhension des lois du cosmos, et la connaissance pratique, qui consiste à utiliser cette sagesse pour porter des jugements moraux et accomplir de bonnes actions.

La portée de notre étude s'étend au-delà de la Grèce classique pour englober diverses écoles philosophiques qui ont débattu de la signification de la sagesse tout au long de l'histoire. Les philosophies orientales, telles que le confucianisme et le bouddhisme, offrent des points de vue variés sur la sagesse en tant que composante cruciale de l'épanouissement humain et du comportement moral.

Le confucianisme, apparu dans la Chine ancienne, considère la connaissance comme le ciment qui lie la société. C'est en quelque sorte le premier manuel d'auto-assistance, sauf qu'au lieu de citations motivantes vagues, Confucius a fourni des conseils concrets et pratiques. Il croyait que la sagesse provenait d'un perfectionnement de soi constant, de l'intégrité morale et d'une soif insatiable d'apprendre. L'idéal confucéen du *Junzi*, souvent traduit par « la personne noble » ou « le gentleman », est l'exemple ultime de la sagesse. Il décrit une personne suffisamment intelligente, éthique et posée pour gérer des situations frustrantes sans en venir à crier sur un représentant du service client.

Le bouddhisme offre une vision différente de la sagesse. Originaire d'Inde, il met l'accent sur l'harmonie sociale. La plupart des gens traversent la vie convaincus qu'ils en sont les protagonistes, sans se rendre compte que leur ego dicte chacune de leurs réactions. Selon le bouddhisme, la véritable sagesse vient du fait de se libérer de ces illusions et de reconnaître que tout est interconnecté et en constante évolution. C'est pourquoi la méditation et la pleine conscience sont au cœur des enseignements bouddhistes. Elles fonctionnent comme des programmes de détox mentale, aidant les gens à cesser de s'accrocher à leurs illusions.

Lorsqu'un conducteur se fait couper la route dans la circulation, la plupart des gens ruminent leur colère pendant des heures, repassant la scène en boucle. Le bouddhiste avisé prend une grande inspiration, reconnaît que tout est éphémère, et passe à autre chose.

L'exploration de ces traditions philosophiques met en évidence le lien étroit entre la sagesse et la philosophie. Toutes deux recherchent la connaissance, la compréhension et la vérité, même si elles les abordent différemment. La philosophie est l'ami qui aime les discussions profondes et abstraites sur le sens de l'existence. La sagesse est l'ami qui écoute, hoche la tête, puis met réellement ces idées en pratique dans la vie quotidienne.

La philosophie s'intéresse aux grandes questions complexes : qu'est-ce que la réalité ? Qu'est-ce que la connaissance ? Qu'est-ce qui est bien et mal ? Elle dissèque ces idées à travers la métaphysique, l'épistémologie, l'éthique, l'esthétique et la logique. La sagesse, quant à elle, consiste à appliquer ces connaissances dans la vie quotidienne. C'est une chose de comprendre la théorie de l'éthique ; c'en est une autre de résister à l'envie de répondre à un e-mail grossier par une réponse tout aussi grossière. Alors que la philosophie construit de grandes idées, la sagesse veille à ce que ces idées ne restent pas enfermées dans un manuel.

Les différences persistent, mais la philosophie et la sagesse partagent aussi une mission commune. Elles œuvrent à élargir la compréhension humaine et à approfondir notre lien avec le monde. Elles nous poussent à questionner, à apprendre et à grandir. Si vous vous êtes déjà surpris à réfléchir au sens de la vie à 2 heures du matin ou à prendre soudain conscience de votre propre comportement en faisant la vaisselle, félicitations ! Vous avez fait l'expérience à la fois de la philosophie et de la sagesse.

En quoi la sagesse et la philosophie diffèrent-elles ?

La sagesse et la philosophie peuvent sembler être les deux faces d'une même médaille, mais elles remplissent des fonctions très différentes. Alors que la philosophie est une quête structurée de la vérité, la sagesse consiste à appliquer cette vérité à la vie réelle. La philosophie aime explorer les grandes questions complexes, disséquant sans cesse la réalité, la moralité et la connaissance. La sagesse, en revanche, consiste à savoir quoi faire de cette connaissance une fois qu'on la possède. L'une construit des théories. L'autre les transforme en action.

La philosophie se nourrit du questionnement, plongeant souvent dans des territoires abstraits et conceptuels. Elle demande : « Que signifie mener une bonne vie ? » ou « Et si la réalité n'était qu'une illusion ? » La sagesse prend ces grandes idées et les applique de manière pratique. Elle ne se contente pas de demander ce qu'est une bonne vie, mais montre comment la mener. Un philosophe peut débattre de l'éthique de la prise de décision, mais une personne sage sait quand suivre des principes et quand s'adapter en fonction des circonstances du monde réel.

Cette différence se manifeste dans les situations quotidiennes. La philosophie est précieuse car elle remet en question les idées reçues, amenant les gens à repenser leurs croyances. Elle fournit les fondements des lois, de l'éthique et des systèmes qui façonnent la société. La sagesse, en revanche, est l'art de naviguer efficacement au sein de ces systèmes. Elle permet aux gens de porter des jugements éclairés, d'anticiper les conséquences et d'éviter les écueils inutiles. La philosophie explore la nature de la justice, tandis que la sagesse garantit qu'une décision équitable soit prise dans le feu de l'action.

La philosophie, c'est comme dessiner une carte de la réalité. Elle examine tous les itinéraires possibles, se demande si les routes existent réellement et s'interroge sur le sens profond du voyage lui-même. La sagesse, c'est la capacité à utiliser cette carte pour arriver à destination sans finir dans le ravin. Les deux sont essentielles, mais elles servent des objectifs totalement différents.

La synthèse et le développement de la sagesse

La véritable sagesse est indissociable d'une solide boussole morale. Elle implique d'aborder une situation avec à la fois pragmatisme et conscience éthique. Les personnes sages ne tiennent pas seulement compte de leurs propres intérêts, mais aussi des conséquences plus larges de leurs actions sur les autres, la société, et même le long cours de l'histoire.

L'essentiel ne réside pas seulement dans l'accumulation de connaissances, mais dans la compréhension de la manière de les utiliser. L'histoire regorge de personnes brillantes dans leur domaine, mais qui manquaient de la sagesse nécessaire pour appliquer efficacement leurs connaissances. À l'inverse, des personnes ayant reçu peu d'éducation formelle ont pris des décisions qui ont changé le cours de l'histoire.

Nelson Mandela est un exemple clair de sagesse en action. De nombreux dirigeants politiques à travers l'histoire ont envisagé le pouvoir sous l'angle du contrôle et de la domination, convaincus que la force était le seul moyen d'asseoir une autorité durable. Mandela voyait les choses différemment. Il comprenait que le véritable leadership ne consiste pas à dominer un adversaire, mais à unir une nation divisée par la réconciliation et une vision à long terme.

Au cours de ses 27 années de prison, Mandela aurait pu se laisser ronger par l'amertume. Beaucoup à sa place auraient cherché à se venger, justifiant l'agression comme une réponse à l'injustice. Il a reconnu une vérité plus profonde. *Une nation fondée sur la vengeance ne trouverait jamais la paix.* Au lieu de perpétuer un cycle de conflits, il a choisi la voie de la sagesse, en recourant à la négociation, à la patience et à la conviction morale. Son approche pour démanteler l'apartheid ne consistait pas seulement à changer les lois. Il s'agissait de transformer le cœur et l'esprit d'une nation, en veillant à ce que l'Afrique du Sud puisse aller de l'avant sans rester prisonnière de son passé.

C'était la sagesse à l'œuvre. Mandela ne s'est pas contenté d'étudier l'histoire politique. Il comprenait la nature humaine. Il a reconnu que le véritable changement exigeait de l'endurance, une cohérence éthique et une réflexion allant au-delà du conflit immédiat. Sa sagesse n'a pas seulement mis fin à l'apartheid. Elle a jeté les bases de la guérison d'une nation, prouvant que la sagesse ne réside pas dans la quantité de connaissances, mais dans la manière dont celles-ci sont appliquées avec détermination et clairvoyance.

Une personne sage n'est pas seulement intelligente. Elle anticipe les conséquences, s'adapte aux défis et garde la tête froide même dans des situations de forte pression. Elle ne se contente pas de réagir. Elle évalue, élabore des stratégies et agit avec précision. La différence entre l'intelligence et la sagesse réside dans l'exécution. Une personne très intelligente peut connaître toutes les solutions possibles à un problème, mais prendre malgré tout des décisions impulsives et à courte vue. Une personne sage a une vision d'ensemble et choisit la voie qui mène au succès à long terme.

La sagesse peut se cultiver, mais cela demande des efforts. Cela commence par un engagement envers l'apprentissage tout au long de la vie. Il ne s'agit pas seulement de mémoriser des faits, mais de développer une curiosité intellectuelle, de s'ouvrir à des perspectives diverses et de rechercher des perspectives au-delà de ses expériences personnelles. Ceux qui embrassent l'apprentissage continu élargissent leur compréhension et prennent des décisions fondées sur une vision du monde plus large et mieux informée.

L'introspection est un autre élément clé : les personnes sages prennent le temps d'analyser leurs propres croyances, leurs préjugés et leurs erreurs passées. Elles comprennent leurs forces et leurs faiblesses, ce qui leur permet de prendre des décisions en accord avec leurs valeurs et leur développement personnel. Ce n'est pas un processus passif. Il nécessite une introspection délibérée, une volonté de remettre en question sa propre pensée et la capacité d'évoluer.

Les personnes véritablement sages ne courent pas après le succès au détriment de leur intégrité. En effet, la moralité et l'éthique sont au cœur de la sagesse. Elles reconnaissent que la véritable réussite repose sur des choix éthiques. L'intégrité, l'empathie et la responsabilité sociale façonnent leurs décisions, garantissant que leurs actions ont un impact positif plutôt que de générer des gains à court terme aux conséquences à long terme.

Les outils cachés de la connaissance sont la préparation et l'anticipation. Ce n'est pas parce que les personnes intelligentes prennent plaisir à devenir des robots des tableurs. Elles savent que le moyen le plus rapide d'échouer lamentablement est de se précipiter sans réfléchir. La chance ou l'improvisation de dernière minute ne font pas partie de leur stratégie. Elles font le point sur leur environnement, envisagent les obstacles possibles et se préparent en conséquence. Les personnes intelligentes se distinguent des naïfs par leur capacité à planifier à l'avance, à envisager des alternatives et à identifier les conséquences à plus long terme.

L'adaptabilité est la dernière caractéristique de la sagesse, et peut-être la plus sous-estimée. La vie est une succession de rebondissements inattendus. Les personnes sages ne perdent pas leur temps à se plaindre lorsque les choses ne se passent pas comme elles le souhaitent. Elles s'adaptent, changent de cap et vont de l'avant. S'accrocher obstinément à des plans dépassés est le moyen le plus sûr de couler avec le navire. Au lieu de résister au changement, les personnes sages considèrent les obstacles comme des opportunités. Alors que le reste du monde panique au premier signe d'incertitude, elles restent sereines, trouvant de nouvelles façons de réussir dans un environnement en constante évolution.

C'est pourquoi la sagesse est rare. Tout le monde aime croire qu'il en possède, mais la plupart des gens commettent sans cesse les mêmes erreurs. Pendant ce temps, les philosophes débattent pour savoir si la réalité est même réelle, ce qui est fascinant, mais ils n'ont rien fait pour empêcher les gens de prendre de terribles décisions financières ou de se lancer dans des disputes inutiles. L'intelligence peut vous faire passer pour quelqu'un d'intelligent. La sagesse vous empêche de vous ridiculiser dès le départ.

La responsabilité et la moralité de la sagesse

La sagesse s'accompagne d'un profond sens de la responsabilité. Chaque décision a des conséquences, et les personnes sages reconnaissent leur part de responsabilité dans la formation de ces résultats. Il ne s'agit pas seulement de faire des choix qui profitent à soi-même. Il s'agit de comprendre comment ces choix se répercutent, affectant les autres et le monde en général. La vraie sagesse n'est pas passive. Elle exige une conscience éthique, une réflexion sur soi-même et un engagement à agir avec intégrité, même lorsque la voie la plus facile est tentante.

Un élément crucial de la sagesse est la capacité à voir les problèmes venir avant qu'ils ne vous frappent de plein fouet. Les personnes sages ne se précipitent pas tête baissée dans des décisions, comme quelqu'un qui achète sur un coup de tête un extracteur de jus à 500 $ qu'il n'utilisera jamais. Elles prennent le temps de réfléchir et se demandent : « Est-ce que cela va me hanter plus tard ? » Elles savent que la prise de décision éthique n'est pas un simple tirage au sort où l'on espère simplement que tout ira pour le mieux. Cela demande une stratégie, une compréhension de la nature humaine et la capacité de privilégier ce qui est juste plutôt que ce qui est facile. Alors que certaines personnes font des choix qui ne leur profitent qu'à court terme, les personnes sages prennent du recul.

Elles pensent à leurs communautés, à leurs secteurs d'activité, et même aux pauvres âmes qui, à l'avenir, devront faire face aux conséquences. Après tout, la moralité ne consiste pas seulement à faire bonne figure aujourd'hui. Il s'agit de ne pas être le méchant dans la leçon d'histoire de quelqu'un d'autre.

Les philosophes débattent depuis longtemps des fondements de la sagesse morale. Certains soutiennent que la bonne décision est celle qui produit le meilleur résultat. D'autres estiment que la moralité relève du devoir, quel que soit le résultat. Si les théories apportent des éclairages précieux, les personnes sages ne se fient pas uniquement à des principes abstraits. Elles incarnent dans la vie réelle des vertus telles que l'honnêteté, l'humilité et la compassion. Elles ne se contentent pas de parler d'éthique. Elles la vivent, en prenant des décisions qui respectent à la fois leur intégrité personnelle et l'intérêt général.

La sagesse pratique ne consiste pas à mémoriser un recueil de règles comme s'il s'agissait d'un manuel d'instructions pour monter des meubles IKEA. Il s'agit de développer une boussole morale qui n'a pas besoin d'être constamment recalibrée. Un dirigeant avisé n'a pas besoin de feuilleter un guide d'éthique d'entreprise pour savoir que sous-payer ses employés tout en empochant des bénéfices records donne une mauvaise image. Il fait ce qui est juste parce qu'il croit réellement en l'équité, et non parce que les RH risqueraient de lui envoyer un e-mail sévère. En revanche, un dirigeant qui ne suit les directives éthiques que par crainte d'être pris sur le fait n'est pas avisé. Il ne fait que jouer au bingo de la conformité en espérant que personne ne remarque son manque d'âme.

Les dilemmes éthiques ne sont jamais aussi simples qu'ils devraient l'être. La vie ne propose pas d'options clairement étiquetées « bien » et « mal », mais seulement une série de choix allant de « probablement une bonne idée » à « cela me hantera pour toujours ». Les personnes avisées savent que chaque décision a des conséquences, même celles qui semblent insignifiantes sur le moment. Ils réfléchissent, remettent en question leurs motivations et comprennent que choisir l'intégrité plutôt qu'un gain rapide ne leur apportera peut-être pas de satisfaction immédiate, mais cela les empêchera de devenir le personnage principal d'un documentaire sur un scandale d'entreprise dans dix ans.

La vraie sagesse ne consiste pas seulement à comprendre le monde. Elle consiste à le façonner. Les personnes sages ne perdent pas leur temps à philosopher sans agir. Elles prennent les devants, assument leurs responsabilités et veillent à ce que ce qui est juste aujourd'hui ne devienne pas un regret demain.

Gérer ses émotions dans la prise de décision

Les émotions ont le don de rendre la vie intéressante. Elles peuvent alimenter la passion, approfondir les liens et inspirer des décisions audacieuses. Elles peuvent aussi faire dérailler complètement la logique, prendre le pas sur la pensée rationnelle et laisser les gens se demander pourquoi ils viennent d'envoyer un e-mail qu'ils regretteront pendant les dix prochaines années. La clé pour prendre des décisions sages n'est pas d'éliminer les émotions, mais d'apprendre à les gérer efficacement. Ceux qui gèrent leurs émotions avec sagesse ne laissent pas des sentiments passagers dicter leurs actions. Ils prennent le temps de réfléchir, d'évaluer la situation et de s'assurer que leurs choix sont en accord avec la logique et leurs objectifs à long terme.

Si l'on considère que la pratique de la pleine conscience était autrefois associée aux moines et à ceux qui avaient la capacité hors du commun de rester immobiles pendant de longues périodes, son ascension fulgurante au rang d'idéal pour contrôler ses émotions est d'autant plus étonnante. Être pleinement présent ici et maintenant sans tirer de conclusions hâtives est l'essence même de la pleine conscience. Grâce à un effort constant, on peut apprendre à surveiller ses émotions sans se laisser contrôler par elles. On se calme, on respire et on réagit d'une manière qui ne nous fait pas immédiatement nous sentir mal dans notre peau lorsque les choses ne se passent pas comme prévu.

Les neurosciences confirment ce que la sagesse ancestrale affirme depuis des siècles. Des études montrent que la pleine conscience modifie physiquement le cerveau, en renforçant les zones responsables de la régulation émotionnelle et de la prise de décision. Ce n'est pas seulement une tendance en matière de bien-être. C'est une méthode scientifiquement prouvée pour rendre le cerveau moins réactif et plus apte à penser clairement. Apparemment, rester assis tranquillement et prendre conscience de ses pensées au lieu d'agir impulsivement est plus efficace que de crier dans un oreiller. Qui l'eût cru ?

Bien sûr, l'intelligence émotionnelle ne se résume pas à rester calme. Il s'agit de reconnaître des schémas, de comprendre les déclencheurs et de déterminer pourquoi les mêmes situations continuent de mener aux mêmes mauvaises décisions. Des pratiques de réflexion telles que la tenue d'un journal, l'imagerie guidée et les arts expressifs aident à mettre au jour les biais inconscients et les tendances d'autosabotage qui se cachent sous la surface.

Il n'y a rien de tel que de réaliser que la raison pour laquelle certaines situations ne cessent de vous frustrer n'est pas la faute du monde, mais plutôt une habitude incontrôlée de mal réagir.

La restructuration cognitive est en gros la version mentale de la vérification des faits de vos propres absurdités. Le cerveau humain, laissé à lui-même, est comme un ami amateur de drames qui imagine immédiatement le pire. Vous avez perdu vos clés ? De toute évidence, vous vous êtes fait voler. Le patron envoie un e-mail avec un objet vague ? Il est temps de mettre à jour votre CV. Les personnes avisées apprennent à faire une pause, à prendre du recul et à se demander : « Est-ce que mon cerveau me ment en ce moment ? » Le plus souvent, la réponse est oui. Au lieu de sombrer dans une panique alimentée par la caféine, elles remettent en question leurs propres suppositions, troquent la catastrophisation contre la logique et prennent des décisions fondées sur la réalité plutôt que sur un feuilleton mental.

Si l'intelligence émotionnelle vous semble être un sujet réservé aux moines et aux thérapeutes, observez les personnes qui s'épanouissent dans des situations de forte pression. Les dirigeants imperturbables, les négociateurs qui ne versent pas une goutte de sueur, ceux qui gèrent le chaos sans pousser un soupir dramatique toutes les cinq minutes. Ils ne sont pas magiquement à l'abri du stress. Ils ont maîtrisé l'art de maîtriser leurs émotions avant de prendre des décisions qui changent le cours d'une vie sur la base d'une remarque désinvolte ou d'une mauvaise humeur.

La sagesse ne consiste pas à ne rien ressentir. Il s'agit d'utiliser ses émotions comme des employés bien formés, plutôt que de les laisser diriger toute l'entreprise. Les personnes qui font les meilleurs choix ne sont pas celles qui ne se sentent jamais frustrées, anxieuses ou dépassées. Ce sont simplement celles qui ne laissent pas ces sentiments prendre le volant et les mener tout droit vers le regret.

Les sentiments sont à fleur de peau

Maîtriser ses émotions est plus facile à dire qu'à faire. Cela ne fait aucun doute. Les êtres humains fonctionnent à l'émotion depuis la nuit des temps, et malheureusement, il n'existe pas de bouton d'arrêt pratique. Parfois, il semble plus facile de laisser les émotions prendre le dessus, d'appuyer à fond sur l'accélérateur et de foncer droit vers une décision désastreuse. Ralentir et respirer ? Cela demande de la patience. Qui a le temps d'être patient quand il faut réagir immédiatement ? Est-ce vraiment plus satisfaisant ?

Si l'on prenait une seconde — juste une seconde — pour faire une pause et faire appel à un minimum de réflexion rationnelle, les émotions perdraient une partie de leur pouvoir. Imaginez que vous soyez debout devant votre bureau, le doigt suspendu au-dessus du bouton « envoyer » d'un e-mail furieux qui pourrait déclencher une réaction en chaîne purement destructrice. Au lieu de céder à l'impulsion émotionnelle, imaginez que vous preniez un instant pour mettre ces sentiments de côté. Pas pour toujours, juste assez longtemps pour réaliser qu'appuyer sur « envoyer » pourrait équivaloir à allumer une allumette dans une usine de feux d'artifice. Cette minuscule pause, ce bref moment de prise de conscience, c'est là que réside la sagesse.

La sagesse ne consiste pas à réprimer ses émotions comme un robot. Il s'agit de savoir quand les écouter et quand leur dire de s'asseoir tranquillement dans un coin. La clé réside dans le développement de la capacité mentale à simuler les résultats possibles avant d'agir. Les personnes sages ne se contentent pas de prendre des décisions – non. Elles mènent des parties d'échecs mentales, en jouant différents scénarios, en considérant les conséquences possibles et en s'assurant de ne pas renverser accidentellement leur propre roi au cours du processus.

La véritable magie de la sagesse réside dans sa capacité à prendre du recul. Alors que la plupart des gens se laissent emporter par le feu de l'action, les personnes sages prennent du recul et considèrent la situation dans son ensemble. Elles réfléchissent au-delà de leurs émotions immédiates, en tenant compte des conséquences à long terme, des implications éthiques et de la cohérence de leurs choix avec leurs valeurs. Pensez au nombre de catastrophes personnelles et historiques qui auraient pu être évitées si quelqu'un avait simplement pris cinq minutes de plus pour réfléchir à la situation. Les bouleversements politiques, les effondrements économiques et les tweets imprudents sont probablement tous évitables, avec le recul et le temps.

C'est là que la sagesse montre toute sa puissance. Les personnes véritablement sages ne laissent pas leurs émotions prendre le dessus sur leurs décisions, mais elles ne font pas non plus semblant que les émotions n'existent pas. Elles maîtrisent l'art de la compartimentation. Il ne s'agit pas de refoulement, où les émotions sont enfouies dans un placard mental pour exploser plus tard lors d'une crise dramatique. C'est l'art de savoir quand et où gérer ses émotions sans les laisser interférer avec des décisions cruciales.

Prenons l'exemple d'un chirurgien soumis à une forte pression. S'il laisse l'anxiété prendre le dessus pendant une intervention, les résultats ne seront pas optimaux. Au lieu de cela, il met ses émotions de côté, accomplit son travail et gère le stress plus tard — avec un verre bien fort ou une séance de thérapie, espérons-le.

La pleine conscience, un terme désormais galvaudé dans tous les livres de développement personnel et les retraites de yoga, est en réalité l'un des outils les plus efficaces pour réguler ses émotions. Qu'il s'agisse de méditation, de peinture, de jouer d'un instrument ou de faire de longues promenades en s'imaginant être le personnage principal d'un documentaire, la pleine conscience aide à entraîner le cerveau à observer les émotions sans s'y perdre. Avec une pratique régulière, séparer les réactions émotionnelles de la pensée rationnelle devient une seconde nature.

La véritable arme secrète des sages, cependant, est l'introspection. Il s'agit du processus qui consiste à s'asseoir et à analyser ses émotions au lieu de s'y soumettre aveuglément. Pourquoi ce commentaire vous a-t-il tant mis en colère ? Votre frustration concerne-t-elle le problème en question, ou s'agit-il d'une vieille blessure qui se réveille ? Faites-vous un choix parce qu'il est juste, ou parce qu'il vous fait du bien sur le moment ? Ce sont là les questions qui distinguent ceux qui prennent des décisions irréfléchies de ceux qui agissent avec sagesse.

La sagesse dans les relations

La reconnaissance de la valeur des personnes et le développement de relations enrichissantes font partie intégrante de la quête de la sagesse. La sagesse exige un équilibre entre les émotions et la pensée rationnelle. Nous allons maintenant approfondir l'importance de reconnaître la valeur de chaque individu et de favoriser des liens enrichissants, en montrant comment cela contribue au développement de la sagesse grâce à l'intelligence émotionnelle et à l'engagement empathique.

L'intelligence émotionnelle est au cœur du développement de la sagesse. En reconnaissant et en comprenant nos émotions, nous pouvons mieux comprendre les autres et faire preuve d'empathie à leur égard, tout en cultivant un environnement plus ouvert, fondé sur des liens authentiques. Cela conduit également au pouvoir de l'empathie, qui est peut-être l'une des armes les plus puissantes dont dispose une personne sage.

La capacité à comprendre ses propres émotions et processus est connue sous le nom de sagesse, mais imaginez comprendre la même chose chez une autre personne ; ce serait la pierre angulaire de la sagesse suprême. Grâce à l'empathie, les individus peuvent forger des liens authentiques et favoriser la compréhension mutuelle. Par exemple, un leader sage qui fait preuve d'empathie reconnaît les forces et les défis de ceux qui l'entourent, exploite leur potentiel, travaille en fonction de leurs points forts et crée un environnement qui favorise la croissance et la collaboration. Valoriser les individus et les relations contribue à l'apprentissage continu et à l'épanouissement personnel, la devise de la sagesse. Les personnes sages reconnaissent que chacun a des connaissances, des expériences et des perspectives uniques à offrir.

Le moyen le plus sûr d'acquérir des connaissances est d'étudier les expériences des autres. Les personnes intelligentes écoutent attentivement, assimilent les informations et s'abstiennent parfois de dire « En fait, je le savais déjà », car elles savent qu'elles ne détiennent pas toutes les réponses. Elles ne considèrent pas les points de vue opposés comme de simples bruits de fond, mais plutôt comme des sources de commentaires perspicaces. La connaissance est un échange réciproque ; un excellent mentor sait que même ses protégés ont quelque chose à lui apprendre.

Traiter les gens avec dignité ne devrait pas être un concept révolutionnaire, et pourtant, d'une certaine manière, ça l'est encore. Reconnaître la valeur d'une autre personne n'est pas seulement une question de décence ; c'est essentiel pour entretenir des relations qui ne ressemblent pas à des cauchemars transactionnels. Les personnes qui respectent les autres ont tendance à recevoir la même chose en retour, tandis que celles qui foncent tête baissée dans la vie en se comportant comme le personnage principal se demandent souvent pourquoi leurs relations s'effondrent mystérieusement.

La sagesse ne consiste pas seulement à faire des choix judicieux. Il s'agit de comprendre que chaque interaction laisse une empreinte, façonnant les réputations et les relations. En fin de compte, la différence entre une personne sage et un exemple à ne pas suivre se résume souvent à une seule chose : le fait de traiter ou non les gens comme de véritables êtres humains.

Une personne peut être traitée avec la dignité mentionnée ci-dessus si elle est respectée et si sa valeur est reconnue. Cela nécessite de prendre en compte et d'apprécier ses traits de caractère, ses points de vue et ses réalisations. Les personnes sages s'efforcent de reconnaître et de respecter la valeur intrinsèque des autres, car elles savent que chacun a quelque chose d'important à apporter.

Cela favorise le développement individuel en donnant aux gens la liberté d'être eux-mêmes. Les personnes sages aident les autres à atteindre leur plein potentiel en étant présentes pour eux, en leur disant des mots d'encouragement et en leur ouvrant des portes. Écouter attentivement et faire preuve d'empathie envers une autre personne aide à maintenir le respect dans les relations. La marque d'une personne sage est sa capacité à écouter avec l'intention de comprendre les sentiments, les pensées et la situation d'une autre personne. En faisant preuve d'empathie, elle est capable de comprendre les expériences des autres de leur point de vue.

Entretenir des relations n'est pas vraiment de la physique quantique, et pourtant, d'une manière ou d'une autre, les gens parviennent à faire croire que c'est une équation insoluble. La clé ? Écouter, prêter réellement attention au lieu de simplement attendre son tour pour parler. Lorsque les gens se sentent écoutés, valorisés et compris, ils ont tendance à rester plutôt que de préparer mentalement leur stratégie de sortie en plein milieu de la conversation.

Traiter les gens avec dignité est une compétence, et tout le monde n'a pas encore atteint ce niveau. Les conflits sont inévitables dans toute relation, mais les personnes avisées ne les traitent pas comme une bataille à gagner. Au lieu de creuser des tranchées et de se préparer à une guerre émotionnelle, elles abordent les désaccords avec empathie, patience et une volonté sincère de trouver un terrain d'entente — car rien ne caractérise mieux un « adulte fonctionnel » que de résoudre les problèmes sans les transformer en confrontation dramatique.

Ils comprennent également que la communication doit être ouverte et respectueuse, ce qui signifie pas de réponses énigmatiques d'un seul mot ni faire semblant que tout va bien tout en claquant les portes des placards. Les personnes avisées cherchent en réalité des solutions qui permettent aux deux parties de s'en sortir en conservant leur dignité intacte, au lieu d'avoir l'impression d'avoir perdu une partie d'échecs émotionnels.

C'est là qu'intervient le pardon, ce héros méconnu des relations durables. Les personnes sages savent que garder rancune, c'est comme porter un sac à dos rempli de briques : épuisant et, au final, inutile. Le pardon ne consiste pas à laisser les gens s'en tirer à bon compte, mais à refuser de laisser les erreurs passées se transformer en barrières permanentes. C'est un choix stratégique qui permet la guérison, la croissance et, surtout, la capacité d'aller de l'avant sans traîner un bagage émotionnel comme une valise surchargée.

L'empathie est comme l'ingrédient secret de la recette pour ne pas être un être humain horrible. C'est la capacité de sortir de sa propre tête pendant cinq minutes et de réellement prendre en compte ce que vit quelqu'un d'autre. Les personnes sages maîtrisent cela non pas parce qu'elles aiment porter ce lourd fardeau émotionnel, mais parce qu'elles comprennent que sans cela, les relations s'effondrent. L'empathie ne consiste pas seulement à hocher la tête de manière théâtrale en disant : « Je comprends tout à fait. » Il s'agit d'écouter sincèrement, de valider les émotions et de résister à l'envie de répondre : « Eh bien, ça m'est arrivé une fois, et croyez-moi, c'était bien pire. »

La pratique de l'écoute active va encore plus loin. Il ne s'agit pas seulement d'entendre des mots. Il s'agit de prêter réellement attention au lieu de rédiger mentalement sa liste de courses pendant que quelqu'un se confie. Les personnes sages ne se contentent pas d'attendre leur tour pour parler. Elles s'impliquent, observent et captent tous les petits indices : le langage corporel, les changements de ton, ce subtil « je vais bien » qui ne signifie absolument pas qu'elles vont bien. Elles suspendent leur jugement, laissent de la place pour de vraies conversations et, surtout, n'essaient pas de surpasser la détresse de quelqu'un d'autre avec leur propre histoire dramatique.

Les personnes qui maîtrisent l'empathie et l'écoute active créent des environnements où de vraies conversations ont lieu, où la confiance s'installe, et où personne ne quitte une discussion avec l'impression d'avoir parlé à un mur. La vérité, c'est qu'être sage ne se résume pas à savoir des choses. C'est savoir quand se taire et écouter vraiment. C'est construire des ponts au bon moment au lieu de les brûler pour se divertir.

Une communication efficace dans les relations, c'est comme un duo parfaitement synchronisé. Les deux parties doivent trouver le bon ton, sinon tout cela se transforme en un désastre discordant. Les personnes sages comprennent que la communication ne consiste pas seulement à lancer des mots dans le vide en espérant que tout se passe bien. C'est une voie à double sens, qui exige à la fois une expression claire et une écoute réelle — pas seulement hocher la tête tout en répétant mentalement son prochain argument.

Prenons, par exemple, une discussion classique entre partenaires : « Où veux-tu manger ? » Les moins avisés d'entre nous répondront : « Je m'en fiche », tout en espérant secrètement que leur partenaire devine par télépathie leur envie de sushis. Les plus avisés, en revanche, communiqueront réellement : « J'aurais bien envie de sushis, mais je suis ouvert à d'autres idées. Qu'est-ce qui te ferait plaisir ? » Tu vois ? Articulation. Clarté. Une chose rare mais magnifique.

En ce qui concerne l'écoute, les personnes vraiment sages savent qu'écouter ne consiste pas seulement à attendre son tour pour parler, mais à assimiler réellement ce que dit l'autre. Ils ne se livrent pas au multitâche, n'ont pas d'écoute sélective et ne répondent certainement pas par « Waouh, c'est dingue » juste pour faire avancer la conversation. Ils cherchent un terrain d'entente, comprenant que les relations ne prospèrent pas grâce à des débats gagnés, mais grâce à une compréhension partagée (et, parfois, à l'humble cession de la télécommande).

Bien sûr, la communication est mise à rude épreuve lorsque le conflit s'invite comme un hôte indésirable. Alors que certaines personnes abordent les désaccords avec la précision tactique d'un plan de bataille médiéval, les sages savent que les disputes motivées par l'ego mènent rarement à quelque chose de productif. Au lieu de se livrer à un jeu de passe-passe verbal, ils s'engagent dans un véritable dialogue, où l'écoute, l'empathie et la résolution des problèmes priment sur le fait de marquer des points. Ils se demandent : « Est-ce que je veux avoir raison, ou est-ce que je veux une relation qui fonctionne ? »

(Et oui, parfois, la réponse consiste à choisir à contrecœur la paix plutôt que d'être déclaré vainqueur ultime de disputes insignifiantes.)

Au-delà de la résolution des conflits, la sagesse brille également dans la création d'environnements où les gens ont réellement envie d'être. Les personnes sages ne se contentent pas de lancer un « Bravo ! » de temps en temps comme un trophée de participation ; elles encouragent sincèrement les autres, leur permettant de s'exprimer en toute sécurité sans craindre d'être jugés. Elles savent que les gens s'épanouissent lorsqu'ils sont encouragés, valorisés et qu'on leur rappelle parfois que leurs idées ne sont pas, en réalité, la pire chose qui soit arrivée depuis les frites non salées.

En fin de compte, les personnes sages cultivent des espaces où s'épanouissent la croissance personnelle et les liens, principalement en étant le genre de personne avec qui on a réellement envie de passer du temps.

Traiter les gens avec dignité

Traiter les autres avec dignité repose sur les principes de respect, de reconnaissance et d'autonomisation dans les relations, favorisant ainsi un environnement propice à l'épanouissement de liens durables et enrichissants. En nous penchant sur des conseils pratiques pour faire preuve de dignité dans nos interactions quotidiennes et en explorant les dynamiques du pouvoir, de l'égalité et de l'inclusion, nous pouvons mettre en lumière la manière dont la sagesse façonne nos relations et contribue à leur longévité et à leur épanouissement. Le respect constitue un pilier fondamental pour traiter les autres avec dignité. Il implique de reconnaître et d'honorer la valeur intrinsèque de chaque individu, quels que soient ses origines, son statut ou ses croyances. Les personnes sages comprennent que le respect n'est pas une simple reconnaissance passive, mais une pratique active qui imprègne leurs interactions. Elles font preuve d'une appréciation enthousiaste, valorisant les contributions et les perspectives uniques que chaque personne apporte. Faire preuve de respect à travers ses paroles, ses actions et ses attitudes crée un environnement où chacun se sent vu, entendu et valorisé.

La reconnaissance est un autre aspect essentiel du traitement des personnes avec dignité. Les personnes avisées vont au-delà de la simple reconnaissance et affirment activement les compétences, les qualités et les réalisations des autres. Elles créent des espaces permettant aux individus de s'épanouir, de célébrer leurs réussites et de favoriser leur développement.

Par la validation et l'encouragement, ils favorisent une atmosphère de positivité et de soutien, donnant aux autres les moyens d'exploiter leur potentiel et de poursuivre leurs objectifs. En favorisant une culture de la reconnaissance, les personnes avisées construisent des relations durables fondées sur le respect mutuel et le développement personnel.

S'il y a bien une figure historique qui s'y connaissait en matière d'autonomisation, c'est Nelson Mandela. Cet homme est sorti de prison après 27 ans, et au lieu de nourrir une rancune à vie (ce qui, soyons honnêtes, aurait été compréhensible), il s'est attaché à unir toute une nation. C'est cela la sagesse : savoir que le véritable pouvoir ne vient pas de la vengeance, mais de l'élévation des autres et de la création de quelque chose de plus grand que soi.

Les personnes sages comme Mandela comprennent que la meilleure façon de défendre la dignité humaine est de donner aux gens les outils, les opportunités et le respect dont ils ont besoin pour s'épanouir. On ne donne pas de pouvoir aux gens en accumulant le pouvoir comme un dragon assis sur un tas d'or. On le fait en créant des espaces où chacun a sa parole. Mandela ne s'est pas contenté d'accéder au pouvoir et de dicter sa loi ; il a encouragé la collaboration, la réconciliation et l'inclusion. Et devinez quoi ? Ça a marché. L'Afrique du Sud ne s'est pas effondrée dans un chaos sans fin. Elle a commencé à se reconstruire parce que lorsque les gens se sentent vus, entendus et valorisés, ils veulent réellement contribuer à quelque chose de plus grand qu'eux-mêmes.

Pour bien comprendre les dynamiques de pouvoir, il faut comprendre que dans toute relation, qu'elle soit entre nations, entre collègues ou entre amis (comme celui qui choisit toujours le restaurant), le pouvoir joue un rôle. Les personnes avisées reconnaissent ce déséquilibre et s'efforcent de rétablir l'égalité. Mandela aurait facilement pu renverser la structure du pouvoir, transformant les opprimés en oppresseurs. Au lieu de cela, il s'est concentré sur l'égalité, reconnaissant que la dignité ne signifie rien si elle n'est pas étendue à tout le monde — même à ceux qui détenaient autrefois tout le pouvoir. C'est ce genre de leadership qui transforme les livres d'histoire en best-sellers.

N'oublions pas l'inclusivité, ce qui rend le monde intéressant au lieu d'en faire une simple caisse de résonance sans fin des mêmes vieilles opinions. Mandela ne se contentait pas de tolérer la diversité comme quelqu'un qui affiche un sourire forcé lors d'une réunion de famille. Il en était le champion. Il comprenait que reconstruire une nation sur la rancœur et l'exclusion était à peu près aussi efficace que d'essayer de réparer une vitre cassée avec du ruban adhésif. Il a donc œuvré pour créer des espaces où toutes les perspectives comptaient, car le véritable progrès ne vient pas du fait de s'entourer de clones qui approuvent tout ce que l'on dit. Il vient de l'acceptation des voix différentes, même celles qui nous remettent en question.

Si jamais vous vous retrouvez en position de pouvoir, prenez un moment pour réfléchir. Gérez-vous cela comme Mandela, ou canalisez-vous l'énergie d'un tyran du XVe siècle qui accumule les ressources et distribue les sanctions comme des cadeaux de fête ? L'histoire a clairement démontré une chose.

Donner du pouvoir aux autres, traiter les gens avec dignité et embrasser l'inclusivité ne se contentent pas de construire de meilleures relations. Ils permettent également d'éviter que votre nom ne figure dans les futurs livres d'histoire, dans la section « Ce qu'il ne faut pas faire ».

Chapitre 4
La foi

Quel est le véritable rôle de la foi dans la sagesse ? Il est facile de supposer que la foi n'appartient qu'à la religion, qu'elle est liée aux systèmes de croyances et aux traditions spirituelles. La vérité est bien plus profonde. La foi ne se limite pas à la religion. Elle concerne la confiance, la conviction et la capacité d'aller de l'avant même lorsque tous les repères logiques indiquent : « Aucune réponse claire à l'horizon. » Elle permet aux individus de prendre des décisions sans garantie de succès, de s'engager envers des idéaux qui ne seront peut-être jamais pleinement prouvés, et d'embrasser un monde aussi incertain que mystérieux.

La foi ne s'oppose pas à la raison. Elle en a toujours fait partie. Réfléchissez-y. Combien des décisions les plus importantes de la vie s'accompagnent d'une certitude absolue ? Aucune. Des relations aux choix de carrière, des découvertes scientifiques aux questionnements philosophiques, les gens s'appuient sur la foi plus qu'ils ne le réalisent. Même les penseurs les plus rationnels doivent s'y appuyer lorsque la logique seule ne fournit pas de fondement suffisant. Sans la foi, les êtres humains seraient enlisés dans l'indécision, attendant une preuve absolue avant de faire un seul pas en avant.

C'est là qu'intervient la philosophie. Certains des plus grands esprits de l'histoire ont débattu de la foi. Ils ne la considéraient pas comme une acceptation aveugle, mais comme un élément nécessaire à la compréhension de la réalité. Blaise Pascal, mathématicien et philosophe, a abordé cette question dans son ouvrage Pensées. Il a soutenu que même si la raison ne pouvait confirmer l'existence de Dieu, la croyance restait le choix le plus logique. C'est ce qu'on a appelé le pari de Pascal, l'idée selon laquelle avoir la foi en quelque chose qui dépasse le monde tangible était le pari le plus judicieux. Si Dieu existait, la croyance apporterait un gain infini. Si Dieu n'existait pas, le pire qui puisse arriver serait de perdre quelques plaisirs terrestres. Pascal ne cherchait pas à prouver quoi que ce soit. Il soulignait simplement que la foi était la réponse la plus rationnelle face à l'incertitude.

Cet équilibre entre foi et raison n'était pas propre à Pascal. Thomas d'Aquin, philosophe et théologien médiéval, a poussé cette réflexion plus loin. Il a soutenu que la raison et la foi n'étaient pas des ennemies, mais des alliées. Son ouvrage, la Summa Theologica, a fusionné les deux, montrant que la raison pouvait expliquer certaines parties de la foi tandis que la foi pouvait apporter des réponses hors de portée de la logique. Thomas d'Aquin avait compris quelque chose qui reste vrai aujourd'hui. La foi ne rejette pas la logique. Elle comble les lacunes là où la logique atteint ses limites.

Aucun scientifique ne se lance dans la recherche sans avoir foi en ce processus. Aucun artiste ne crée sans avoir foi dans le potentiel invisible de son œuvre. Aucun dirigeant ne prend de décisions audacieuses sans avoir une certaine confiance que le résultat justifiera le risque. La foi, dans son sens le plus large, n'est pas l'absence de connaissance, mais la confiance d'agir malgré l'incertitude.

Si la sagesse consiste à comprendre des vérités plus profondes, à prendre de bonnes décisions et à voir au-delà des circonstances immédiates, alors la foi est son partenaire discret, souvent tacite. Ceux qui sont sages reconnaissent que la certitude est un luxe rare, et qu'attendre une preuve absolue avant de faire un choix est souvent le meilleur moyen de ne rien accomplir. La foi, dans sa forme la plus pure, est la volonté de faire confiance à quelque chose de plus grand que la somme des preuves immédiates. C'est le pont entre la connaissance et l'action, entre le doute et la compréhension.

Si Pascal et Thomas d'Aquin avaient raison, alors la foi n'est pas seulement quelque chose vers quoi les gens se tournent lorsque la raison échoue. C'est une partie fondamentale de la pensée humaine. La question n'est pas de savoir si la foi a sa place dans la sagesse. C'est de savoir si la sagesse peut exister sans elle.

Si nous nous aventurons dans les paysages intellectuels de l'histoire, nous découvrons le cas intrigant d'Al-Farabi, un philosophe islamique qui s'est intéressé non seulement à la philosophie, mais aussi aux sciences politiques et à la théorie musicale. Apparemment, maîtriser un seul domaine ne lui suffisait pas. Il a beaucoup écrit sur la relation entre la foi et la raison, en particulier dans le cadre de la pensée islamique.

Al-Farabi soutenait que la foi et la raison n'étaient pas des rivales engagées dans une bataille sans fin. Au contraire, il les considérait comme les deux faces d'une même médaille. Il croyait que la philosophie et la religion, lorsqu'elles étaient bien comprises, se complétaient mutuellement. Selon lui, la foi sert de tremplin à la réflexion philosophique, tandis que la raison agit comme l'outil permettant d'élargir et d'affiner cette compréhension. Une perspective audacieuse, surtout à une époque où le dogme religieux dictait souvent les limites de l'exploration intellectuelle.

L'influence de la foi ne se limite pas à une seule culture ou à un seul système de croyances. Elle s'étend à travers l'Europe, l'Afrique et l'Asie, façonnant les civilisations et alimentant à la fois l'illumination et le chaos. La foi, qu'elle soit liée à la religion, à la philosophie ou à un optimisme obstiné, a toujours été le moteur des plus grandes réalisations de l'humanité et, parfois, de ses plus grandes erreurs. Au fond, c'est la croyance en quelque chose de plus grand que soi, qu'il s'agisse d'une puissance divine, d'un idéal philosophique ou de la simple conviction que tout finira par s'arranger malgré des preuves accablantes du contraire.

Pour beaucoup, la foi sert de phare, de source d'inspiration et de soutien émotionnel lorsque les choses ne se passent pas comme prévu. Elle aide les gens à rester forts, leur donne une direction et les incite à persévérer même lorsque la raison leur dicte de faire demi-tour. Maintenant que nous avons abordé les bases, examinons de plus près comment la foi et la sagesse s'associent. La foi influence nos décisions, nous rend plus résilients et peut même nous permettre de réaliser l'impossible, simplement parce que nous croyons en son pouvoir.

Le pouvoir de l'optimisme :

Les êtres humains ont une capacité remarquable à nourrir l'espoir, ce qui est fascinant quand on pense à la fréquence à laquelle nous nous retrouvons dans des situations qui nous poussent à crier : « Laisse tomber ! » L'espoir est une partie mystérieuse, presque irrationnelle, de notre nature, étroitement liée à nos croyances. La vie, comme à son habitude, aime nous lancer des défis inattendus, tels que des catastrophes financières, des crises existentielles, ou simplement l'horreur de réaliser que l'on a envoyé un SMS embarrassant à la mauvaise personne. Dans ces moments-là, l'esprit devient un champ de bataille d'émotions, et soudain, l'espoir semble être un luxe réservé à ceux qui n'ont jamais connu le véritable désespoir.

Pourtant, quand tout sombre dans le chaos, la foi a l'audace d'intervenir comme un conférencier motivateur indésirable, insistant sur le fait que les choses vont s'améliorer. Elle ne s'appuie pas sur la logique, les preuves ou des tableaux remplis de résultats probables. Au contraire, elle agit comme une lumière obstinée dans l'obscurité, murmurant : « Tu as déjà traversé pire que ça. » C'est là que la foi devient le héros méconnu de la résilience humaine, entraînant les gens à travers les pires moments avec rien d'autre que la foi pure. Elle les fait continuer d'avancer alors que toute leur raison leur crie de s'asseoir et d'abandonner.

La foi, en tant que mécanisme psychologique, est d'une puissance trompeuse. Elle convainc les gens de persévérer, même lorsque tous les indicateurs extérieurs suggèrent qu'ils ne devraient pas. Elle apporte du réconfort dans les moments de détresse et donne un sens là où la logique échoue. Qu'il s'agisse d'un optimisme aveugle, d'une conviction religieuse ou du simple refus d'accepter l'échec, la foi alimente l'espoir. À présent, alors que nous poursuivons cette exploration, analysons pourquoi la foi n'est pas seulement une illusion réconfortante, mais une véritable force qui a façonné les individus, les sociétés et, très probablement, l'ensemble du progrès humain.

En tant que concept aux multiples facettes, elle englobe la croyance en une puissance supérieure, un ordre cosmique ou une force spirituelle transcendant les limites humaines. Ce système de croyances insuffle aux individus une assurance, leur donnant la certitude qu'ils ne font pas face seuls aux défis de la vie. Au contraire, ils puisent du réconfort dans l'idée qu'ils sont soutenus et guidés par une bienveillance invisible, ce qui engendre l'espoir d'une issue plus favorable. Dans le cadre de la foi, la paix devient une expérience puissante et transformatrice. Au milieu des tempêtes de la vie, les individus trouvent refuge dans leurs croyances, qui agissent comme une ancre capable de stabiliser les moments de turbulence émotionnelle.

Cette paix peut compléter les contextes religieux, imprégnant diverses facettes de l'existence humaine. Des études ont révélé que même ceux qui se déclarent non religieux peuvent éprouver un sentiment de réconfort grâce à des pratiques spirituelles telles que la méditation et la pleine conscience, soulignant l'attrait universel de la foi pour nourrir l'espoir.

La foi donne aux gens un sens à leur vie. C'est comme le signal Wi-Fi mental qui les maintient connectés lorsque la logique seule ne parvient pas à charger la page. Les personnes qui ont la foi ne se contentent pas d'endurer les moments difficiles. Elles les surmontent comme les protagonistes d'un film sportif sur les outsiders. Elles ne voient pas les échecs comme des impasses. Elles les considèrent comme des étapes d'apprentissage. Perdre son emploi, faire face à un chagrin d'amour ou gérer une crise ne sont pas des fins, mais des rebondissements de l'histoire qui façonnent votre croissance.

Cette conviction ne consiste pas à ignorer la réalité. Il s'agit d'avoir le courage de regarder la réalité en face et de dire : « Bien essayé, mais je n'abandonne pas. » La foi donne aux gens une motivation inébranlable pour continuer d'avancer, même lorsque le bon sens leur crie de se coucher et d'abandonner. C'est l'équivalent psychologique de quelqu'un qui s'accroche à un vieil ordinateur portable, convaincu que s'il le frappe encore une fois sur le côté, tout recommencera à fonctionner.

Le plus étonnant, c'est que ça marche vraiment. La foi a alimenté des révolutions, stimulé des percées scientifiques et poussé des gens à se lever le matin alors que tout en eux voulait appuyer sur le bouton « snooze » de la vie. Elle incite les gens à parier sur eux-mêmes, à prendre des risques et à repousser leurs limites. Non pas parce qu'ils ont la preuve du succès, mais parce qu'ils croient en sa possibilité. C'est l'arme secrète de toute personne qui a déjà accompli quelque chose d'impossible.

Un aspect fascinant de la foi réside dans son rôle de catalyseur de la résilience. La relation entre la religion et l'espoir dote les individus d'un mécanisme d'adaptation unique. Des études ont montré que les personnes ayant de fortes convictions religieuses ou spirituelles font preuve d'une plus grande résilience et d'une meilleure capacité d'adaptation face à des événements traumatisants. La foi devient une source de force qui permet aux individus de surmonter les moments les plus sombres et d'embrasser un avenir débordant de possibilités. La foi insuffle aux individus un sentiment d'attente, une vision prospective qui transcende les défis immédiats. Ce désir intense nourrit l'optimisme, revigorant l'esprit humain avec la conviction qu'un avenir meilleur les attend. Ce sentiment d'optimisme pousse les individus à persévérer, à faire des pas audacieux vers leurs aspirations et à tracer un chemin éclairé par l'espoir.

Le bien contre le mal

Dans notre quête incessante pour démêler l'énigme cosmique du bien et du mal, nous nous retrouvons plongés dans un labyrinthe de pensées, portés par notre croyance en Dieu et les mystères de l'existence. Plus nous creusons, plus les questions deviennent complexes. C'est presque comme si l'univers prenait plaisir à nous regarder courir après des réponses, tel un chat jouant avec un pointeur laser.

L'existence du mal a tourmenté les philosophes, les théologiens et quiconque s'est déjà cogné l'orteil contre une table basse. Le bien et le mal, à l'instar des forces de gravité et d'inertie, font partie d'un système intimement lié. Tout comme la Terre reste en orbite parce que des forces opposées l'empêchent de s'écraser sur le Soleil ou de s'élancer dans le vide, le bien et le mal créent l'équilibre délicat qui définit l'expérience morale et existentielle.

La vie fonctionne comme un écosystème où même les éléments les plus frustrants ont une raison d'être. Prédateurs et proies coexistent, chacun jouant un rôle dans le maintien de l'équilibre naturel. L'adversité définit la bonté par contraste. Sans lutte, il n'y aurait aucune raison de reconnaître la gentillesse, le courage ou la justice. Les épreuves donnent un sens à la résilience, façonnant la profondeur du caractère humain.

Ce concept s'applique même à l'échelle microscopique. L'atome, fondement de l'existence, est régi par des forces qui attirent et repoussent à parts égales. Les électrons tournent autour d'un noyau, reflétant l'équilibre observé dans les corps célestes. La nature maintient l'harmonie, de l'échelle grandiose des galaxies jusqu'aux plus petites particules. La dualité, qu'elle soit en physique, en morale ou dans la nature humaine, n'est pas un défaut mais une caractéristique fondamentale de la réalité.

La présence du bien et du mal permet le libre arbitre, la croissance et la structure même de l'existence. Sans l'obscurité, la lumière ne serait pas reconnue. Sans lutte, la sagesse ne verrait jamais le jour.

Personne n'est entièrement bon ou entièrement mauvais. Personne ne parcourt la Terre en tant que phare de la vertu pure, et personne n'existe dans une méchanceté absolue (à l'exception peut-être de cette personne qui parle fort au haut-parleur en public). Chaque personne porte en elle la capacité d'être les deux, façonnée par ses choix, ses actions et ses perspectives.

Les forces qui font pencher la balance sont claires. La cupidité, la jalousie, la peur et l'ego mènent à la destruction. La compassion, l'amour et la conscience de soi élèvent l'âme. Ce combat intérieur se déroule quotidiennement, influençant chaque décision.

Cette prise de conscience n'est pas une raison de craindre. C'est une raison de se sentir plus fort. L'existence du mal n'est pas nécessairement un signe d'échec. Elle offre l'occasion de faire des choix judicieux, d'orienter le cours des choses dans une meilleure direction et d'affiner l'âme.

Pour être tout à fait clair, reconnaître cet équilibre ne justifie pas d'embrasser le mal. C'est une erreur que les gens ne devraient jamais commettre. Le mal existe, mais les êtres humains doivent toujours s'efforcer de faire le bien. Cette perspective est une vision théorique de l'équilibre, et non une approbation pratique des mauvaises actions. Ce n'est pas parce que les tempêtes jouent un rôle dans la nature que les gens devraient sortir pendant une tornade en espérant que tout ira bien. Dans la vie quotidienne, la moralité est un choix. Le fait que le mal existe rend d'autant plus important de lui résister.

Le mal en soi n'est pas une force indépendante qui prospère sans raison. Il émerge à travers les actions, les choix et les conséquences humaines. Les épreuves et l'adversité, bien que douloureuses, servent souvent de catalyseurs à la croissance. Une tempête peut déraciner un arbre, mais elle remodèle aussi le paysage et fait place à une nouvelle vie. Les épreuves obligent les gens à évoluer, à renforcer leur résilience et à développer leur sagesse.

Chaque événement, même le chaos, a sa place dans le grand schéma des choses. Accepter cette vérité ne signifie pas se résigner face au mal. Cela signifie comprendre que tout s'inscrit dans un dessein divin plus vaste. La sagesse ne consiste pas à accepter passivement le destin, mais à rechercher activement l'équilibre et à choisir le bien malgré les difficultés.

La douleur de perdre un être cher ressemble souvent à l'incarnation du mal. Elle apporte souffrance et chagrin. Cependant, la mort n'est pas la fin de l'existence, mais une transformation. La vie passe d'une forme à une autre, entretenant le cycle éternel de la création. Cette perspective va au-delà du chagrin superficiel, offrant un aperçu plus profond de la signification de l'existence.

L'équilibre entre le bien et le mal ne réside pas dans la séparation, mais dans l'intégration au sein d'un dessein plus vaste. Ces forces façonnent les expériences humaines, présentant des leçons et des défis qui favorisent la croissance et la compréhension. Chaque rencontre contribue à la grande tapisserie de l'existence, liant les âmes individuelles au vaste rythme de l'univers.

La foi reste le phare qui guide à travers le labyrinthe de la vie. La quête de la connaissance mène à une sagesse plus profonde et à une vision plus claire de la danse cosmique entre le bien et le mal. Ce voyage ne consiste pas à s'abandonner au destin, mais à s'aligner consciemment sur ce qui est bon.

L'univers a doté l'humanité du libre arbitre, de l'intelligence et de la conscience. Il incombe à l'humanité de les utiliser à bon escient.

La foi, source d'inspiration

Tout au long de l'histoire humaine, l'interaction entre la foi et le sens de la vie est restée un sujet d'étude fascinant, attirant aussi bien les universitaires que les chercheurs. En tant qu'aspect fondamental de l'expérience humaine, la foi a toujours inspiré les individus, leur offrant un sentiment de conviction et une direction dans leur vie. Ce phénomène enchanteur, profondément ancré dans diverses cultures, religions et systèmes de croyances, fascine les chercheurs car il met au jour des liens complexes entre spiritualité, éthique et motivation humaine.

La foi a le pouvoir de façonner des vies, qu'il s'agisse d'apporter une clarté morale, de susciter un sens du but, ou simplement d'empêcher les gens de sombrer dans la crise existentielle avant leur café du matin. Dans différentes traditions, les textes sacrés servent de manuels d'instructions pour la vie, remplis de directives sur la droiture, la vertu et, parfois, sur la manière d'éviter le châtiment divin. Les spécialistes des études religieuses ont passé des siècles à disséquer ces schémas éthiques, dans l'espoir de comprendre comment ils façonnent le comportement humain. L'objectif ? Déterminer comment les systèmes de croyances créent un cadre pour la moralité, le caractère et la quête toujours insaisissable d'une vie pleine de sens.

D'un point de vue psychologique, la foi contribue indéniablement à cultiver des valeurs telles que la compassion, le pardon et la justice. Les chercheurs ont passé des années à démêler comment les systèmes de croyances s'ancrent profondément dans le comportement humain, façonnant la manière dont les gens interagissent entre eux et évoluent dans la société. Prenons l'exemple de la compassion. Il ne s'agit pas simplement de se sentir mal quand quelqu'un fait tomber son sandwich par terre. Il s'agit de développer une réponse profonde et empathique qui va au-delà du simple désagrément personnel. Les personnes animées par la foi font souvent preuve de gentillesse et d'entraide envers les autres, car leur système de croyances présente cela comme un élément fondamental de l'existence.

De même, le concept de pardon — sans doute l'une des choses les plus difficiles à maîtriser — est profondément ancré dans de nombreuses traditions religieuses. Alors que certains pourraient soutenir que pardonner à quelqu'un revient simplement à lui donner carte blanche pour recommencer, des recherches suggèrent que le fait de lâcher prise sur la rancœur réduit en réalité le stress, augmente le bonheur général et empêche les gens de comploter des scénarios de vengeance élaborés.

Il y a ensuite la philosophie, qui s'est livrée pendant des siècles à un bras de fer intellectuel avec la foi. Les philosophes se sont longtemps interrogés sur le lien entre croyance, sens de la vie et épanouissement, cherchant à déterminer si la foi est nécessaire à une existence pleine de sens ou si elle n'est qu'une illusion réconfortante qui empêche les gens de sombrer dans l'angoisse existentielle. Thomas d'Aquin, par exemple, considérait la foi et la raison comme de meilleurs amis qui travaillent ensemble pour percer les mystères de l'univers. De leur côté, les sceptiques soutiennent que la foi conduit parfois les gens dans un labyrinthe de dogmes, d'exclusivité et de ce syndrome toujours agaçant du « je suis plus saint que toi ».

Les sociologues et les anthropologues ont adopté une approche différente, menant des études concrètes pour mesurer l'impact tangible de la foi sur le comportement humain. Ils ont constaté que les communautés religieuses canalisent souvent leurs croyances vers la philanthropie, les initiatives de justice sociale et les efforts humanitaires. À son meilleur, la foi sert de catalyseur pour un changement positif, unissant les gens autour d'une mission commune visant à rendre le monde moins désastreux. À son pire, cependant, elle peut être une arme utilisée pour justifier l'exclusion, la division et des disputes inutiles sur Twitter. Ce paradoxe fait de la foi l'une des forces les plus fascinantes, frustrantes et, en fin de compte, nécessaires de l'histoire humaine.

La foi a toujours été une arme à double tranchant. D'un côté, elle a alimenté certains des actes les plus remarquables de bonté, de résilience et d'innovation. De l'autre, elle a été le moteur de conflits, de croisades et, parfois, de sectes qui finissent par voir leurs adeptes revêtir des robes douteuses. Cette dualité oblige les chercheurs à examiner la foi d'un œil critique, en mettant en balance ses aspects inspirants et ses écueils indéniables.

La foi, source de résilience

Dans le paysage tumultueux de notre monde, où les épreuves et les tribulations érodent souvent la force mentale d'un individu, la foi émerge comme un lien indestructible et une arme redoutable, fortifiant le sentiment de stabilité et poussant l'individu à aller de l'avant. L'adversité, compagne inévitable du voyage de la vie, exige souvent de la résilience. La foi est une compagne inébranlable dans cette épreuve de défis, dotant les individus de la force intérieure nécessaire pour traverser les heures les plus sombres. Elle transcende les affiliations religieuses ou spirituelles, embrassant tous ceux qui cherchent l'espoir et offrant un cadre solide pour comprendre et accepter les circonstances difficiles.

La foi joue un rôle irremplaçable dans l'expérience humaine en offrant du réconfort et en insufflant aux individus de la force, en inspirant un but et en transformant les obstacles de la vie en tremplins vers la croissance. Au fond, la foi incarne un aspect universel de la condition humaine, dépassant largement les limites de la doctrine religieuse. C'est une inclination innée, la conviction qu'il existe quelque chose de plus grand, quelque chose de significatif qui se trouve au-delà du monde tangible. Qu'elle soit dirigée vers une puissance supérieure, un but plus grand, ou même une foi inébranlable en soi-même, cette conviction nourrit l'espoir – un phare de lumière qui scintille même dans les moments les plus sombres.

Cet espoir devient une bouée de sauvetage, tirant les individus hors de l'abîme du désespoir et offrant une lueur d'optimisme au milieu des ombres de l'incertitude.

De plus, la foi est une puissante source d'inspiration, qui insuffle un sens à l'existence et guide une vie en apparence chaotique. Elle imprègne la vie de sens, incitant les individus à rechercher des idéaux plus élevés et à tendre vers un but plus grand que la simple survie. Pour ceux qui trouvent la paix dans leurs convictions religieuses, les textes sacrés et les enseignements offrent des repères, dévoilant une boussole morale qui oriente les actions et les décisions vers le chemin de la droiture et de la vertu. Ce sens du but devient un point d'ancrage, empêchant les individus de dériver sans but au milieu des eaux tumultueuses de la vie et traçant à la place une route vers l'épanouissement et la croissance personnelle.

Dans l'adversité, la foi agit comme une armure résistante, protégeant les individus contre le désespoir. La certitude de ne pas être seul et qu'une force divine ou un principe directeur les soutient dans leurs moments les plus sombres donne aux individus la force de persévérer et de sortir plus forts des épreuves de la vie. Par la prière, la méditation ou la pratique de rituels religieux, les individus puisent dans leur foi pour trouver réconfort et sens au milieu du chaos, ce qui leur permet de reconstruire leur moral brisé et de trouver le courage de continuer.

Le concept du pouvoir transformateur de la foi ne se limite pas à la vie des individus, mais imprègne des sociétés entières, offrant une force collective en période de bouleversements. L'histoire témoigne de nombreux cas où des communautés religieuses, unies par des croyances communes, ont surmonté les tempêtes de l'adversité, inspirant une résilience face à des épreuves qui, sans cela, les auraient déchirées. L'esprit inébranlable des communautés animées par la foi a agi comme une force unificatrice, favorisant le soutien mutuel, l'empathie et une détermination collective à reconstruire des sociétés brisées à partir des ruines de la dévastation.

Grâce à sa puissance et à sa conviction inhérentes, la foi possède la remarquable capacité de susciter des changements transformateurs dans la vie d'un individu. La foi faisant partie de l'histoire humaine depuis l'aube de notre espèce, on peut affirmer sans risque qu'elle inspire de nombreux changements et a de lourdes implications sur la manière dont nous prenons nos décisions.

Façonner les croyances et les valeurs

La foi, sous toutes ses formes, a une étrange façon de façonner les gens. Elle ne se contente pas de rester tranquillement en arrière-plan comme une musique d'ascenseur. Elle influence les décisions, façonne les perspectives morales et conduit parfois les gens à se demander s'ils devraient vraiment manger cette deuxième part de gâteau. Qu'elle soit ancrée dans des enseignements religieux, des philosophies personnelles ou un vague espoir que les choses finiront par avoir un sens, la foi sert de boussole morale. Elle aide les individus à naviguer sur le terrain chaotique de la vie, en leur inculquant des principes tels que l'intégrité, la compassion et, parfois, la capacité de résister à l'envie d'envoyer un message chargé d'émotion.

Les textes religieux occupent souvent une place centrale dans ce processus de formation des valeurs, fournissant des lignes directrices éthiques qui servent de manuel de référence pour la prise de décision. Les théologiens ont passé des siècles à disséquer ces textes, essayant de décoder les messages moraux cachés entre les récits historiques et les proclamations divines. Le résultat ? Un cadre complexe de croyances qui guident le comportement, définissant ce qui est acceptable, admirable ou tout simplement discutable. Cependant, la foi n'est pas uniquement liée à la religion. De nombreuses personnes élaborent leurs propres principes directeurs à travers une philosophie personnelle, mêlant existentialisme, humanisme et une touche de « je verrai bien au fur et à mesure » à leur code moral.

Les sociologues et les psychologues adorent explorer la manière dont les croyances fondées sur la foi façonnent les sociétés. La foi n'est pas seulement une affaire personnelle ; elle influence les normes culturelles, les systèmes juridiques, et le fait que les gens disent ou non « à tes souhaits » après qu'une personne a éternué. Elle anime les efforts collectifs en faveur de la charité, de la justice sociale et du renforcement de la communauté. Dans le même temps, l'histoire a prouvé que la foi, lorsqu'elle est exercée sans esprit critique, peut justifier l'exclusion, la division ou, dans des cas extrêmes, des choix vestimentaires très malheureux (je vous regarde, chefs de sectes). Le défi consiste à reconnaître le pouvoir de la foi tout en veillant à ce qu'elle ne se transforme pas en une autorité incontestée qui l'emporte sur la raison et la pensée individuelle.

La foi ne se contente pas de façonner les valeurs. Elle joue également un rôle significatif dans la motivation. Alors que certaines personnes se réveillent chaque matin, stimulées par la caféine et une détermination sans faille, d'autres s'appuient sur la foi pour se rappeler qu'elles œuvrent pour quelque chose qui les dépasse. La foi, qu'elle soit spirituelle ou philosophique, donne un sens à la vie. Elle indique aux gens que leurs objectifs s'inscrivent dans un plan plus vaste, les encourageant à surmonter les obstacles plutôt que de se recroqueviller dans la défaite.

Les psychologues ont étudié comment la foi alimente la résilience, et ont constaté que les personnes qui croient en un but supérieur ont tendance à mieux gérer les revers. Elles sont moins susceptibles de sombrer dans le désespoir existentiel lorsqu'elles sont confrontées à des défis. Au contraire, elles considèrent les difficultés comme faisant partie d'un voyage plus vaste, d'une épreuve cosmique d'endurance, ou, à tout le moins, d'un léger obstacle sur la route. La foi n'élimine pas les obstacles. Elle leur donne simplement l'impression d'être moins des murs de briques et davantage des ralentisseurs gênants.

L'histoire regorge de personnes dont la foi les a poussées à réaliser l'impossible. Les grands leaders, inventeurs et militants ont souvent attribué leurs accomplissements à une croyance inébranlable en quelque chose de plus grand. Qu'il s'agisse d'une vocation divine, d'un sens du devoir profondément ancré ou simplement d'un optimisme obstiné, la foi peut transformer l'ambition personnelle en une force de la nature. Cependant, la frontière est mince entre la motivation guidée par la foi et l'idéalisme aveugle. La différence ? Les personnes avisées utilisent la foi comme carburant, mais font appel à la logique, à la stratégie et à une bonne dose de bon sens.

Les aspirations motivées par la foi dépassent les objectifs individuels. Tout au long de l'histoire, les mouvements de changement social ont été alimentés par une croyance collective. La foi a inspiré des révolutions, des mouvements pour les droits civiques et des avancées scientifiques qui ont remodelé la société. Elle a poussé les gens à lutter contre l'injustice, à défendre les marginalisés et à créer des systèmes visant l'égalité. Bien sûr, la foi a également alimenté son lot d'entreprises discutables, mais lorsqu'elle est appliquée avec raison et un désir sincère de progrès, elle devient un catalyseur de changement significatif.

La foi, comme toute grande force, comporte ses contradictions. Elle est à la fois une source de motivation et de réconfort, un guide et, parfois, une source d'entêtement. Si elle donne aux gens le pouvoir de prendre des risques et de voir grand, elle peut aussi les mener sur des chemins erronés si elle n'est pas maîtrisée. Elle a bâti des civilisations et les a réduites en cendres. Elle a fait ressortir le meilleur de l'humanité et, parfois, le pire.

Le secret pour manier la foi avec sagesse réside dans l'équilibre. Elle doit inspirer sans devenir dogmatique, guider sans limiter la pensée critique, et encourager l'ambition sans conduire à l'illusion. Ceux qui maîtrisent cet équilibre découvrent que la foi ne sert pas seulement de système de croyances. Elle devient un outil de progrès, de résilience et la capacité de continuer à aller de l'avant même lorsque la vie semble déterminée à nous mettre tous les obstacles possibles sur le chemin.

En fin de compte, la foi ne consiste pas à tout savoir avec certitude. Il s'agit d'aller de l'avant malgré l'incertitude. Qu'il s'agisse de la foi en une puissance supérieure, de la foi en l'humanité ou simplement de la foi que les choses finiront par s'arranger, elle reste l'une des forces les plus puissantes qui façonnent l'ambition humaine, la moralité et la société elle-même.

Transformer les attitudes et les mentalités

Le concept est un effet placebo métaphysique qui convainc les gens qu'ils peuvent réaliser l'impossible malgré des preuves empiriques accablantes du contraire. Analysons cela avec la précision d'un physicien des particules examinant les interactions entre quarks, bien qu'avec, il faut l'admettre, un peu moins de rigueur scientifique et nettement plus d'irrationalité humaine.

Il s'avère que la foi n'est pas seulement ce qui convainc les gens que leur équipe de football va gagner malgré un bilan négatif. Elle est également responsable d'un phénomène psychologique fascinant dans lequel les gens reprogramment leurs biais cognitifs pour filtrer le désespoir et le remplacer par quelque chose d'absurdement ambitieux. L'optimisme prend le dessus alors que la foi installe un tout nouveau système d'exploitation chez l'être humain moyen, désespérément imparfait. Les revers deviennent des occasions d'apprendre, et l'échec se transforme en rebondissement dans la grande histoire du développement personnel. C'est fascinant. Si mes collègues scientifiques pouvaient exploiter cette résilience délirante, les humains auraient peut-être déjà colonisé Mars.

L'idée de transformation de l'état d'esprit ajoute une autre dimension à cela. La foi incite essentiellement les gens à croire qu'ils sont capables de plus que ce que leurs expériences passées suggèrent. Ils se réveillent un matin et décident que les limites sont imaginaires, malgré des preuves évidentes que leurs capacités athlétiques, par exemple, ont un plafond très réel et observable. Cela ne les empêche pas de courir des marathons. Cela n'empêche pas les gens de se lancer dans des projets d'entreprise malgré des ralentissements économiques répétés. La foi convainc les gens que la probabilité n'est qu'une suggestion.

La caractéristique la plus frappante de la foi est sa capacité à anéantir le doute de soi avec l'intensité d'un physicien surcaféiné s'attaquant à une équation erronée sur un tableau blanc. Elle pousse les individus à rejeter les croyances qui les limitent et à adopter un niveau de confiance en leurs propres capacités d'une intensité déconcertante. Cela conduit à des comportements humains absurdes, comme se tenir devant un auditorium bondé et déclarer : « Je peux faire tout ce que je décide de faire. » Cette affirmation est objectivement fausse. Je ne peux pas, par exemple, battre des bras et m'envoler malgré ma connaissance approfondie de l'aérodynamique.

Cela conduit en outre à l'adaptabilité, à la persévérance et à une volonté inhabituelle d'accepter l'incertitude. Les personnes qui ont la foi se comportent comme si la vie était une expérience scientifique où chaque hypothèse mène à une percée inévitable. Elles échouent et décident immédiatement qu'elles sont un pas plus près du succès. C'est la méthode scientifique, avec beaucoup plus d'affiches de motivation.

L'idée de la foi est comme un code de triche neurologique. Elle reconfigure les processus de pensée humains pour rejeter le pessimisme statistique et le remplacer par une croyance démesurée en la réussite personnelle. Le plus ahurissant, c'est que ça marche vraiment. Je le savais déjà. Maintenant, si vous voulez bien m'excuser, j'ai de la vraie science à faire.

La foi façonne les attitudes et les mentalités en insufflant espoir et positivité dans la vie. Des études psychologiques révèlent que la croyance en une puissance supérieure ou en un ordre cosmique favorise un optimisme durable, aidant les individus à trouver force, gratitude et paix dans l'adversité. Ce passage du pessimisme à l'optimisme agit comme un phare, insufflant de la résilience face à l'adversité.

Le lien entre la foi et la transformation de l'état d'esprit est évident lorsque les individus commencent à percevoir les défis comme des occasions de grandir plutôt que comme des obstacles insurmontables. La foi encourage à sortir de sa zone de confort, à prendre des risques et à poursuivre ses aspirations avec enthousiasme. Elle devient une force motrice qui propulse les individus vers de nouvelles possibilités et vers le dépassement de soi.

Les idées qui nous limitent ne sont pas les seules que la foi dissipe. Elles sont prises, tournées en dérision, puis reléguées aux oubliettes. Ces idées, soigneusement cultivées par le conditionnement social et les échecs passés, aiment jouer les freins au potentiel. D'un autre côté, la foi fait irruption comme un coach de vie débordant de confiance et proclame : « On ne fait plus ça. » Elle remplace le doute et l'insécurité par un sentiment inébranlable d'assurance, comme si la vie était arrivée avec un plan de réussite en poche.

Cette transformation ne s'arrête pas à la confiance en soi. Elle transforme les gens en champions de l'adaptabilité, leur permettant de gérer les rebondissements de la vie avec une grâce presque suspecte. La foi favorise la résilience, celle qui permet aux gens de sourire au milieu d'un chaos absolu tout en murmurant : « Tout va bien. » Des études montrent même que les communautés religieuses font preuve d'une plus grande acceptation du changement, probablement parce qu'elles ont maîtrisé l'art de faire la paix avec l'imprévisible. Qu'il s'agisse d'une sagesse profonde ou simplement d'un mécanisme d'adaptation cosmique, cela fonctionne.

Favoriser les relations personnelles

L'impact de la foi sur les relations humaines a fait l'objet de nombreuses recherches, intriguant des chercheurs de diverses disciplines. La religion, force omniprésente dans les sociétés du monde entier, catalyse la création de liens significatifs et empreints de compassion entre les individus. Dans cette exploration fascinante, nous nous lançons dans un voyage pour démêler comment la foi encourage les individus à offrir amour, pardon et compréhension aux autres, forgeant ainsi des liens harmonieux et favorisant un sentiment d'interdépendance.

Ces communautés ont tendance à fonctionner comme ces fan-clubs étrangement dévoués, où les réseaux de soutien et les valeurs partagées deviennent le terreau idéal pour l'épanouissement personnel, des projets de groupe au succès suspect et, parfois, des repas-partage épiques. Sous le grand microscope de la foi, les gens trouvent comme par magie le moyen de cultiver l'empathie, de faire preuve de pardon et de tisser des liens si étroits qu'ils pourraient survivre ensemble à une apocalypse zombie. Il en résulte un ensemble de relations si étrangement épanouissantes et unies qu'elles surmontent sans peine les barrières de la croyance, créant des liens autour de recettes de chili et de l'espoir partagé que quelqu'un ait pensé à apporter le dessert.

Au cœur de l'impact de la foi sur les relations personnelles se trouve sa capacité à inspirer la compassion. Indépendamment des affiliations religieuses ou spirituelles, la religion inculque aux individus un sentiment d'empathie et de compréhension envers les autres.

Des études psychologiques explorant le lien entre la foi et la compassion révèlent comment la croyance en une puissance supérieure ou en une interconnexion universelle motive les individus à accomplir des actes de gentillesse et d'altruisme. L'empathie, cette capacité à entrer en résonance émotionnelle avec les expériences d'autrui, apparaît comme un élément essentiel pour entretenir des liens significatifs avec nos semblables. La foi encourage ses adeptes à se mettre à la place des autres, favorisant ainsi un souci sincère de leur bien-être et une culture de bienveillance et de compassion.

Le pardon, autre facette essentielle de l'impact de la foi sur les relations, retient l'attention des chercheurs qui cherchent à comprendre la dynamique de la réconciliation humaine. Les enseignements religieux mettent souvent l'accent sur le pardon, encourageant les croyants à laisser derrière eux les transgressions passées et à embrasser le pouvoir transformateur de la réconciliation.

L'étude du pardon dans des contextes religieux met en lumière les bienfaits psychologiques et émotionnels découlant de l'acte de pardonner. À mesure que les individus apprennent à pardonner, ils éprouvent un sentiment de libération et de guérison émotionnelle, et jettent les bases de relations plus saines et plus durables. Diverses recherches sur les mécanismes par lesquels la foi facilite le pardon révèlent comment les croyances religieuses peuvent agir comme un rempart contre le ressentiment et la haine, renforçant ainsi le tissu des relations interpersonnelles.

Les communautés religieuses constituent des écosystèmes captivants et solidaires, qui méritent une attention particulière dans l'exploration de l'impact de la foi sur les relations personnelles. Le domaine de la sociologie s'est lancé dans des recherches sur les dynamiques complexes des groupes confessionnels, mettant en lumière la manière dont ces communautés favorisent un sentiment d'appartenance, de camaraderie et de valeurs partagées parmi leurs membres. À travers le culte collectif, les rituels et les activités sociales, les individus au sein de ces groupes confessionnels tissent des liens avec des pairs partageant les mêmes idées, transcendant les frontières des différences sociales, culturelles et ethniques. L'environnement communautaire bienveillant au sein de ces groupes confessionnels jette les bases de relations solides fondées sur la confiance et la compréhension mutuelles. Ancrées dans la foi, ces relations deviennent des sources inestimables de soutien émotionnel, renforçant la résilience et les mécanismes d'adaptation des individus dans les moments difficiles.

Les communautés religieuses deviennent souvent des incubateurs de développement personnel, offrant un environnement qui encourage les individus à explorer leur potentiel. Les enseignements sur l'humilité, la persévérance et le service inspirent l'amélioration de soi tout en favorisant un sens des responsabilités envers la communauté. Que ce soit par le biais de pratiques religieuses telles que la prière et la méditation ou de moments de réflexion, la foi aide les individus à cultiver la conscience de soi, renforçant ainsi leurs relations en favorisant l'empathie et la compréhension.

Au-delà des interactions personnelles, la foi joue un rôle dans l'union des personnes pour des efforts collectifs. L'activisme social motivé par des croyances et des valeurs partagées a mobilisé les communautés religieuses pour s'attaquer à des problèmes sociaux majeurs. Les groupes confessionnels trouvent souvent un terrain d'entente, mettant de côté leurs différences pour œuvrer en faveur de la justice, de l'égalité et de l'aide humanitaire. Cette unité met en évidence la manière dont la foi peut rassembler les gens dans la poursuite d'un objectif commun, créant ainsi des communautés fortes et interconnectées.

Cependant, l'influence de la foi sur les relations n'est pas sans complications. Les différences de croyances religieuses peuvent parfois conduire à la division plutôt qu'à l'unité. Les chercheurs qui explorent les complexités des interactions fondées sur la foi reconnaissent que l'exclusivité et les visions du monde rigides peuvent favoriser les conflits. Cela rend le dialogue et l'inclusivité au sein des communautés religieuses et entre elles essentiels pour favoriser la compréhension mutuelle dans un monde de plus en plus diversifié. Elle joue un rôle central dans la poursuite d'un but, guidant les individus au-delà de la réussite matérielle vers un épanouissement plus profond. Beaucoup de ceux qui embrassent la foi recherchent des expériences transcendantes qui les relient à quelque chose de plus grand, qu'il s'agisse d'une présence divine, d'une vérité universelle ou d'un sentiment personnel de spiritualité. La foi ouvre la porte à une compréhension plus riche de l'existence, apportant des réponses aux grandes questions de la vie.

La quête de sens est une expérience humaine universelle. Les traditions religieuses aident les individus à définir leur place dans l'univers, en façonnant leurs valeurs et en guidant leurs actions. Dans le cadre des études religieuses, l'exploration des expériences transcendantes révèle comment la foi sert de canal vers des moments de révélation et d'éveil spirituel. Ces expériences, qu'elles soient profondément personnelles ou qu'elles s'inscrivent dans une pratique communautaire, éclairent le chemin vers une vie pleine de sens et de satisfaction.

La foi favorise également un profond sentiment d'interdépendance. Elle efface les frontières entre le soi et le tout, créant un sentiment d'appartenance au sein du tissu plus vaste de l'existence. Des études psychologiques ont montré que la foi améliore le bien-être émotionnel en apportant réconfort, assurance et résilience en période de crise. Ceux qui alignent leurs actions sur leurs croyances trouvent souvent un sentiment d'harmonie, d'épanouissement et de joie en servant les autres, en pratiquant l'altruisme et en vivant en accord avec leurs valeurs.

La foi, bénie soit-elle, a apparemment façonné la vie d'innombrables personnes, principalement en leur donnant quelque chose à blâmer ou à remercier pour tout. Des recherches menées par des personnes qui ne sont absolument pas partiales montrent que ceux qui trouvent un « sens profond » à leurs croyances éprouvent une « plus grande satisfaction dans la vie » et une « anxiété réduite ». Ce qui, je veux dire, si vous croyez suffisamment fort qu'un distributeur automatique cosmique distribue votre destin, bien sûr, pourquoi pas ? La foi n'efface pas les difficultés, elle se contente de les rebaptiser « épreuves divines » ou « occasions de forger le caractère », ce qui est une façon bien plus agréable de dire : « tu vis un moment terrible, mais au moins tu n'es pas seul dans ta misère. »

Nous plongeons dans le monde passionnant des transformations spirituelles des célébrités ! Préparez-vous à découvrir comment des personnalités ont découvert que la foi et la sagesse sont en quelque sorte un bouton magique permettant de « recommencer » leur vie. Ces histoires, qui ne sont certainement pas triées sur le volet pour un impact inspirant maximal, nous rappellent avec force que la foi est plus qu'un concept abstrait. C'est un outil narratif pratique pour expliquer pourquoi quelqu'un est passé de « raté monumental » à « gourou inspirant ». Oui, la foi a remodelé des vies, des communautés et l'histoire elle-même — principalement en donnant aux gens de quoi se disputer lors des réunions de famille.

Augustin d'Hippone (354-430 apr. J.-C.)

Augustin est né dans l'Algérie actuelle ; il fut l'un des premiers théologiens et philosophes chrétiens de renom. Au début de sa vie, Augustin menait une existence hédoniste, se livrant à de nombreux plaisirs tout en cherchant un sens à sa vie. À la suite d'une profonde conversion spirituelle, il changea de religion et acquit une grande notoriété parmi les chrétiens.[1]

Sa conversion au christianisme a marqué un tournant dans sa quête d'illumination. Il cherchait à mieux comprendre la nature de Dieu, son existence et la condition humaine à travers sa religion, en plus de la connaissance. Ses écrits reflétaient sa quête de savoir, alors qu'il débattait de questions théoriques, de la complexité des aspirations humaines et de la nature de la vérité divine. Le parcours d'Augustin illustre comment la véritable sagesse peut inclure des perspectives spirituelles ainsi que des efforts intellectuels.

Malcolm X (1925-1965)

Malcolm X, figure emblématique du mouvement américain des droits civiques et voix de premier plan au sein de la Nation de l'islam, est né sous le nom de Malcolm Little le 19 mai 1925 à Omaha, dans le Nebraska. Au cours de ses premières années, la vie de Malcolm a été marquée par l'adversité et les préjugés raciaux endémiques d'une Amérique profondément ségréguée. Le spectre de la suprématie blanche a jeté une longue ombre sur son enfance, sa famille étant fréquemment la cible de menaces et de violences de la part de groupes suprémacistes blancs, ce qui a profondément façonné sa vision du monde.

Jeune homme, les démêlés de Malcolm avec la justice ont abouti à son incarcération, un chapitre décisif qui a radicalement

11[1] *Saint Augustin (Encyclopédie de philosophie de Stanford). (25 septembre 2019). https://plato.stanford.edu/entries/augustine/*

modifié le cours de sa vie. C'est derrière les barreaux que Malcolm a découvert les enseignements de l'islam, tels que présentés par Elijah Muhammad et la Nation of Islam, un mouvement politique et religieux afro-américain. Les principes d'autonomie, de fierté noire et du pouvoir transformateur de la foi ont profondément résonné en Malcolm, le conduisant à sa conversion et à l'adoption subséquente du nom de Malcolm X, signifiant son rejet du nom de famille « Little », qu'il considérait comme un vestige de l'esclavage.

À sa sortie de prison, Malcolm X a abandonné sa vie de petit délinquant et s'est consacré à la cause de l'émancipation des Noirs. En tant que ministre et porte-parole national de la Nation of Islam, il a défendu l'autosuffisance afro-américaine, la fierté raciale et la résistance sans compromis à l'oppression blanche. Son éloquence incisive et sa quête inébranlable de justice raciale ont fait de lui une figure influente et, pour certains, controversée dans la lutte contre les inégalités raciales.

Dans sa quête incessante de savoir, Malcolm X s'est plongé dans des études intensives, cherchant à comprendre les racines historiques du racisme et les injustices systémiques auxquelles sont confrontés les Afro-Américains. Il a élargi ses perspectives grâce à ses voyages, notamment un pèlerinage transformateur à La Mecque, qui a entraîné un changement significatif dans sa vision du monde. Sa rencontre avec des musulmans de toutes les races vivant en harmonie a influencé sa compréhension de la race et de la spiritualité. Cette expérience l'a conduit à adopter l'islam sunnite et un nouveau nom, El-Hajj Malik El-Shabazz, alors qu'il commençait à militer pour l'harmonie raciale et les droits de l'homme aux États-Unis et dans le monde entier.

La dernière partie de la vie de Malcolm X a été marquée par une évolution philosophique qui a embrassé une vision plus inclusive des droits civiques, transcendant l'idéologie séparatiste qu'il avait auparavant défendue. Malgré son assassinat le 21 février 1965, son héritage perdure comme un témoignage du pouvoir de transformation et de la lutte inébranlable pour la justice sociale.

Sa vie et son œuvre soulignent l'idée que la véritable sagesse n'est pas statique, mais un parcours continu marqué par la poursuite inlassable de la justice, l'élargissement de la compréhension, une compassion sincère pour l'humanité et la quête incessante de l'éveil personnel et communautaire.[2]

Aung San Suu Kyi (1945-présent)

Aung San Suu Kyi, figure de proue de la résistance pacifique et des aspirations démocratiques au Myanmar, également connu sous le nom de Birmanie, est née le 19 juin 1945 dans une famille profondément ancrée dans la vie politique du pays.

Son père, le général Aung San, était un architecte vénéré de l'indépendance de la Birmanie face à la domination coloniale britannique, et sa mère, Daw Khin Kyi, était une personnalité publique de premier plan. Élevée dans le climat politique turbulent qui a suivi l'assassinat de son père alors qu'elle n'avait que deux ans, Suu Kyi était profondément consciente des troubles politiques et de la répression exercée par les régimes militaires successifs au Myanmar. Ses années de formation, bien que marquées par les conflits de son pays, ont également été imprégnées des traditions bouddhistes qui imprègnent la culture birmane. Ces enseignements allaient profondément influencer son approche du militantisme. Les

---

[2] Rédaction de Biography.com. (12 septembre 2023). Malcolm X. *Biography*.https://www.biography.com/activists/malcolm-x

concepts bouddhistes de metta (amour bienveillant) et d'ahimsa (non-violence) sont devenus le fondement de sa philosophie, guidant ses actions et ses campagnes en faveur de la démocratie.

L'émergence de Suu Kyi en tant qu'icône de la protestation pacifique fut presque le fruit du hasard. Ayant passé une grande partie de sa jeunesse à l'étranger, son retour au Myanmar en 1988 pour s'occuper de sa mère malade a coïncidé avec un soulèvement populaire contre la dictature militaire. Son entrée en politique a été motivée par un sens aigu du devoir plutôt que par une aspiration au pouvoir. Elle s'est retrouvée propulsée au premier plan du mouvement pro-démocratique, canalisant son indignation morale en un appel posé mais passionné en faveur d'une réforme démocratique pacifique.

Son adhésion aux principes bouddhistes transparaissait dans son attitude et ses discours, mettant l'accent sur la résistance non violente et la désobéissance civile comme outils puissants contre l'oppression. La pratique spirituelle d'Aung San Suu Kyi, en particulier l'importance accordée à la méditation et à l'introspection, lui a donné la force intérieure nécessaire pour endurer les sacrifices personnels liés à sa lutte politique, notamment de longues périodes d'assignation à résidence qui ont totalisé 15 ans.

Son engagement inébranlable en faveur de la non-violence et sa quête éthique du changement politique lui ont valu une reconnaissance internationale, qui a culminé avec l'obtention du prix Nobel de la paix en 1991. Le Comité Nobel a salué sa lutte non violente pour la démocratie et les droits de l'homme, et elle est devenue un symbole mondial de la résistance face à la tyrannie.

Malgré son isolement prolongé du monde et sa séparation d'avec sa famille, la détermination de Suu Kyi n'a pas faibli. Sa vie politique témoigne de sa conviction que la sagesse durable et le véritable leadership nécessitent une convergence entre perspicacité politique, clarté morale et profonde compassion pour la souffrance d'autrui. Elle a toujours souligné que la quête de la sagesse n'est pas une recherche intellectuelle solitaire, mais un parcours collectif vers une société juste et équitable, ancrée dans la compréhension fondamentale de l'humanité partagée et du bien commun.

Le parcours d'Aung San Suu Kyi souligne que l'essence de la sagesse réside non seulement dans la quête de l'illumination personnelle, mais aussi dans la défense inébranlable de la dignité et des droits d'autrui, une voie qu'elle a suivie avec grâce et ténacité au milieu des nombreux défis qui ont entravé son parcours et celui de la démocratie dans son pays.[3]

Marian Croak (1955-présent)

Marian Croak est un phare d'innovation et de réussite dans le monde de la technologie et des télécommunications. Femme afro-américaine née en 1955, elle a toujours fait preuve d'une conviction inébranlable pour repousser les limites de son domaine. En tant qu'ingénieure américaine, Croak a apporté des contributions pionnières qui ont complètement façonné et transformé la manière dont le monde communique.

Malgré les perspectives limitées offertes aux femmes dans le domaine de l'ingénierie à l'époque où elle grandissait, Croak n'a jamais laissé les normes sociales définir son potentiel. Animée par

---

3 3 Pletcher, K. (15 octobre 2023). Aung San Suu Kyi | Biographie, prix Nobel et faits marquants. Encyclopédie Britannica. https://www.britannica.com/biography/Aung-San-Suu-Kyi

un intérêt profond pour la technologie et un sens aigu de sa mission, elle a poursuivi des études supérieures et obtenu un doctorat en psychologie sociale et analyse quantitative à l'Université de Californie du Sud. La brillante carrière de Mme Croak est marquée par une série d'innovations révolutionnaires, notamment dans le domaine de la technologie de la voix sur IP (VoIP). Il ne s'agissait pas seulement d'une avancée technologique, mais d'un changement monumental dans la façon dont le monde communique. Sa vision et son sens technique ont joué un rôle central dans la démocratisation et l'accessibilité de la VoIP. Parmi ses innombrables réalisations, l'une d'elles se distingue par son impact sociétal significatif : le développement des services d'urgence 911 pour la VoIP. Cette innovation incarnait la clairvoyance et le dévouement de Croak envers le bien-être public. Consciente de la transition vers la communication numérique, elle s'est assurée qu'en cas d'urgence, le mode de communication ne constituerait pas un obstacle à l'accès à une aide vitale.

En tant que l'une des rares femmes afro-américaines de son secteur, Marian Croak s'est également imposée comme un symbole de triomphe face aux préjugés raciaux et de genre. Son parcours témoigne de ce qu'il est possible d'accomplir grâce à la ténacité, à la vision ct au courage de remettre en question le statu quo. Tout au long de sa carrière, Marian Croak a reçu de nombreuses distinctions, qui constituent à la fois une reconnaissance de ses contributions et une source d'inspiration pour ceux qui aspirent à laisser leur empreinte dans le monde de la technologie.

Son héritage va au-delà de ses innovations : ce sont les voies qu'elle a ouvertes pour les générations futures et l'inspiration qu'elle continue d'apporter à ceux qui cherchent à repousser les limites dans leurs domaines respectifs. Véritable figure de proue des télécommunications, l'histoire de Marian Croak continuera de résonner et d'inspirer pendant des décennies.[4] À la lumière de ces exemples, une tendance très nette se dessine. À travers des périodes difficiles, ces personnalités inspirantes ont développé leur compréhension et leur quête de sagesse, englobant des aspects intellectuels, moraux et spirituels. Elles nous rappellent que la sagesse est une entreprise holistique qui intègre la connaissance, les valeurs et la recherche de la vérité dans diverses circonstances de la vie. Leurs expériences transformatrices montrent que la foi et la sagesse, tout comme la philosophie et la sagesse, vont de pair.

La foi peut vous aider à rester fidèle à vos valeurs :

La foi, souvent décrite comme une croyance inébranlable en l'invisible, possède un pouvoir inné d'ancrer les individus à leurs valeurs, servant de boussole immuable dans la mer tumultueuse de la vie. Tout comme un phare guide les navires à travers l'obscurité, la foi éclaire le chemin vers ses principes, permettant de préserver l'intégrité morale et de poursuivre la vertu.

On peut s'en rendre compte en observant les épreuves traversées par de nombreuses figures emblématiques de l'histoire humaine. Mais la question est de savoir comment elles ont surmonté ces problèmes qui semblaient insolubles. Elles avaient la foi. D'Augustin d'Hippone à Aung San Suu Kyi, les exemples sont nombreux.

Des individus complexes traversent des épreuves complexes, mais découvrent à travers tout cela le pouvoir de la foi et renversent la situation en leur faveur.

---

[4] [4] Jbkatz. (5 janvier 2023). *Croak, Dr Marian Rogers – inventrice de la VOIP. Amazing Black History.* https://amazingblackhistory.com/2023/01/05/croak-dr-marian-rogers- inventor-of-voip/

Par essence, la foi favorise un lien entre un individu et ses valeurs fondamentales. En plaçant leur confiance dans un but supérieur ou une force divine, les gens trouvent la force de rester fidèles à leurs convictions malgré les pressions extérieures. Cet engagement inébranlable découle de la certitude que leurs valeurs ne sont pas des constructions personnelles, mais qu'elles sont enracinées dans quelque chose de plus grand et d'intemporel. Cette certitude sert de fondement solide, permettant aux individus de naviguer parmi la myriade de défis et de tentations que la vie présente. La foi confère aux individus une résilience, leur insufflant le courage de résister à l'adversité sans transiger sur leurs valeurs. Elle sert de point d'ancrage moral face à des dilemmes éthiques ou à des normes sociales qui contredisent leurs convictions. Elle leur donne la force de résister à la tentation de se conformer à la masse, leur permettant de garder la tête haute face à l'ambiguïté morale.

La foi est comme ce coach sportif débordant d'enthousiasme qui n'arrête pas de crier **« Tu vas y arriver ! »** même quand on est sur le point de s'évanouir. Elle convainc les gens de continuer à aller de l'avant, même lorsque la vie leur dresse une série d'obstacles qui font passer l'abandon pour la meilleure option. La conviction inébranlable qu'il existe un but supérieur confère aux individus une sorte d'endurance surhumaine — qu'il s'agisse de survivre à un lundi matin pénible, de gérer des proches qui *continuent* de débattre de politique à table, ou de traverser les crises existentielles de la vie sans perdre complètement pied.

La foi agit également comme un système d'alarme intégré pour l'introspection. Elle rappelle aux gens que leurs choix ne sont pas seulement jugés par la société, mais peut-être aussi par une entité omnisciente qui, soyons honnêtes, voit tout — y compris ce dessert supplémentaire que vous aviez juré de ne pas manger. Cette responsabilité cosmique oblige les gens à réfléchir à deux fois avant de prendre des décisions discutables, les encourageant à aligner leurs actions sur quelque chose de plus grand que la gratification momentanée. Après tout, rien ne vaut la possibilité d'un regard en coin divin pour inciter à *« repenser ses choix de vie* ».

Au-delà de sa capacité à inciter les gens à se comporter au mieux, la foi a une façon détournée de transformer même les individus les plus cyniques en personnes qui se soucient sincèrement des autres. Elle crée un phénomène étrange où les gens commencent à traiter les inconnus avec gentillesse, à offrir leur soutien et — osons le dire — **à devenir des êtres humains décents.** Ce sentiment commun d'avoir un but alimente une envie inexplicable de contribuer positivement au monde, même si cela signifie tenir la porte ouverte à quelqu'un qui se trouve encore à six mètres de là.

En fin de compte, la foi, c'est cet ami qui insiste pour vous faire des discours motivants alors que tout ce que vous voulez, c'est rester au lit et ignorer vos responsabilités. Elle refuse de laisser les gens sombrer dans le chaos, murmurant sans cesse des mots comme intégrité, résilience et sens. Est-ce parfois agaçant ? Bien sûr. Est-ce que ça marche ? Absolument. Telle un orchestre bien dirigé, la foi maintient tout en harmonie, veillant à ce que le désordre chaotique de la vie sonne quand même comme une symphonie à peu près décente.

Chapitre 5
Sécurité financière

La sagesse financière est un principe fondamental pour quiconque a la chance de traverser la vie moderne sans acheter par inadvertance des toilettes en or massif. Elle est liée aux chapitres précédents sur la sagesse et la philosophie car, de toute évidence, rien ne symbolise mieux l'« illumination » qu'un budget équilibré.

Tout d'abord, plongeons-nous dans les profondeurs insondables de la finance. Ce terme désigne les ressources monétaires et les affaires d'un État, d'une organisation ou d'une personne. Le mot vient du vieux français, qui est simplement une façon sophistiquée de dire « les gens qui demandent une rançon très élevée ». Plus tard, il a désigné la fiscalité et les recettes, car rien n'a changé. Les significations actuelles datent du XVIIIe siècle, lorsque les gens ont commencé à réaliser qu'ils pouvaient faire payer encore plus cher les choses.

Ce chapitre explorera ce qu'implique la finance et comment elle est liée à la sagesse si l'on considère un groupe de moines ayant fait vœu de pauvreté et parvenant pourtant à investir dans l'équivalent antique d'un fonds spéculatif. Ils chantent des mantras tout en négociant des épices rares. Leur stratégie financière s'apparente moins à « Wall Street » qu'au « Mur de la Contemplation Silencieuse ». Ils comprennent que la véritable richesse ne consiste pas à amasser de l'or. Elle consiste à avoir assez de lentilles pour tenir jusqu'à la prochaine retraite de méditation.

Pour entamer cette discussion, nous devons d'abord comprendre ce qu'est la finance. En gros, il s'agit de tout ce que vous devez gérer pour éviter de finir par troquer vos sandales contre une tasse de thé.

La finance est un concept crucial qui englobe la gestion de l'argent et des ressources, ce qui est fondamental tant pour les individus que pour les organisations. Elle implique divers aspects tels que la budgétisation, l'investissement, l'épargne, l'emprunt et la planification de l'avenir. Si la finance est principalement associée aux questions monétaires, son lien avec la sagesse réside dans la prise de décisions responsables et éclairées. Elle est indispensable pour atteindre la réussite et la sécurité financières.

Comme nous avons déjà longuement abordé la sagesse, nous allons en faire un bref récapitulatif afin de nous assurer qu'il n'y a pas de divergences lorsque nous explorerons comment ces deux notions sont étroitement liées. Comme vous le savez, la sagesse est, à la base, la capacité à mettre en pratique ses connaissances, son expérience et son discernement pour aboutir à des jugements éclairés et à des résultats positifs. Dans le contexte de la finance, la sagesse va au-delà de la culture financière. Elle implique de comprendre les implications plus larges des décisions financières, de reconnaître les risques et d'envisager les conséquences à long terme.

Un aspect de la sagesse en matière de finance est la capacité à fixer des objectifs et des priorités financières. Allouer des ressources pour répondre à la fois aux besoins à court terme et aux aspirations à long terme nécessite une réflexion approfondie sur la situation personnelle, les conditions du marché et les incertitudes potentielles. La prudence dans la distinction entre les besoins et les envies, ainsi que la résistance aux dépenses impulsives, illustrent l'influence de la sagesse dans les décisions financières. Il est sage de planifier à l'avance en examinant les expériences passées pour guider les choix futurs.

Un autre domaine clé est celui de l'investissement. Les investisseurs avisés mènent des recherches approfondies, comprennent la dynamique du marché, évaluent leur tolérance au risque et alignent leurs investissements sur leurs objectifs. Une approche équilibrée, incluant la diversification du portefeuille, contribue à réduire le risque et à optimiser les rendements.

La sagesse en matière de finances implique également de gérer ses dettes de manière responsable. Il est stratégique de n'emprunter que ce qui peut être raisonnablement remboursé et d'éviter les dettes à taux d'intérêt élevé qui conduisent à des difficultés financières. Une dette contractée sans évaluation adéquate des risques peut piéger les individus dans des obligations d'intérêts croissantes.

La planification financière est essentielle pour préparer sa retraite. Des facteurs tels que l'inflation, les changements économiques et les aspirations en matière de mode de vie influencent les décisions judicieuses concernant l'épargne, les investissements et les fonds de retraite. Une planification réfléchie garantit confort et sécurité pour les années à venir et offre un filet de sécurité en cas d'imprévus.

La sagesse guide les entreprises et les gouvernements dans leurs choix financiers durables. Les entreprises optimisent leur trésorerie et orientent leurs investissements avec soin pour assurer une croissance à long terme, tandis que les gouvernements s'efforcent d'équilibrer leurs budgets, d'allouer efficacement les ressources et de maintenir la stabilité économique.

Des décisions financières sensées reflètent des responsabilités éthiques et sociales. Le concept de finance durable met l'accent sur les considérations environnementales, sociales et de gouvernance, encourageant les investissements qui soutiennent des pratiques commerciales responsables.

L'éducation et l'apprentissage continu favorisent la sagesse financière, réduisant ainsi le risque de recourir à des théories farfelues pour expliquer pourquoi votre compte bancaire est vide. Dès le plus jeune âge, la culture financière développe de solides compétences décisionnelles, un esprit critique et une conscience éthique, autant d'atouts qui aident à éviter les frénésies d'achats nocturnes regrettables.

La finance et la sagesse s'unissent grâce à l'application des connaissances, de l'expérience et d'un jugement consciencieux. Les décisions financières judicieuses tiennent compte des conséquences à long terme, des considérations éthiques et de l'impact plus large sur les individus, les organisations et la société. Élargir la culture financière, promouvoir des pratiques durables et adopter un état d'esprit d'apprentissage continu contribuent à un avenir à la fois sûr et prospère.

Discussion sur la sécurité financière

On peut affirmer sans trop s'avancer que la recherche de la sécurité financière est une quête sage et essentielle qui offre de nombreux avantages et une tranquillité d'esprit aux individus et aux ménages. Elle ne se résume pas toujours aux chiffres d'un compte bancaire. C'est la confiance tranquille que les tempêtes inattendues de la vie ne vous emporteront pas. C'est la liberté de poursuivre ses rêves sans l'ombre constante des soucis financiers. Se doter d'une base financière solide n'est pas seulement pratique, c'est une quête sage et presque spirituelle. Après tout, la véritable richesse ne se résume pas à l'argent. C'est la tranquillité d'esprit qui vient lorsque l'on sait que les surprises de la vie ne nous obligeront pas à fouiller les coussins du canapé à la recherche de quelques pièces.

La stabilité financière offre un filet de sécurité en cas de crise ou de circonstances imprévues. Les incertitudes, notamment les catastrophes naturelles, les pertes d'emploi et les problèmes de santé, abondent dans la vie. Grâce à l'épargne et aux réserves financières, les gens peuvent surmonter ces tempêtes sans connaître de difficultés financières extrêmes. Cela leur permet de répondre à leurs besoins immédiats et d'éviter de recourir à des emprunts à taux d'intérêt élevé ou de vendre des actifs à des conditions défavorables.

De plus, la sécurité financière favorise un sentiment de stabilité et réduit le stress. Les soucis financiers peuvent être une source importante d'anxiété et de tension pour la santé mentale. Savoir que l'on dispose de ressources suffisantes pour couvrir les dépenses essentielles, gérer ses dettes et planifier l'avenir instille un sentiment de confiance et de tranquillité d'esprit. Cette stabilité permet aux individus de se concentrer sur d'autres aspects de la vie, tels que l'épanouissement personnel, les relations et le bien-être général.

À bien des égards, la sécurité financière ouvre des perspectives de développement personnel et professionnel. Une base financière solide permet aux individus d'investir dans l'éducation, la formation ou la création d'une entreprise. Elle offre la liberté d'explorer de nouvelles voies professionnelles ou de prendre des risques calculés pouvant mener à une plus grande prospérité financière et à l'épanouissement. La sécurité financière donne aux gens les moyens de poursuivre leurs passions et d'atteindre leurs objectifs sans être freinés par des contraintes financières.

Être financièrement à l'abri ne se résume pas à amasser de l'argent comme un dragon amasse de l'or. Il s'agit d'une approche équilibrée qui permet aux gens de gérer les événements marquants de la vie sans paniquer à chaque fois qu'une facture arrive. Avoir ses finances en ordre rend beaucoup moins stressant l'achat d'une maison, le paiement des études ou la planification de la retraite. Le stress diminue, et ces événements de la vie, qui sont souvent perçus comme des sauts dans l'inconnu effrayants, se transforment en coups habilement exécutés sur le grand échiquier de la vie grâce à une planification adéquate.

L'accumulation de richesse à long terme est une conséquence inévitable de la sécurité financière. Les personnes qui privilégient la stabilité ont tendance à développer des habitudes responsables, telles que l'épargne régulière, la gestion budgétaire avec la précision d'un ingénieur de la NASA et l'investissement avec la patience d'une vieille tortue sage. Associées à la force magique des intérêts composés, ces habitudes peuvent faire boule de neige et se transformer en une fortune considérable. Cela garantit non seulement une retraite confortable, mais laisse également un héritage financier que les générations futures chériront ou gaspilleront de manière spectaculaire.

La sécurité financière joue également un rôle crucial dans les relations. Les couples financièrement stables ne passent pas leurs soirées à se disputer au sujet des factures de carte de crédit ou à se demander s'ils peuvent se permettre de faire des folies en commandant du guacamole au restaurant. Une communication ouverte sur l'argent, des objectifs financiers communs et un soutien mutuel créent une base de confiance et préviennent le stress inutile. Un plan financier bien équilibré est en substance une assurance relationnelle, sans les clauses en petits caractères ni les frais cachés.

Protéger son patrimoine est tout aussi important que de l'accumuler. L'assurance et la planification successorale agissent comme des ceintures de sécurité financières, garantissant que des événements imprévus ne précipitent pas tout dans une spirale catastrophique. Disposer d'une couverture d'assurance adaptée atténue les risques, tandis que la planification successorale prévient les futures querelles familiales qui font passer les feuilletons télévisés pour des histoires sans saveur. Un plan bien pensé garantit que les actifs sont transférés comme prévu, évitant ainsi des drames juridiques inutiles.

Un effet secondaire fascinant de la sécurité financière est la liberté de contribuer à la société. Une fois que la panique existentielle liée au paiement du loyer est écartée, les individus peuvent se concentrer sur la philanthropie, soutenir des causes qui ont du sens et rendre le monde un peu meilleur. Redonner n'est pas seulement un acte de gentillesse. C'est une démonstration sophistiquée de compétence financière. Cela prouve que l'individu maîtrise si bien l'art de la gestion de l'argent qu'il peut se permettre d'être généreux sans compromettre sa propre stabilité.

Se construire une sécurité financière est l'une des décisions les plus prudentes qu'une personne puisse prendre. Elle favorise la stabilité à long terme, donne aux gens la confiance nécessaire pour saisir les opportunités et sert de filet de sécurité en cas d'urgence. En plus d'améliorer le bien-être individuel, une base financière stable renforce les liens avec les autres et laisse une impression durable sur le voisinage. En résumé, se créer une vie libérée de la tyrannie de l'anxiété financière est plus important pour la sécurité financière que l'accumulation de richesse.

Prendre des décisions financières tôt

Les personnes qui réussissent ont généralement un point commun. Elles ont compris très tôt que l'argent ne sert pas seulement à dépenser. Il sert à se développer. La capacité à faire des choix financiers judicieux dès le plus jeune âge ne détermine pas seulement le montant de son compte en banque. Elle façonne tout l'avenir d'une personne. Les décisions financières ne sont pas seulement des responsabilités ennuyeuses d'adulte. Elles déterminent si quelqu'un finira par siroter des margaritas sur une plage à quarante ans ou s'il continuera à se demander pourquoi son loyer ne cesse d'augmenter alors que son salaire, lui, stagne.

En matière de finance, le temps fonctionne comme un tour de magie. Plus on commence tôt à épargner et à investir, plus notre argent travaille pour nous. Les intérêts composés, c'est comme planter un petit arbre à argent qui finit par se transformer en une véritable forêt. Un seul dollar investi aujourd'hui ne reste pas là à ne rien faire, comme un adolescent apathique. Il rapporte, se réinvestit et fructifie, créant un avenir où l'argent en génère davantage au lieu d'exiger d'être dépensé dans un café hors de prix. Ceux qui commencent tôt sont ceux qui, plus tard, pourront se détendre pendant que leur argent fait le gros du travail.

Ignorer ses responsabilités financières peut sembler très agréable sur le moment, jusqu'à ce que ça ne le soit plus. Vivre au jour le jour, crouler sous les dettes et se demander pourquoi les « fonds d'urgence » semblent relever du mythe ne sont pas simplement des malchances. Ce sont souvent les conséquences directes d'une mentalité du type : « Mon moi futur s'en sortira bien. » Attention, spoiler : votre moi futur sera très agacé. La sagesse financière ne consiste pas à être riche.

C'est avoir le choix. Le choix de prendre une retraite anticipée, de voyager librement ou simplement d'éviter le stress lié à la gestion constante des factures. La richesse ne se construit pas du jour au lendemain et ne se construit certainement pas en prétendant que les problèmes d'argent se résoudront d'eux-mêmes. Cela demande de la patience, de la discipline et, surtout, la capacité de dire non à des choses qui apportent une joie temporaire mais un regret à long terme, comme ce sweat-shirt de créateur à 300 $ qui ressemble exactement à celui à 20 $.

On ne saurait trop insister sur l'importance de cultiver de bonnes habitudes financières dès le plus jeune âge. Apprendre tôt à établir un budget, à épargner et à investir de manière responsable jette les bases d'une gestion prudente de l'argent tout au long de la vie. Ces compétences permettent à chacun de naviguer dans les méandres des finances personnelles avec confiance et sagacité.

Commencer tôt à gérer ses dettes de manière responsable n'est pas seulement une bonne idée. C'est le seul moyen d'éviter un désastre financier avant même d'avoir atteint la trentaine. Mal gérer ses prêts étudiants, ses cartes de crédit et autres formes d'emprunt, c'est comme s'inscrire pour une adhésion à vie au club du stress. En plus d'être pénible, laisser s'accumuler des dettes à taux d'intérêt élevé est un piège financier.

Plus on s'enfonce, plus il est difficile de s'en sortir. Gérer ses dettes avec sagesse dès le départ permet non seulement d'éviter de se noyer sous les mensualités, mais aussi de se constituer un solide historique de crédit qui, que cela vous plaise ou non, détermine si les banques vous prennent au sérieux ou vous traitent comme un passif financier sous forme humaine.

On ne peut pas improviser ses objectifs financiers à long terme à la dernière minute. On ne décide pas du jour au lendemain d'acheter une maison, de prendre une retraite confortable ou de financer des études. Ces choses-là demandent de la planification, de la patience et un peu de discipline, ce que, soyons honnêtes, la plupart des gens préfèrent éviter. Plus vous commencez tôt, plus vous avez de temps pour faire fructifier votre argent, faire face aux contretemps et profiter réellement du processus au lieu de paniquer lorsque la réalité vous rattrape. Poser les bases tôt signifie progresser vers des étapes importantes sans stress inutile, sans se démener à la dernière minute et sans se demander où est passé tout votre argent.

Prendre un bon départ sur le plan financier permet de se constituer un filet de sécurité, ce qui est particulièrement utile en cas de perte d'emploi ou d'urgence médicale, où la sécurité financière aide les individus à surmonter les difficultés sans compromettre leurs progrès globaux.

Une sagesse financière précoce favorise non seulement la croissance financière personnelle, mais permet également aux individus de s'essayer à l'entrepreneuriat et à l'investissement. Les individus sont plus enclins à prendre des risques calculés, à saisir des opportunités commerciales et à investir dans des actifs susceptibles d'accroître leur patrimoine au fil du temps s'ils sont dotés d'une solide compréhension des finances.

Il faut poser des bases financières solides dès le plus jeune âge. C'est ce qui fait la différence entre une vie confortable et une vie où vous devenez la vedette de votre propre documentaire sur le désastre financier. Prendre des décisions éclairées avant que l'âge adulte ne vous frappe de plein fouet vous permet d'éviter l'expérience palpitante de vous noyer dans les dettes ou de faire des choix d'investissement désastreux. Ces décisions pourraient servir d'étude de cas dans un manuel intitulé « Ce qu'il ne faut pas faire avec son argent ».

Certes, apprendre de ses erreurs forge le caractère, mais certaines erreurs — comme épuiser ses cartes de crédit pour acheter des baskets de marque ou investir toutes ses économies dans l'idée géniale de son cousin de créer une entreprise d'eau sans gluten — sont à éviter à tout prix.

Le stress financier est une histoire d'horreur universelle, et l'ignorer ne le fait pas disparaître. Cela lui donne simplement le temps de se transformer en un véritable cauchemar. Ceux qui s'y prennent tôt peuvent profiter de petits luxes comme dormir la nuit, tandis que les autres développent une relation intime avec la rubrique « paiement minimum dû » de leur relevé bancaire. Les problèmes d'argent rendent tous les aspects de la vie plus stressants, alors pourquoi ne pas éviter ce chaos que l'on s'inflige soi-même ? Faites quelques choix judicieux dès le début, et soudain, la vie ressemble beaucoup moins à un épisode de « Survival : Capitalism Edition ».

Il ne s'agit pas seulement d'éviter de manger des nouilles instantanées pour le reste de votre vie. Non, il s'agit de se constituer une magnifique fortune intergénérationnelle. Voyez cela comme un système pyramidal, mais légal et avec un peu moins de pression pour recruter votre grand-mère.

Il s'agit de laisser un héritage de prospérité, ce qui se traduira par des générations futures se disputant pour savoir qui héritera de la cuillère en argent la moins ternie. Cela a une influence positive sur les membres de la famille et les générations futures en leur donnant une raison de vous en vouloir, qu'ils finissent riches ou qu'ils vivent toujours dans votre cave.

Décisions financières tardives

Le moment choisi pour prendre des décisions financières influence considérablement la trajectoire financière d'un individu, façonnant sa stabilité à long terme. Retarder ces décisions introduit des complexités qui affectent divers aspects du bien-être financier. Cette analyse met en évidence les dangers de la procrastination, en soulignant l'impact du temps sur la sécurité financière.

L'un des principaux risques liés au report des décisions financières est la réduction du temps disponible pour l'épargne et les investissements. Le report des engagements financiers réduit la période disponible pour accumuler de la richesse, compromettant ainsi les objectifs à long terme tels que la retraite. Le pouvoir des intérêts composés, essentiel à la croissance du patrimoine, se nourrit du temps. Une planification financière précoce permet une accumulation exponentielle d'actifs, tandis que les retards réduisent le fonds de retraite potentiel, augmentant le risque de difficultés financières dans les années à venir.

La prise de décisions financières affecte également les opportunités de carrière. Une planification reportée peut limiter les transitions de carrière et le potentiel de revenus, tandis que des décisions prises en temps opportun offrent la flexibilité nécessaire pour saisir les opportunités et poursuivre la croissance financière. La couverture d'assurance est un autre domaine où le timing est crucial. Retarder la souscription d'une assurance vie ou d'une assurance dépendance entraîne des primes plus élevées et une couverture insuffisante, laissant les individus financièrement vulnérables face à des dépenses médicales imprévues.

Une charge financière croissante est souvent la conséquence de la procrastination. Le temps aggrave les dettes à taux d'intérêt élevé, rendant la liberté financière plus difficile à atteindre. Les difficultés financières peuvent résulter d'une mauvaise gestion de la dette, en particulier à la retraite. Les retards dans la planification entraînent inévitablement un stress financier accru, qui affecte la santé mentale et physique.

Les ultra-riches ne sont pas les seuls à recourir à la planification successorale pour concevoir leur héritage comme la finale d'une série télévisée à suspense. Elle s'adresse à tous ceux qui ne souhaitent pas déclencher un conflit familial digne d'un drame judiciaire ou perdre leurs actifs durement gagnés dans un bourbier bureaucratique. Repousser la planification financière est une excellente idée si votre objectif est d'ajouter un peu de chaos à votre vie. Qui n'aime pas l'excitation de se demander où ira son argent après son départ ?

Oubliez les avantages fiscaux ou la préservation de votre patrimoine. C'est pour ceux qui aiment avoir l'esprit tranquille. Laissez plutôt le gouvernement ou un cousin éloigné que vous n'avez jamais rencontré décider quoi faire de vos biens durement gagnés. Peut-être que votre tirelire d'enfance financera la crise de la quarantaine de quelqu'un d'autre. Les possibilités sont infinies.

Votre propre fortune n'est pas la seule chose qui part en vrille lorsque vous remettez à plus tard votre préparation financière. C'est aussi un moyen infaillible de saboter toutes les grandes idées que vous aviez concernant le don de soi. Peut-être aviez-vous imaginé sauver des tortues de mer ou financer des bourses d'études pour des enfants dans le besoin. C'est adorable. Sans un plan solide, ces nobles objectifs resteront enfermés dans le monde des rêves tandis que votre argent finira dans quelque chose de bien moins inspirant. Au lieu de faire la différence, votre héritage pourrait finir par financer l'idée révolutionnaire de votre cousin au troisième degré pour un distributeur automatique qui ne vend que du chewing-gum.

La préparation financière ne consiste pas seulement à garantir la stabilité. Il s'agit de s'assurer que votre argent sert réellement à ce que vous souhaitez. Sinon, quelqu'un d'autre prendra les décisions à votre place. Si cela vous semble être un pari qui vaut la peine d'être pris, n'hésitez pas, continuez à repousser cette tâche. Votre futur vous sera ravi de gérer les conséquences.

Ne pas constituer de fonds d'urgence, c'est comme refuser de prendre un parapluie et faire ensuite semblant d'être surpris lorsqu'une averse vous laisse trempé. La vie aime nous réserver des surprises, qu'il s'agisse de factures médicales, de réparations imprévues à la maison ou d'une perte d'emploi inattendue. Ces événements n'attendent pas poliment que vous soyez financièrement stable. Sans filet de sécurité, les dettes à taux d'intérêt élevé deviennent la seule option, vous entraînant dans un cycle de regrets financiers qui fait passer les prêts étudiants pour une aubaine.

Les personnes qui repoussent les décisions financières sont également contraintes de procéder à des ajustements radicaux de leur mode de vie. Ces changements sont brusques, désagréables et source de bien des peines. Au lieu d'exiger des sacrifices soudains et douloureux, un plan financier bien pensé permet des améliorations progressives et gérables. L'objectif est de prendre des décisions financières qui soutiennent des objectifs à long terme sans que la vie ne devienne une punition, et non de vivre dans la misère.

Adoptez un état d'esprit financier

Assurer sa stabilité financière dès le début de sa vie grâce à des investissements stratégiques nécessite une approche réfléchie qui équilibre le risque et les rendements potentiels. L'art de l'investissement est un parcours qui exige de la prudence, de la patience et une compréhension approfondie de la dynamique des marchés. Dans ce domaine, plusieurs stratégies constituent les piliers permettant d'atteindre l'objectif tant recherché de la stabilité financière.

Le fondement d'une stratégie d'investissement solide repose sur l'adage « le temps, c'est de l'argent ». Se lancer dans l'investissement le plus tôt possible revient à semer les graines de la prospérité financière.

En commençant à investir le plus tôt possible, vous ouvrez la voie à un phénomène puissant appelé « effet des intérêts composés ». Oui, vous, qui utilisez encore une tirelire. Cette alchimie financière consiste à réinvestir vos gains, ce qui, soyons honnêtes, correspond probablement à la petite monnaie que vous avez trouvée sous les coussins du canapé, afin de leur permettre de générer des gains supplémentaires au fil du temps. L'effet des intérêts composés, à l'image d'une boule de neige dévalant une pente, conduit à une croissance exponentielle de votre investissement. Considérez cela comme votre argent qui décide enfin de faire quelque chose d'utile, pour changer. La régularité de vos contributions à vos investissements renforce encore cette trajectoire de croissance.

Alors, arrêtez d'acheter ces lattes hors de prix et commencez à investir quelques dollars dans quelque chose, n'importe quoi. Prendre l'habitude de cotiser régulièrement met en marche un cercle vertueux qui renforce progressivement votre stabilité financière. Ce dont, franchement, vous avez désespérément besoin. Le principe de ne pas mettre tous ses œufs dans le même panier s'applique également au domaine des investissements. Vous savez, comme le fait de ne pas placer tous vos espoirs et vos rêves dans un gain à la loterie.

La diversification agit alors comme un rempart contre les fluctuations capricieuses du marché. C'est la pierre angulaire de la gestion des risques et cela implique de répartir vos investissements entre différentes classes d'actifs. Les actions, les obligations, l'immobilier et les liquidités constituent les différents piliers de votre stratégie d'investissement. Cela vous évite le désastre financier de placer tout votre argent dans un seul investissement prometteur qui s'effondre plus vite que votre enthousiasme pour une bonne résolution du Nouvel An. En répartissant vos investissements sur plusieurs actifs, vous n'aurez pas à pleurer dans votre café lorsqu'un d'entre eux s'effondrera. Cette stratégie agit comme un filet de sécurité financier, amortissant le choc des caprices du marché et vous évitant de passer du statut de « futur magnat » à celui d'« exemple à ne pas suivre » du jour au lendemain.

Le paysage des instruments d'investissement offre de nombreuses options, et parmi les étoiles montantes figurent les fonds indiciels à faible coût et les fonds négociés en bourse (ETF).

Ces instruments financiers reflètent la performance d'un indice boursier spécifique, offrant aux investisseurs une part du marché dans son ensemble. Ce qui les distingue, c'est leur rapport coût-efficacité. Les frais associés à ces véhicules d'investissement passifs sont généralement inférieurs à ceux des fonds gérés activement.

Ce facteur signifie qu'une plus grande partie de votre argent durement gagné est consacrée à la croissance de vos investissements plutôt qu'aux frais de gestion des fonds. Les fonds indiciels et les ETF s'adressent aux investisseurs à long terme, offrant une trajectoire régulière de croissance et de stabilité. Dans la symphonie de la stabilité financière grâce aux investissements, c'est votre prise de décision avisée qui tient la baguette du chef d'orchestre. Un mélange harmonieux entre commencer tôt, cotiser régulièrement, diversifier votre portefeuille et adopter des instruments d'investissement à faible coût orchestre une mélodie de sécurité financière.

Alors que vous vous frayez un chemin à tâtons dans la jungle chaotique de l'investissement, rappelez-vous que chaque décision que vous prenez revient à jouer d'un instrument dans un grand orchestre financier. Jouez juste, et vous obtiendrez un chef-d'œuvre. Jouez-en mal, et cela ressemblera à un élève de CE2 s'attaquant à un violon. Le monde de l'investissement est une toile vierge, mais si vous commencez à jeter de la peinture au hasard sans plan, vous ne créez pas de stabilité financière. Vous faites un gâchis coûteux. Alors, prenez le pinceau en y réfléchissant sérieusement, à moins que votre idée de la gestion de patrimoine ne consiste à vous peindre les doigts jusqu'à la faillite.

Envisagez les comptes de retraite parrainés par l'employeur

Tirez parti des comptes de retraite parrainés par l'employeur, tels que les plans 401(k) ou 403(b). Les plans 401(k) sont proposés par les entreprises à but lucratif. On n'est éligible à ce plan que si l'on est considéré comme un employé qui cotise avant ou après impôt par prélèvement sur salaire. Les plans 403(b) sont proposés aux employés d'organisations à but non lucratif et d'entités gouvernementales. Cotisez suffisamment pour bénéficier des abondements de l'employeur, car cela vous apporte essentiellement de « l'argent gratuit » pour votre épargne-retraite.

Ouvrez un Roth IRA

Un Roth IRA est un compte de retraite individuel qui offre une croissance exonérée d'impôt et des retraits exonérés d'impôt à la retraite. Les règles du Roth IRA stipulent que tant que vous êtes titulaire de votre compte depuis cinq ans et que vous avez 59 ans et demi ou plus, vous pouvez retirer votre argent quand vous le souhaitez, sans avoir à payer d'impôts fédéraux. Si vous y êtes éligible, envisagez d'ouvrir un Roth IRA. Un Roth IRA vous permet de payer vos impôts dès le départ, de sorte qu'à l'avenir, vous n'aurez pas à céder une partie de votre épargne-retraite au gouvernement, comme un joueur repenti qui règle une dette. Vous cotisez avec de l'argent après impôts, mais au moment de retirer vos fonds, tout vous appartient, sans imposition. C'est particulièrement intéressant si vous pensez que l'Oncle Sam sera encore plus gourmand à l'avenir. Considérez cela comme si vous payiez dès maintenant un buffet à volonté, afin de ne pas avoir à calculer le coût de chaque bouchée lorsque vous serez plus âgé et que vous voudrez simplement profiter du festin.

Restez informé et formez-vous

Restez informé sur les marchés financiers, les options d'investissement et les tendances économiques. Renseignez-vous sur les différentes stratégies d'investissement et techniques de gestion des risques afin de prendre des décisions éclairées.

N'oubliez pas qu'en savoir trop n'est jamais une mauvaise chose, surtout lorsque votre argent durement gagné est en jeu. La seule chose pire qu'un mauvais investissement, c'est de faire un mauvais investissement en toute confiance. Renseignez-vous, à moins que vous n'aimiez le frisson de la ruine financière, et expliquez à votre futur moi pourquoi vous pensiez que c'était une bonne idée d'investir dans la start-up « géniale » d'un ami.

Évitez d'investir sous le coup de l'émotion

Investir en se basant sur des émotions, telles que la peur ou la cupidité, peut conduire à des décisions impulsives susceptibles de nuire à votre stabilité financière. Tenez-vous-en à votre plan d'investissement à long terme et évitez de réagir de manière impulsive aux fluctuations à court terme du marché.

Envisagez la méthode du coût moyen

La moyenne d'achat consiste à investir un montant fixe à intervalles réguliers, quelles que soient les conditions du marché. Cette stratégie permet de réduire l'impact de la volatilité du marché et vous permet d'acheter plus d'actions lorsque les prix sont bas et moins lorsque les prix sont élevés.

Constituez-vous un fonds d'urgence

Certaines personnes constituent stratégiquement un fonds d'urgence correspondant à trois à six mois de frais de subsistance. Ce fonds sert de filet de sécurité en cas d'imprévus, vous évitant ainsi de puiser dans vos placements en cas d'urgence.

Révision et rééquilibrage

Réexaminez régulièrement votre portefeuille d'investissement pour vous assurer qu'il reste en adéquation avec vos objectifs financiers et votre tolérance au risque. Si nécessaire, rééquilibrez votre portefeuille pour maintenir la répartition d'actifs souhaitée.

Construire une stabilité financière dès le début de sa vie n'est pas quelque chose que l'on peut précipiter. À moins que vous ne comptiez tomber par hasard sur une fortune, la patience et la discipline vous seront plus utiles que les vœux pieux. Investir de l'argent sans stratégie revient à essayer de faire un gâteau sans rien mesurer. Le résultat sera un désastre coûteux. Votre stratégie d'investissement doit correspondre à votre situation financière, à votre tolérance au risque et à vos objectifs à long terme. Prendre des décisions en se basant sur ce qui semble excitant sur le moment est le meilleur moyen de se retrouver sans le sou. Il est utile de demander conseil à un professionnel, surtout lorsque l'on débute.

À moins que vous ne fassiez autant confiance à votre expertise financière qu'à cet achat impulsif qui prend désormais la poussière, il est sage de demander conseil.

Accumulation de richesse

L'accumulation de richesse ne consiste pas simplement à amasser de l'argent pour l'argent. Il s'agit de construire une forteresse financière qui vous permettra de rester debout lorsque la vie tentera inévitablement de vous faire tomber. Comme le dit si bien *L'homme le plus riche de Babylone* : « Une partie de tout ce que vous gagnez vous appartient. » Cette simple vérité est le fondement de la sécurité financière. Ceux qui maîtrisent l'art d'accumuler de la richesse ne se contentent pas d'assurer leur avenir. Ils créent un filet de sécurité qui les protège des ralentissements économiques, des urgences médicales et de la prise de conscience soudaine que la vie se moque bien de leur budget.

La capacité à surmonter les tempêtes financières sans se précipiter tête baissée dans des dettes à taux d'intérêt élevé n'est pas seulement un luxe. C'est une nécessité. La richesse n'élimine pas les problèmes, mais elle les rend certainement plus faciles à gérer. Considérez-la comme un parachute financier. Sans lui, chaque revers donne l'impression d'une chute libre vers le chaos. Avec lui, vous subirez peut-être encore un choc, mais au moins vous atterrirez en conservant une certaine dignité.

Au-delà de la stabilité personnelle, l'accumulation de richesse ouvre de nouvelles perspectives. Elle permet aux individus de faire des choix dictés par leurs aspirations plutôt que par le désespoir. Elle transforme la planification financière, qui n'est plus une lutte permanente pour rester à flot, en une stratégie visant à bâtir quelque chose qui a du sens. Comme l'enseigne **L'homme le plus riche de Babylone**, l'argent est un outil, pas un maître. Ceux qui le maîtrisent avec sagesse façonnent leur destin. Ceux qui l'ignorent passent leur vie à travailler pour quelqu'un qui, lui, le maîtrise.

La planification de la retraite joue un rôle primordial dans la grande fresque de l'accumulation de richesse. À l'approche de la retraite, la richesse accumulée sert de passerelle vers une phase post-professionnelle confortable et financièrement sécurisée. Elle se traduit par la capacité de maintenir le mode de vie souhaité, de s'adonner à des activités enrichissantes et de se forger un parcours épanouissant pendant les années dorées — une manifestation tangible d'une accumulation de richesse prudente ouvrant la voie à une retraite enrichissante et digne.

L'accumulation de richesse ne consiste pas seulement à s'asseoir sur une montagne d'argent comme un dragon avisé en matière de finances. C'est la clé de l'éducation et du développement des compétences, en substance un passeport pour libérer son potentiel et saisir les opportunités. Ceux qui comprennent cela ne se laissent pas simplement porter par la vie en espérant un coup de chance. Ils investissent dans leur développement intellectuel, accèdent à une éducation de qualité et affinent continuellement leurs compétences.

Cette approche offre de meilleures perspectives de carrière, augmente le potentiel de revenus et mène finalement à la réussite professionnelle. L'alternative ? Improviser et espérer que la société récompense l'enthousiasme plutôt que l'expertise, ce qui, attention spoiler, n'est pas le cas.

Disposer de la flexibilité financière nécessaire pour prendre des risques mesurés, comme lancer une entreprise ou réaliser des investissements judicieux, est un autre aspect de la constitution d'un patrimoine. La différence entre créer sa propre entreprise et se contenter d'en rêver en lisant des citations inspirantes réside dans le fait de disposer des bons outils. L'argent n'est pas toujours un outil. Il sert de catalyseur à l'innovation, permettant aux gens de prendre des risques sans s'inquiéter des conséquences immédiates de leurs actions. Les opportunités sont créées par ceux qui comprennent ce principe. La plupart de ceux qui l'ignorent finissent par travailler pour eux.

Au-delà du gain personnel, l'accumulation de richesse est un moteur puissant pour briser le cycle de la pauvreté générationnelle. C'est un passeport direct vers l'ascension sociale, offrant aux générations futures une meilleure qualité de vie. Ceux qui rejettent cette idée affirment généralement que l'argent ne fait pas tout. C'est vrai, mais la pauvreté n'offre pas vraiment d'alternative épanouissante. La capacité à accumuler de la richesse ne se résume pas à la réussite personnelle. Il s'agit de s'assurer que la prochaine génération ne se retrouve pas en difficulté parce qu'un membre de la famille a considéré que la planification financière était facultative.

Une résonance émerge entre l'accumulation de richesse et les nobles principes du don en retour. L'accumulation de ressources confère aux individus la capacité de tendre la main à ceux qui en ont besoin, en nourrissant des initiatives philanthropiques qui élèvent les communautés. Le canal de la philanthropie, fortifié par la richesse accumulée, engendre des impacts positifs dans des secteurs tels que l'éducation, la santé et les initiatives sociales, favorisant ainsi une trame collective d'enrichissement sociétal.

La richesse générationnelle prend la place qui lui revient en tant que phare de l'héritage. La richesse accumulée, gérée et transmise avec soin, crée un effet d'entraînement qui s'étend sur plusieurs générations. Considérez l'accumulation de richesse comme l'astuce ultime en matière d'héritage. Elle donne à vos descendants une longueur d'avance au lieu de leur léguer vos légendaires mésaventures financières. Plutôt que de transmettre un héritage fait de stress et de dîners à base de ramen, vous leur offrez un tremplin pour leurs rêves et leur assurez un avenir où les choix se font en fonction de leurs aspirations plutôt que du besoin désespéré de payer les factures du mois dernier.

L'indépendance financière signifie que vous n'avez plus à vivre comme un exemple à ne pas suivre. Au lieu de vous inquiéter de chaque dépense imprévue, une réserve financière bien garnie vous enveloppe dans un cocon de sérénité. Si vous voulez que vos descendants s'émerveillent de la façon dont vous avez réussi votre vie d'adulte, commencez dès maintenant à constituer cette richesse au lieu de les laisser déchiffrer vos désastres budgétaires.

Épargne ou investissement

L'accumulation de richesse ne consiste pas seulement à amasser des biens. C'est le fondement de la sécurité financière, la clé de l'opportunité et le plan directeur d'une vie d'autonomie et de sens. Ceux qui en comprennent l'importance reconnaissent que le bien-être financier ne se construit pas du jour au lendemain. Il nécessite de la discipline, une stratégie et une compréhension des forces économiques plus larges en jeu. Plus important encore, il va au-delà du gain personnel, façonnant la trajectoire des individus, des familles et des sociétés tout entières.

La sécurité financière est l'une des raisons les plus convaincantes d'accumuler de la richesse. Une réserve financière bien structurée permet aux individus de faire face à l'instabilité économique, aux urgences médicales et aux défis financiers imprévus sans s'enfoncer dans des dettes à taux d'intérêt élevé ni compromettre leur stabilité. Il ne s'agit pas d'amasser de l'argent, mais de créer un tampon fiable qui transforme les crises en inconvénients gérables plutôt qu'en revers catastrophiques.

La planification de la retraite est un pilier majeur de l'accumulation de richesse. Plus on se rapproche de la retraite, plus il devient évident qu'il est risqué de compter sur des systèmes de soutien externes. Un portefeuille financier bien géré garantit que la retraite ne sera pas une période d'angoisse financière, mais de stabilité et d'épanouissement. La capacité à maintenir le mode de vie choisi, à explorer de nouveaux centres d'intérêt et à aborder ses vieux jours avec confiance est le résultat direct d'une planification financière précoce et d'une gestion rigoureuse de son patrimoine.

La stabilité financière est un élément clé pour faciliter l'éducation et le développement des compétences. Lorsqu'une personne dispose de beaucoup d'argent, elle peut se permettre d'aller à l'école, de recevoir une bonne éducation et d'acquérir des compétences spécifiques qui l'aident à obtenir un meilleur emploi. Les personnes qui comprennent cela ne restent pas les bras croisés à attendre que des opportunités se présentent ; elles les créent. Ce cercle vertueux de développement professionnel et intellectuel renforce la capacité à gagner plus d'argent et à atteindre l'indépendance financière.

L'importance de la constitution d'un patrimoine dans le cadre de l'entreprise et de l'investissement dépasse largement le développement personnel. Les gens peuvent créer des entreprises, prendre des risques mesurés et stimuler l'innovation économique lorsqu'ils ont accès à des ressources financières. Ceux qui ont accès au financement sont les mieux placés pour stimuler l'expansion des entreprises, créer des emplois et contribuer à la prospérité globale de l'économie. L'esprit d'entreprise et la réussite financière vont de pair. Au lieu d'être emportés par les tempêtes économiques, ceux qui disposent d'une assise financière solide sont capables de saisir les opportunités lorsqu'elles se présentent et de changer de cap si nécessaire.

L'un des outils les plus puissants pour mettre fin à la pauvreté générationnelle est la constitution d'un patrimoine. Une situation financière stable permet de gravir l'échelle socio-économique, ce qui va bien au-delà d'un simple sentiment de sécurité. Les personnes qui amassent des richesses ne se contentent pas d'améliorer leur situation personnelle. Elles jettent les bases d'un monde meilleur pour les générations à venir, en donnant à ces personnes un coup de pouce en matière d'opportunités et de réussite. Posséder une stabilité financière et être capable de la transmettre aux générations futures fait de l'argent bien plus qu'une simple réussite personnelle ; cela laisse une empreinte durable.

La philanthropie constitue un autre moyen d'amasser des richesses. Lorsque les gens sont en mesure de subvenir à leurs besoins financiers, ils sont mieux placés pour redonner à la société par le biais des soins de santé, de l'éducation et d'autres programmes sociaux. Il s'agit de bien plus qu'un simple geste de générosité. Pour façonner la société, stimuler la croissance et garantir que les revenus sont utilisés à bon escient, c'est un processus nécessaire. Des dons stratégiques et visionnaires renforcent les communautés et ont un impact durable.

Lorsque la fortune d'une personne s'accroît, elle n'est plus limitée par sa situation financière ; ce sont alors ses objectifs de vie et ses ambitions qui dictent sa ligne de conduite. Les gens sont capables de poursuivre leurs rêves, de faire leurs propres choix sans s'inquiéter de leur avenir financier, et de trouver un sens à leur vie lorsqu'ils disposent d'une telle liberté. Être financièrement indépendant, c'est avoir la liberté de vivre sa vie conformément à ses propres principes et objectifs, et non pas disposer d'une somme d'argent excessive.

La constitution d'un patrimoine a un impact positif sur la santé mentale, ce qui constitue un autre avantage incontestable. Le stress lié à l'argent est un énorme problème qui affecte de nombreux aspects de la vie des gens. Le calme, la sécurité et la confiance qui découlent de la certitude d'avoir une assise financière solide n'ont pas de prix. La confiance et la capacité à se concentrer sur ses objectifs sans se soucier constamment de ses finances sont favorisées lorsque l'on sait que l'on dispose des ressources nécessaires pour surmonter les obstacles.

L'accumulation de richesse ne consiste pas simplement à amasser de l'argent comme un dragon gardant son trésor. C'est une danse complexe mêlant ambition, éthique et responsabilité sociale, où, idéalement, on ne piétine pas les autres dans sa quête de gloire financière. Contrairement à ce que certains pourraient croire, amasser de la richesse sans but ne fait pas de vous un génie. Cela fait simplement de vous l'équivalent financier d'un raton laveur qui stocke des objets brillants. La véritable stratégie consiste à utiliser la richesse de manière stratégique, en veillant à ce que la prospérité financière profite à plus que votre future collection de yachts.

En fin de compte, l'accumulation de richesse ne se résume pas à l'argent. Il s'agit d'assurer votre avenir, d'élargir vos opportunités et de vous garantir de pouvoir naviguer dans la vie sans compter sur la chance ou sur un gain à la loterie. Cela demande de la patience, des connaissances et la capacité de résister à l'envie de dépenser toutes vos économies dans chaque nouveau gadget technologique qui promet de « changer la donne ». Ceux qui réussissent ne se contentent pas d'accumuler de la richesse. Ils construisent une stabilité, un pouvoir et une vie où le stress financier n'est plus qu'un lointain souvenir plutôt qu'un compagnon de tous les instants.

Les avantages de s'intéresser à ses finances

La sagesse financière offre de nombreux avantages qui ont un impact positif sur les décisions financières à court et à long terme. Examinons de près les avantages et les implications de la sagesse financière :

La sagesse financière, boussole indispensable dans la mer tumultueuse des choix fiscaux, donne aux individus la perspicacité nécessaire pour naviguer dans le labyrinthe complexe des finances personnelles. Fondée sur une combinaison judicieuse de connaissances et de jugement, cette faculté guide les individus vers des décisions d'une grande prudence. L'étendue de la sagesse financière englobe un panorama de dimensions, chacune contribuant à une symphonie d'avantages qui résonnent avec les principes de stabilité financière, de croissance et de sérénité. Au cœur de la sagesse financière se trouve l'art de discerner les décisions financières judicieuses.

Cette prouesse cognitive implique une évaluation méticuleuse de facteurs multiples, une analyse avisée des risques inhérents et une appréciation globale des implications de grande portée engendrées par chaque choix financier. C'est une convergence de prévoyance et de circonspection qui se déploie comme un rempart contre les caprices des choix financiers impulsifs.

Un aspect central de la sagesse financière réside dans la maîtrise d'une meilleure gestion de l'argent. Cet art s'articule autour d'une orchestration habile des budgets, d'une distinction judicieuse entre les besoins et les envies, et d'une capacité à éviter les dépenses impulsives. Ce discernement dans la gestion monétaire garantit un meilleur contrôle budgétaire et confère une perspicacité inaltérable qui sous-tend une efficacité financière tout au long de la vie.

La sagesse financière va de pair avec la vertu de la réduction et de la prévention de l'endettement. Les adeptes de cette philosophie sont rompus à l'art de gérer judicieusement la dette, élaborant méticuleusement des stratégies de remboursement systématique. La saga se déroule comme une danse stratégique, où le fardeau des paiements d'intérêts s'estompe et où les cotes de crédit s'améliorent en résonance harmonieuse avec la discipline budgétaire.

Imaginez si le Titanic avait disposé d'un fonds d'urgence. Non, vraiment. Si quelqu'un avait pensé : « Hé, peut-être devrions-nous nous préparer au pire au lieu de supposer que tout se passera sans encombre », les choses auraient pu se dérouler différemment. Le même principe s'applique à la sagesse financière. Épargner et investir judicieusement, c'est comme s'assurer que votre navire financier métaphorique dispose de suffisamment de canots de sauvetage. Ceux qui ignorent ce concept sont en quelque sorte en train de crier : « Les icebergs ne sont qu'un mythe ! » tandis que leurs comptes bancaires sombrent lentement dans l'abîme.

La sagesse financière commence par épargner de l'argent pour les urgences au lieu de se fier à une approche de la vie fondée sur « l'espoir et les bonnes vibrations ». Un fonds d'urgence bien garni vous évitera de vous retrouver croulant sous les dettes lorsque la vie vous réserve une mauvaise surprise financière, comme une réparation automobile imprévue, une facture médicale ou une perte d'emploi.

Vient ensuite la sécurité financière à long terme, le grand final ultime de cette symphonie financière. Considérez cela comme une planification de la retraite, mais au lieu de compter sur le destin ou un gain de loterie de dernière minute, cela implique des investissements intelligents, une assurance bien choisie et, de temps à autre, une décision financière responsable. Ceux qui maîtrisent cela ne passent pas leurs années dorées à stresser à cause des factures. Au contraire, ils se détendent et profitent de la vie tandis que tout le monde se démène pour comprendre pourquoi vivre au jour le jour est un terrible plan de retraite.

En bref, ignorer la sagesse financière revient à foncer tête baissée vers le désastre avec l'assurance de quelqu'un qui vient tout juste d'apprendre ce qu'est un budget. La bonne stratégie consiste à se préparer, à investir et à épargner, à moins que vous n'aimiez jouer à la version financière de « Vais-je survivre à cela ou non ? »

Les graines de l'accumulation de richesse s'épanouissent dans le terreau fertile de la sagesse financière. Ce paysage témoigne d'une floraison d'investissements prudents, d'une acceptation du potentiel de croissance exponentielle des intérêts composés et d'une exploitation avisée des opportunités du marché. Le résultat final est une opulence qui s'amplifie avec le temps, reflétant la croissance de la perspicacité financière de l'individu.

La sagesse financière n'est pas seulement un concept réservé aux économistes et aux passionnés de tableurs. C'est la recette secrète pour réduire le stress et entretenir l'illusion que la vie est en quelque sorte sous contrôle. Avoir une bonne maîtrise de ses finances personnelles et un plan concret en place, c'est comme construire une « panic room » financière. Cela vous protège du cycle sans fin des factures imprévues, des mauvaises décisions financières et de cette angoisse bien trop familière lorsque vous consultez votre compte bancaire.

Une vie financière bien gérée est aussi synonyme de liberté, ou du moins de la capacité de faire des choix sans consulter une boule de cristal. Les personnes qui ne croulent pas sous les dettes ont tendance à avancer dans la vie avec moins de contraintes, en prenant des décisions basées sur leurs objectifs réels plutôt que sur ce que leur solde bancaire leur permet à contrecœur. Lorsque les finances sont en ordre, la vie ressemble moins à un jeu sans fin de « tape-taupe » financier et davantage à un voyage contrôlé et intentionnel.

Gérer son argent avec sagesse ne profite pas seulement à celui qui tient le portefeuille. Cela débouche également sur le geste noble et vertueux de donner en retour. Une personne dotée de sagesse financière est bien mieux placée pour faire des dons à des causes qui comptent, plutôt que de prétendre qu'elle contribuera « un jour » lorsque ses finances se seront comme par magie arrangées. Disposer de fonds supplémentaires signifie avoir le pouvoir de financer réellement des bourses d'études, de soutenir des associations caritatives ou d'investir dans quelque chose de plus significatif que des abonnements hors de prix qui ne sont jamais utilisés.

La sagesse financière s'invite même dans les relations, où l'on sait que les problèmes d'argent peuvent mettre à mal même les histoires d'amour les plus prometteuses. Les couples qui discutent ouvertement d'argent sans en faire un débat passif-agressif ont tendance à avoir moins de disputes financières. Une compréhension commune des objectifs financiers renforce la confiance, consolide le couple et réduit considérablement le risque d'entendre murmurer « on n'a pas les moyens » chaque fois qu'un des partenaires voit quelque chose d'un peu extravagant.

Trouver la voie de la réussite financière

Gérer ses finances, c'est comme le voyage de Frodon vers la Montagne du Destin dans Le Seigneur des Anneaux : difficile, épuisant et semé d'embûches. Vos objectifs financiers, qu'il s'agisse de rembourser vos dettes, d'épargner pour la retraite ou d'acheter une maison, sont les sommets que vous devez atteindre. Le problème ? La plupart des gens avancent vers leur avenir financier comme des hobbits désemparés, en espérant que tout s'arrangera. Spoiler : ce ne sera pas le cas.

Un budget est votre carte. Sans lui, vous êtes perdu financièrement, vous prenez des décisions au hasard et vous vous demandez pourquoi votre argent disparaît plus vite que Gandalf quand les choses deviennent sérieuses. Suivre vos revenus et vos dépenses vous aide à éviter les pièges financiers et à progresser réellement vers vos objectifs.

Les gens s'attendent à ce que la réussite financière arrive comme par magie. Ce n'est pas le cas. Même Frodon a dû y mettre du sien. À moins d'avoir un Samwise Gamgee pour vous sauver de terribles choix financiers, commencez à planifier, arrêtez les dépenses impulsives et prenez le contrôle de votre parcours — avant que votre compte bancaire ne se transforme en Mordor.

Tout comme un écureuil assidu stocke des glands pour l'hiver, l'épargne régulière est le fondement de la réussite financière. Considérez cela comme une habitude, à l'instar de l'entretien d'un jardin. Automatiser les virements vers un compte d'épargne dédié, c'est comme arroser ce jardin : vous cultivez votre avenir financier sans avoir besoin d'y prêter une attention constante.

Considérez votre épargne comme un bouclier résilient contre les tempêtes imprévues de la vie. Un fonds d'urgence, tel une forteresse de résilience financière, vous protège des tempêtes imprévues qui pourraient survenir. Avec ce rempart en place, vous serez armé pour faire face à tout défi inattendu sans avoir à recourir à des dettes à taux d'intérêt élevé.

La dette peut être comme un dragon, crachant du feu sur vos aspirations financières. Apprivoiser cette bête en donnant la priorité aux dettes à taux d'intérêt élevé, c'est comme revêtir une armure pour se préparer au combat. À mesure que vous réduisez vos dettes, vous ouvrez la voie vers le royaume de la liberté financière.

Apprendre à gérer son argent, c'est comme apprendre une nouvelle langue. Imaginez que vos connaissances financières soient un traducteur universel qui vous permet de comprendre le dialecte complexe des finances. Armé de cet outil, vous pouvez décoder les opportunités d'investissement, déchiffrer les termes complexes et naviguer en toute confiance dans le réseau complexe des finances personnelles. Investir, c'est comme planter des graines dans un jardin magique qui s'épanouit au fil du temps. La diversification agit comme un sortilège qui protège votre jardin d'un seul faux pas, garantissant que si une plante faiblit, les autres s'épanouiront. Le jardin est entretenu avec patience, résistant aux tempêtes et profitant du soleil, ce qui se traduit par une récolte abondante au fil des ans.

Les fluctuations du marché résultent directement des variables macroéconomiques, du sentiment des investisseurs et des interdépendances financières mondiales, créant un environnement dynamique où les valorisations des actifs font l'objet d'un réajustement continu. Tout comme les modèles stochastiques, elles prédisent des résultats probabilistes. Le marché ne suit aucune trajectoire absolue. Le trading émotionnel introduit des variables irrationnelles dans une équation déjà complexe, conduisant souvent à des décisions sous-optimales. L'investisseur prudent, à l'instar d'un physicien observant les fluctuations quantiques, comprend que la volatilité à court terme n'est pas indicative de la performance à long terme des actifs. La régression statistique et l'analyse des données historiques suggèrent que les corrections de marché sont non seulement inévitables, mais également nécessaires à un équilibre financier durable.

Dans la vie réelle, l'optimisation des dépenses de consommation nécessite une approche stratégique telle que la théorie des jeux. Les négociations de prix s'apparentent à des situations d'équilibre de Nash, où l'acheteur et le vendeur tentent tous deux de tirer le meilleur parti d'une transaction tout en respectant ses limites. Tirer profit des erreurs dans la fixation des prix pour gagner de l'argent s'apparente à l'arbitrage de risque, ce que font les programmes de cashback et le cumul de réductions. En fin de compte, préserver votre patrimoine ne repose pas tant sur l'impulsion que sur le fait de considérer chaque échange comme un grand test économique.

Les avantages sociaux offerts par l'employeur sont comme une armurerie bien fournie, prête à vous équiper pour votre parcours financier. Les plans de retraite, les comptes d'épargne santé et les comptes de dépenses flexibles sont les outils qui renforcent vos défenses financières, vous permettant d'affronter les défis futurs en toute confiance. L'assurance sert de bouclier contre les calamités inattendues, vous garantissant de ne pas vous retrouver pris sous une averse sans parapluie. Considérez-la comme une armure qui protège votre bien-être financier et vous met à l'abri des flèches inattendues que la vie pourrait vous lancer.

À mesure que vos revenus augmentent, considérez vos dépenses comme un jardin qui nécessite un entretien minutieux. Plutôt que de laisser vos dépenses s'emballer comme des vignes sauvages, cultivez la discipline et la modération, ce qui vous permettra d'allouer davantage de ressources à la réalisation de vos rêves financiers. Imaginez votre parcours financier comme une aventure palpitante ponctuée de points de contrôle. Les bilans financiers réguliers sont comme des moments de repos dans une oasis lors d'une expédition dans le désert. Ces arrêts vous permettent de réévaluer vos progrès, d'ajuster votre cap et de vous assurer que vous êtes toujours en bonne voie pour atteindre votre destination.

La planification de la retraite ne se règle pas comme par magie pendant que vous dépensez sans compter et espérez que tout ira pour le mieux. C'est un processus lent qui demande des efforts, comme monter des meubles IKEA, sauf que les vis manquantes sont vos mauvaises décisions financières. Plus vous commencez tôt, plus c'est facile. Plus vous commencez tard, plus vous devrez rafistoler les choses, en espérant que votre retraite ne s'effondre pas sous le poids de mauvais choix.

C'est précisément parce qu'ils croient que la réussite financière se fait du jour au lendemain que certaines personnes, une fois la cinquantaine passée, se demandent pourquoi leur moi futur n'a pas corrigé leurs erreurs. Chaque choix contribue soit à la stabilité financière, soit à creuser un trou plus profond. Si vous ignorez la planification de la retraite, ne soyez pas surpris lorsque vos années dorées ressembleront moins à un paradis de détente qu'à un désert financier où vous rationnerez le café et vous demanderez si le chauffage est vraiment nécessaire en hiver.

Exemples de sagesse financière

Lorsque l'on cherche le Saint Graal de la sagesse financière, il est utile de s'inspirer de ceux qui maîtrisent le jeu. Certaines personnes trébuchent dans la vie en commettant des erreurs financières, tandis que d'autres semblent avoir découvert un code secret qui les maintient au sommet. Ces personnes ne sont pas seulement riches ; elles sont des études de cas vivantes sur la manière de gagner de l'argent, de le conserver et d'en gagner encore plus, tandis que le reste d'entre nous se demande s'il faut se faire plaisir avec du guacamole.

Warren Buffett, surnommé « l'Oracle d'Omaha », a passé sa vie à prouver que la patience et des investissements réfléchis peuvent transformer de la petite monnaie en un empire. Son approche est simple : investir dans des entreprises qui ont vraiment du sens, s'y accrocher comme un grand-parent têtu s'accroche à des tendances de mode dépassées, et laisser la capitalisation faire son œuvre. Alors que d'autres paniquent à la vue des baisses du marché, Buffett s'installe confortablement avec un Coca et regarde sa fortune croître, tout en rappelant au monde que les décisions impulsives mènent tout droit à la ruine financière.

Oprah Winfrey a suivi une voie différente. Elle ne s'est pas contentée de créer une marque ; elle est devenue la marque. Son parcours, de présentatrice de journal télévisé local à magnat des médias, prouve que l'authenticité, des décisions commerciales intelligentes et la capacité à faire pleurer les gens à la télévision nationale peuvent mener à la domination financière. Elle a transformé l'art de raconter des histoires en une entreprise d'un milliard de dollars, démontrant qu'une stratégie de marque bien pensée et la capacité à cerner ce qui touche le public peuvent transformer un empire personnel en un phénomène culturel.

Elon Musk opère sur une tout autre longueur d'onde. Alors que la plupart des gens cherchent à prendre une retraite confortable, il choisit de parier sa fortune sur la viabilisation de Mars et la transformation du cerveau humain en système d'exploitation. Sa sagesse financière est un mélange à haut risque d'audace, de risques calculés et d'un engagement presque téméraire envers l'innovation. Qu'il s'agisse de lancer des voitures électriques, des fusées réutilisables ou des tweets controversés, Musk a démontré que la réussite financière ne se résume pas à jouer la carte de la sécurité. Parfois, il s'agit de faire des paris énormes, de convaincre les gens qu'ils sont essentiels, puis de les faire fonctionner d'une manière ou d'une autre.

Sheryl Sandberg, la force motrice derrière la croissance et la rentabilité de Facebook, incarne la sagesse financière grâce à sa vision stratégique et à son leadership efficace. Son rôle dans la navigation du paysage technologique et dans la mise en place de modèles d’affaires durables souligne l’importance cruciale d’un leadership visionnaire.

George Soros, figure emblématique de l'investissement et de la philanthropie, incarne la sagesse financière grâce à sa compréhension de l'économie mondiale. Sa capacité à discerner les tendances géopolitiques et à prendre des décisions d'investissement audacieuses constitue une véritable leçon de maître sur la manière d'allier sens des affaires et compréhension approfondie des affaires mondiales. Jeff Bezos, l'architecte de l'ascension fulgurante d'Amazon, incarne la sagesse financière grâce à son orientation vers une vision à long terme et une innovation centrée sur le client. Son engagement en faveur de l'adaptabilité et de l'investissement dans l'avenir sert de phare aux entrepreneurs en herbe.

Mary Barra est à la tête de General Motors, dirigeant l’un des plus grands constructeurs automobiles mondiaux tel un capitaine chevronné naviguant dans un secteur en constante évolution. Elle ne se contente pas de gérer les finances ; elle orchestre des opérations de plusieurs milliards de dollars avec la précision d’un grand maître d’échecs qui jouerait cinq parties à la fois. Chaque décision qu’elle prend, qu’il s’agisse de réorienter l’entreprise vers les véhicules électriques ou de se débarrasser des activités non rentables, est une véritable leçon de leadership stratégique. Si vous pensez que gérer votre budget personnel est difficile, essayez d'équilibrer l'avenir de tout un secteur tandis que les investisseurs vous mettent la pression.

Mark Cuban, quant à lui, est le rappel le plus bruyant du monde des affaires que l'investissement intelligent n'est pas pour les âmes sensibles. Il ne se contente pas de jeter l'argent par les fenêtres. Il joue le jeu avec l'intensité d'un joueur de poker qui connaît déjà la main de tous les autres. Qu'il s'agisse de posséder des équipes sportives ou d'investir dans des start-ups qui pourraient ou non conquérir le monde, Cuban traite les décisions financières comme un sport de contact. Son secret ? En réalité, savoir ce qu'il fait est un concept qui échappe encore à beaucoup de gens possédant un compte Robinhood et un rêve. Alors que la plupart des investisseurs paniquent au premier signe de baisse, il double la mise, prouvant que la sagesse financière repose moins sur la chance que sur le fait de savoir quand tenir, quand se coucher et quand voir le bluff.

Jack Ma, le cofondateur visionnaire du groupe Alibaba, incarne la sagesse financière à travers son parcours, depuis ses humbles débuts jusqu'à sa renommée mondiale. L'importance qu'il accorde à l'innovation et à l'adaptabilité trouve un écho profond dans le paysage numérique en constante évolution.

Abigail Johnson, à la tête de Fidelity Investments, incarne la sagesse financière par son leadership dans le domaine des services financiers. Sa gestion reflète l'essence même des solutions centrées sur le client et de la croissance durable.

Ces génies de la finance ne sont pas des êtres magiques qui sont tombés par hasard sur la richesse pendant que vous restez assis à vous demander pourquoi votre compte en banque est toujours dans le rouge. Ils n'ont pas eu de chance. Ils ont suivi des principes financiers de base alors que le reste du monde les ignorait, puis se plaignait d'être fauché. Ils ont laissé derrière eux une feuille de route claire, mais soyons honnêtes : la plupart des gens préfèrent faire défiler des bêtises en ligne plutôt que de la suivre réellement.

La sagesse financière ne s'acquiert pas à la hâte, même si vous rêvez de passer de la faillite à la fortune du jour au lendemain. Elle ne vient pas de la lecture d'un seul article qui vous ferait soudainement croire que vous maîtrisez l'argent. Elle vient de l'essai et de l'erreur, et enfin, de l'aveu que vos habitudes de dépenses sont les véritables coupables de votre situation financière. Chaque conseil, chaque leçon et chaque stratégie prend du temps à porter ses fruits.

Si vous vous attendez à des résultats instantanés, vous n'êtes pas sur la voie de la richesse. Vous êtes sur la voie de la déception.

Chapitre 6
Les relations à vie

S'il y a bien une chose dans laquelle les humains excellent, c'est compliquer les relations. L'esprit, malgré toute sa prétendue brillance, s'accroche aux liens comme un chien qui court après sa propre queue : frénétique, persévérant, et parfois perplexe quant à la raison pour laquelle il s'est lancé dans cette course. Les relations sont le chaos auquel nous nous engageons volontairement, un mélange complexe de joie, de frustration et de conseils de vie non sollicités prodigués par des gens qui ont à peine compris leur propre vie.

Les psychologues affirment que les êtres humains sont des créatures sociales, biologiquement programmés pour rechercher la compagnie. Ce sont les relations durables, celles qui survivent d'une manière ou d'une autre au temps qui passe, aux crises personnelles et aux SMS regrettables, qui nous façonnent. Elles sont les barèmes de notre intelligence émotionnelle, les miroirs qui reflètent à la fois nos meilleures et nos pires qualités, ainsi que les sources inattendues de sagesse qui nous giflent quand on s'y attend le moins.

Ici, nous devons comprendre que la sagesse ne naît pas dans le vide. Elle se nourrit des silences gênants des disputes non résolues, de la prise de conscience humiliante que quelqu'un d'autre pourrait bien avoir raison, et de la maîtrise de soi nécessaire pour éviter de dire « Je te l'avais bien dit ». L'ironie, c'est que si les relations sont souvent compliquées et exaspérantes, elles sont aussi la raison pour laquelle nous devenons de meilleurs penseurs, des individus plus conscients d'eux-mêmes et des versions légèrement moins ridicules de nous-mêmes.

Les avantages des relations durables

L'esprit humain, malgré tout son génie pour fendre des atomes et créer des vidéos de chats, présente un défaut plutôt tragique. Il aspire à la fois à l'éphémère et à l'éternité, parfois simultanément. D'un côté, les gens aiment le frisson fugace de la nouveauté : nouveaux emplois, nouvelles tendances, nouvelles crises existentielles. De l'autre, ils aspirent à quelque chose qui ne change pas sous leurs pieds toutes les cinq minutes. Les relations durables se situent précisément à ce carrefour délicat, offrant un rare sentiment de stabilité dans un monde qui change d'avis plus souvent qu'un enfant en bas âge refusant de manger ses légumes.

À une époque où tout est jetable — fast-food, vêtements éphémères et, malheureusement, amitiés éphémères —, les relations authentiques et durables semblent appartenir au passé. La société moderne est obsédée par la commodité, et entretenir des liens profonds demande des efforts, de la patience et une véritable capacité d'attention, autant de qualités qui semblent figurer sur la liste des espèces en voie de disparition. Le monde regorge de personnes qui croient que des liens émotionnels peuvent se tisser grâce à des SMS sporadiques et des « likes » sur Instagram. Attention, spoiler : ce n'est pas le cas. Les relations durables, les vraies, exigent plus que quelques interactions numériques et un mot de passe Wi-Fi partagé. Elles nécessitent un véritable investissement, et pour une raison quelconque, cela effraie les gens plus que leurs prêts étudiants.

L'absurdité de tout cela, c'est que ces relations sont, en fait, le secret de la survie. Personne ne traverse la vie sans encombre. Les mauvais jours, les crises existentielles et les désastres financiers sont inévitables, et un solide réseau de soutien peut faire la différence entre rebondir et jouer le rôle principal dans sa propre tragédie personnelle. Les relations durables, que ce soit avec des amis, la famille ou ce collègue qui, d'une manière ou d'une autre, connaît tous vos secrets embarrassants, fonctionnent comme des polices d'assurance émotionnelles. Ce sont les personnes qui décrochent quand vous appelez à 2 heures du matin, celles qui vous rappellent qui vous êtes quand vous l'avez complètement oublié.

Il y a aussi cette délicieuse ironie selon laquelle les relations sont les meilleurs outils de développement personnel jamais inventés. Elles obligent les gens à reconnaître leurs pires défauts : l'entêtement, de terribles compétences en communication et l'incapacité à s'excuser comme un adulte responsable. Les relations, dans leur génie frustrant et épuisant, exigent une évolution. Elles sont ces rappels à la réalité dont personne ne veut mais dont on a désespérément besoin. Chaque lien profond tient un miroir, révélant à la fois les forces et les défauts flagrants, offrant une opportunité de véritable transformation.

À un niveau plus large, ces liens sont le ciment qui maintient les sociétés unies. Les communautés fondées sur des valeurs partagées et la sagesse des générations ne se contentent pas de créer de la stabilité ; elles préservent les cultures, les traditions et, parfois, les recettes familiales que personne n'ose modifier. Sans relations à long terme, tout se transforme en un immense chaos déconnecté, où les gens passent d'une relation superficielle à une autre, se demandant pourquoi ils se sentent insatisfaits.

Même si la vie moderne est pleine de distractions, les liens qui durent toute une vie restent solides. Ils montrent que se connecter aux autres n'est pas seulement une bonne idée ; c'est un besoin fondamental. Le défi, bien sûr, est de faire comprendre aux gens qu'investir dans ces relations n'est pas une notion dépassée d'une époque antérieure aux smartphones. C'est précisément ce qui donne à la vie son sens, sa profondeur et une chance de donner un sens au chaos.

Naviguer dans les liens qui durent toute une vie

Même s'il est le centre de commande de tout, de la respiration aux ruminations à 3 heures du matin, votre cerveau est un organe spongieux, alimenté par l'électricité, qui se nourrit de connexions. Chaque fois que vous apprenez quelque chose, que vous ressentez quelque chose ou que vous traquez votre ex sur les réseaux sociaux, vos neurones émettent de minuscules étincelles électriques, créant des voies appelées synapses. Ce sont les signaux Wi-Fi du cerveau, qui forment des réseaux complexes qui façonnent qui vous êtes, ce en quoi vous croyez et si vous vous souvenez ou non où vous avez posé vos clés.

Plus une connexion est utilisée, plus elle se renforce. C'est pourquoi vous pouvez faire du vélo même après des années sans y avoir touché, mais que vous oubliez le nom de votre voisin quelques secondes après qu'il se soit présenté. Votre cerveau hiérarchise ce qu'il juge important en fonction de la répétition. Les relations fonctionnent exactement de la même manière. Les liens que vous tissez avec les gens sont comme des voies neuronales : plus vous vous engagez, plus ils deviennent profonds et stables. Ignorez-les trop longtemps, et ils s'affaiblissent. À terme, ils disparaissent, un peu comme votre volonté face à un dessert.

Les relations durables ne sont pas seulement des sentiments sans fondement. Elles sont fondamentales pour la façon dont le cerveau humain traite les liens, la sécurité et le sens. Le cerveau a soif de familiarité, c'est pourquoi les vieilles amitiés sont réconfortantes et pourquoi la maison de votre enfance sent encore la nostalgie et les choix de papier peint discutables. Investir dans des relations à long terme renforce la résilience émotionnelle, offre un rempart contre le stress et — c'est un fait scientifique — vous aide à vivre plus longtemps. Votre cerveau, dans toute sa sagesse biologique, comprend que l'isolement est synonyme de danger et que les liens sont synonymes de survie. C'est pourquoi, malgré l'illusion d'autosuffisance, les humains continuent d'être attirés par la compagnie, comme les papillons de nuit par un réverbère.

Pourtant, nous vivons dans un monde obsédé par la gratification instantanée, où les gens font défiler des relations potentielles comme s'ils choisissaient une série Netflix qu'ils ne finiront pas. Les interactions sociales ont été réduites à des emojis et à des « likes » sans conviction, alors qu'une connexion authentique exige l'acte radical de prêter attention. Les relations durables ne se nourrissent pas de commodité. Elles exigent de la constance, de la patience et, malheureusement, des efforts. Tout comme pour le sport, personne n'a vraiment envie de faire l'effort, mais ceux qui le font en récoltent les fruits tandis que tous les autres se demandent pourquoi ils se sentent perpétuellement insatisfaits.

Ces relations ne sont pas seulement bénéfiques pour l'individu. Elles sont le ciment qui lie des sociétés entières. Les communautés qui privilégient les liens à long terme ont tendance à avoir des structures sociales plus solides, une continuité culturelle plus profonde et nettement moins d'angoisse existentielle. Le savoir partagé à travers ces liens s'apparente à une intelligence collective qui évite à chaque nouvelle génération de devoir repartir de zéro ou, pire encore, de commettre les mêmes erreurs que d'autres ont déjà commises.

Alors, pourquoi tant de gens rejettent-ils les liens profonds alors que votre cerveau sait qu'ils sont importants et que l'histoire montre qu'ils assurent la stabilité des communautés ? La réponse est simple. L'engagement est terrifiant. Il implique d'être présent, de rendre des comptes et de reconnaître que les relations, tout comme les plantes, ont besoin d'être arrosées, à moins que vous ne souhaitiez les voir se flétrir et mourir.

Dans le grand schéma de l'existence humaine, le choix vous appartient. Vous pouvez courir après l'ivresse éphémère de la nouveauté, ou vous pouvez embrasser la sagesse de construire quelque chose qui dure. Rappelez-vous simplement que votre cerveau a déjà pris sa décision.

Il est programmé pour créer des liens, que cela vous plaise ou non.

Des relations durables

Construire des amitiés pour la vie, c'est comme s'engager dans un abonnement sans fin que l'on ne peut pas résilier, peu importe le nombre de fois où l'on essaie. Cela exige de la patience, de l'endurance et la capacité de feindre l'enthousiasme quand votre ami vous raconte la même histoire pour la cinquantième fois. On attend de vous que vous vous intéressiez à ses problèmes, même lorsqu'ils sont de son propre fait, et que vous lui apportiez un soutien émotionnel à toute heure, tel un thérapeute bénévole. C'est un travail à plein temps sans salaire ni avantages sociaux, et pourtant, pour une raison quelconque, nous continuons tous à nous y engager.

Lorsque nous fondons nos relations sur l'honnêteté, une bonne communication et le respect des points de vue et des parcours de chacun, nous plantons des racines capables de résister à toutes les tempêtes. Ces racines se renforcent lorsque nous créons ensemble des souvenirs heureux. Pensez à ces escapades improvisées, à la découverte de nouveaux horizons, ou simplement au fait de se détendre et de passer un bon moment avec ceux qui nous sont chers. Ces moments sont bien plus qu'un simple plaisir ; ce sont les fils qui tissent nos vies ensemble.

Au fur et à mesure que nous accumulons ces souvenirs, nous créons une histoire qui nous lie, un récit qui ne s'estompera pas avec le temps. Parler ouvertement les uns avec les autres, c'est comme arroser ce jardin, car cela permet de maintenir des relations saines. Il est parfois important de partager ce que nous pensons et ressentons, et d'écouter lorsque les autres font de même. La confiance s'installe lorsque nous savons que nous pouvons parler de tout, même des secrets les plus sombres et des rêves les plus fous, sans craindre d'être jugés.

Écouter, ce n'est pas seulement attendre son tour pour parler. Surprenant, n'est-ce pas ? L'écoute active exige la compétence révolutionnaire de prêter réellement attention à ce que dit l'autre plutôt que d'utiliser ce temps pour préparer sa réponse ou rêver mentalement à son dîner. C'est la colle qui maintient les relations, garantissant le respect mutuel au lieu de deux personnes qui se parlent comme des robots défectueux. Si vous ne la pratiquez pas, félicitations. Vous n'êtes qu'un bruit de fond de plus dans la vie de quelqu'un d'autre.

Célébrer les victoires, petites ou grandes, est essentiel. Cela signifie applaudir comme un phoque dressé quand votre ami termine enfin ce projet qu'il a repoussé pendant des mois, ou vous rendre à sa fête d'anniversaire même si vous préféreriez être au lit. Ces traditions, ces petits moments ridicules partagés, sont ce qui rend les relations réelles. Ils nous relient d'une manière impossible à quantifier — car rien ne dit mieux « je tiens à toi » qu'une blague entre vous qui date de dix ans et qui fonctionne toujours aussi bien.

Se soutenir mutuellement dans ses objectifs personnels est un autre aspect clé de l'interaction humaine, même lorsque ces objectifs n'ont absolument aucun sens pour vous. Votre meilleur ami veut ouvrir une boulangerie alors qu'il ne sait pas cuisiner ? Vous hochez la tête, souriez et lui dites qu'il peut y arriver. L'encouragement est le moteur des relations. N'oubliez simplement pas que certains rêves sont mieux soutenus par de douces mises au point.

Bien sûr, à un moment ou à un autre, quelqu'un va faire une bêtise. Il dira quelque chose de stupide ou fera quelque chose d'encore plus idiot, et ses sentiments seront blessés. C'est là que les mots magiques « Je suis désolé » entrent en jeu. Le pardon est ce qui permet aux relations de s'épanouir au lieu de sombrer dans une guerre froide sans fin faite de silence passif-agressif.

Cela signifie comprendre que les gens sont des êtres imparfaits, souvent un peu bêtes, qui commettront des erreurs encore et encore.

Être physiquement présent dans le même espace n'est qu'une définition parmi d'autres de « passer du temps ensemble ». L'important n'est pas de fixer vos téléphones dans un silence contemplatif, mais de vous livrer à des activités qui ont du sens pour vous deux. Ce n'est pas une question de quantité, mais de qualité, et si cette phrase vous a fait lever les yeux au ciel, félicitations, vous avez compris. Les relations se construisent sur les moments qui ont du sens, pas seulement ceux qui remplissent le calendrier.

Partager des valeurs communes aide, bien sûr. Imaginez que vous et votre ami ayez des visions du monde radicalement différentes. Bonne chance. C'est comme essayer d'avoir une conversation philosophique profonde avec un perroquet. C'est possible, mais épuisant. Et n'oublions pas les joies inattendues —

ces petits gestes de gentillesse aléatoires qui nous rappellent pourquoi nous nous supportons l'un l'autre au départ. Ces moments, ces petits gestes apparemment insignifiants, sont souvent ce qui empêche les relations de s'effondrer sous le poids des absurdités de la vie.

Les relations changent. Les gens grandissent, les perspectives évoluent, et ce qui fonctionnait il y a cinq ans ne fonctionne peut-être plus aujourd'hui. Cela fait partie du jeu. L'astuce consiste à apprendre à évoluer ensemble plutôt que de regarder tout s'effondrer parce que vous refusez d'accepter que le temps passe, que cela vous plaise ou non. C'est un voyage, rempli de détours inattendus, de virages étranges et, parfois, de quelques mauvaises sorties. Si vous avez de la chance, vous aurez à vos côtés des personnes qui rendront ce voyage inoubliable.

Entretenir des relations durables, c'est comme peindre un grand tableau. Il faut une main sûre, une palette de couleurs variée et une vision d'ensemble. Chaque geste de gentillesse, chaque rire partagé et chaque conversation sincère s'ajoute à ce chef-d'œuvre, créant un lien qui nous apporte réconfort et joie alors que nous avançons ensemble dans la vie.

L'empathie joue le rôle de chef d'orchestre dans ces compositions musicales complexes qu'sont les relations. Pratiquez l'art d'écouter non pas avec vos oreilles, mais avec votre cœur. Soyez à l'écoute des notes tacites de l'émotion, en comprenant les mélodies sous-jacentes qui guident les expériences de vos proches. Tout comme une symphonie résonne en harmonie, une relation s'épanouit lorsque l'empathie en est la note directrice.

En période de stress, soyez la personne qui comprend que le lien humain ne se résume pas à partager des blagues et des projets de week-end. Il s'agit d'être présent lorsque le monde de quelqu'un s'écroule. La stabilité et la présence dans les moments difficiles sont ce qui distingue les vraies relations des simples connaissances. Le soutien émotionnel ne nécessite pas toujours de grands discours ou de profondes réflexions philosophiques. Parfois, il s'agit simplement de s'asseoir dans la même pièce pendant que quelqu'un fait le tri dans ses sentiments, prouvant par sa simple présence qu'il n'est pas seul.

Le cerveau humain est programmé pour créer des liens. L'ocytocine, cette « hormone de l'attachement », monte en flèche lorsque nous nous sentons soutenus, renforçant ainsi la confiance et la sécurité émotionnelle. C'est pourquoi être présent aux côtés de quelqu'un dans l'adversité renforce les relations. Les épreuves partagées créent des liens durables, non seulement en raison de la difficulté elle-même, mais aussi grâce au simple fait d'être là. Au fil du temps, ces moments s'accumulent, formant les fondations de relations qui dureront toute une vie.

Une relation qui a traversé la tempête est une relation durable. La capacité d'être là quand tout s'écroule n'est pas seulement un acte de gentillesse. C'est un élément crucial de l'intelligence émotionnelle, qui prouve qu'une relation repose sur bien plus que la commodité. Ceux qui comprennent intuitivement ce concept sont ceux qui créent des liens durables. Il ne s'agit pas de résoudre les problèmes. Il s'agit d'être la constante dans l'équation chaotique de quelqu'un, renforçant la vérité indéniable que les gens n'ont pas tant besoin de solutions que d'un soutien indéfectible.

Considérez ces relations comme des miroirs qui reflètent le présent et le chemin parcouru. Il est utile de polir régulièrement le miroir des souvenirs communs, afin de le faire briller de la lueur de la mémoire. Revisiter de vieilles photos, raconter des histoires chères à nos cœurs et prendre note de chaque évolution renforce le sentiment de continuité et approfondit les liens qui ont survécu à diverses épreuves.

Visualisez ces relations comme des sculptures taillées dans le marbre des expériences personnelles. Les erreurs peuvent être corrigées et les conflits apaisés en pratiquant le pardon, tout comme un sculpteur affine les aspérités. Ce processus transforme le récit en quelque chose de résilient et d'harmonieux, plutôt qu'en un bloc de pierre brut. Ces relations s'apparentent à des élixirs qui ravivent l'âme lorsqu'elles sont nourries de gouttes de gratitude, que ce soit par de grands gestes ou par une simple reconnaissance.

Acceptez la nature évolutive de la vie humaine sans vous accrocher à des versions dépassées de vous-mêmes. Le changement fait partie intégrante de la croissance, et célébrer la transformation de chacun permet de maintenir des liens authentiques plutôt que forcés. Adoptez l'équilibre en offrant attention, soutien et présence, tout en permettant aux autres de vous rendre la pareille. Remarquez comment le fait de tisser des liens avec des personnes qui enrichissent la vie peut mener à des avantages mutuels inattendus qui se dévoilent au fil des années, rappelant à chacun qu'un impact n'est pas toujours immédiatement visible.

Reconnaissez le besoin inné de l'être humain d'interaction sociale. La vie devient terne et stagne lorsqu'elle est coupée de contacts significatifs. La connexion va au-delà de la survie, ajoutant de la profondeur et un sens à l'existence, un peu comme des fils tissant une grande tapisserie d'histoires partagées. Les écrans numériques ont remplacé les feux de camp d'autrefois, mais les humains continuent de se rassembler pour partager des histoires, des réussites et des peurs, réaffirmant ainsi une quête collective de compréhension et d'appartenance.

Appréciez le fait que l'interaction sociale ne se limite pas à la conversation de courtoisie. Elle touche à des questions existentielles et à la quête d'authenticité, au reflet sincère des émotions et des rêves. Martin Buber a mis en avant les relations « Je-Tu », soulignant que les êtres humains ne sont pas de simples figurants ou personnages de second plan dans la vie des uns et des autres. Ces relations ont un pouvoir qui va bien au-delà des civilités superficielles, renforçant l'idée que la vie semble encore plus complète lorsqu'elle est partagée.

Souvenirs et influences

L'existence, dans toute son absurdité éphémère, n'est guère plus qu'une collection de moments, d'expériences et de liens hâtivement assemblés avant que nous ne soyons brutalement arrachés de la scène. Plus on contemple l'héritage laissé derrière soi, plus il devient évident que les possessions matérielles et les réalisations mondaines sont aussi durables qu'un château de sable à marée haute. Ce qui persiste, et ce qui compte vraiment, ce ne sont pas les biens que nous amassons ni les titres que nous poursuivons, mais les échos de notre influence, les répercussions de nos choix et les souvenirs que nous gravons accidentellement (ou intentionnellement) dans l'esprit des autres.

Imaginez la vie comme une mosaïque. Pas du genre propre et symétrique, mais un chef-d'œuvre désordonné et chaotique composé de carreaux dépareillés, d'éclaboussures de peinture accidentelles et de quelques taches de café imprévues. Chaque action, chaque mot et chaque interaction fugace s'ajoute à cette œuvre d'art bizarre, garantissant que, que nous le voulions ou non, nous avons laissé une empreinte. La véritable couleur de ce portrait en constante évolution ? Les souvenirs. Ils ne s'estompent pas comme les biens matériels ni ne se désagrègent comme les honneurs oubliés. Ils persistent, de manière gênante et glorieuse, bien après le générique de fin. À l'instar des coups de pinceau d'un peintre, nos choix définissent la profondeur, la texture et l'éclat des toiles que nous laissons derrière nous.

Les philosophes, éternels existentialistes mélancoliques, se sont longtemps débattus avec l'idée que la vie n'est qu'un instant fugace dans un univers indifférent. Puisque nous vivons tous sur du temps emprunté, la seule façon de déjouer l'insignifiance est d'avoir un impact. Chaque action crée un effet d'entraînement, un peu comme lorsqu'on jette une pierre dans un étang — sauf que dans ce cas, l'étang est la civilisation humaine, et la pierre, c'est tout ce non-sens ou ce génie que nous déchaînons sur le monde. Certaines de ces ondulations sont petites, ne faisant qu'une légère ride. D'autres ? Des tsunamis. L'histoire se souvient de ceux qui ont fait les plus grandes vagues, pour le meilleur ou pour le pire.

Les souvenirs fonctionnent comme des lanternes, projetant leur lueur dans un avenir autrement trouble. L'influence que l'on exerce, que ce soit par la sagesse ou par pure audace, façonne la manière dont les autres naviguent dans leur propre labyrinthe de choix. Les Grecs avaient un terme pour cela : kairos, le moment opportun, celui qui change le cours des destins. Les moments que nous saisissons, les connaissances que nous transmettons et le génie étrange et déjanté que nous introduisons dans la conscience collective deviennent une sorte d'héritage intellectuel, qui s'étend bien au-delà de notre propre date d'expiration.

À travers l'histoire, la civilisation s'est construite sur les échos de ceux qui nous ont précédés. Des philosophes aux artistes, des rebelles aux révolutionnaires, les contributions durables des esprits du passé ont façonné le présent. Les penseurs de l'Antiquité appelaient cela la phronesis, ou sagesse pratique — l'idée que la vraie connaissance ne pourrit pas dans les livres mais est destinée à être partagée, remise en question et réinventée pour le bénéfice de ceux qui suivent. En d'autres termes, l'intelligence n'a de valeur que si elle est transmise.

Au cœur de toute cette introspection, une vérité flagrante demeure : nous sommes éphémères, nos possessions sont insignifiantes, et nos réalisations ne sont, au mieux, que des notes de bas de page dans l'histoire. La seule chose qui ait jamais compté, c'est l'impact que nous laissons sur les autres. Il ne s'agit pas des trophées sur l'étagère ou des applaudissements éphémères, mais des empreintes que nous laissons dans les cœurs et les esprits. L'influence est la seule monnaie qui défie le temps, et les souvenirs sont les seuls artefacts à l'abri de la décomposition.

Tournons donc notre regard vers deux figures qui ont gravé leur nom dans les fondements de l'histoire humaine par la seule force de leur volonté, de leur intellect ou de leur ambition démesurée. Leurs contributions ne sont pas de simples échos ; ce sont des symphonies complètes qui résonnent à travers le temps.

Katherine Johnson (1918-2020)

Née en 1918, Katherine Johnson était une mathématicienne américaine pionnière dont les compétences irréprochables et les calculs précis ont laissé une empreinte indélébile sur l'exploration spatiale. Son aptitude naturelle pour les chiffres et son dévouement sans faille à son art l'ont conduite à des réalisations monumentales qui ont joué un rôle crucial dans certaines des étapes les plus marquantes de l'histoire spatiale.

Dès son plus jeune âge, le génie de Katherine était évident. À une époque où les opportunités pour les femmes afro-américaines dans les STEM étaient limitées, elle a fait preuve d'un talent extraordinaire, passant les niveaux scolaires avec brio et assimilant les concepts mathématiques avec une facilité inégalée. Ce talent prodigieux lui a permis de s'inscrire à l'université à l'âge de 15 ans, ouvrant la voie à un héritage de contributions sans précédent aux mathématiques et à l'aérospatiale. Dans les années 1950, l'expertise de Katherine a trouvé sa place à la NACA, qui est ensuite devenue la NASA. Là, son don pour les calculs complexes est rapidement devenu un élément essentiel des avancées de l'institution. Katherine n'était pas simplement un rouage de plus dans la machine bureaucratique de l'exploration spatiale. C'est grâce à elle que cette machine n'a pas explosé en une spectaculaire boule de feu financée par le gouvernement. Alors que d'autres s'affairaient à classer des papiers et à hocher solennellement la tête lors des réunions, elle s'assurait que les chiffres tenaient réellement la route — ces chiffres qui déterminaient si les astronautes reviendraient triomphalement sur Terre ou deviendraient de malheureux exemples des lois de Newton en action.

Son génie est devenu l'atout ultime lors de la course à l'espace des années 1960. John Glenn, se préparant pour son orbite historique autour de la Terre, ne plaçait pas sa confiance dans un ordinateur dernier cri. Il la plaçait en Katherine. Alors que les machines high-tech piquaient encore des crises et crachaient des chiffres douteux, Glenn insistait personnellement pour qu'elle vérifie les calculs. Si ses calculs indiquaient qu'il survivrait à la rentrée atmosphérique, il monterait dans cette fusée. Ce niveau de confiance n'était pas seulement une question de respect ; c'était un instinct de survie. Grâce à sa précision redoutable, Glenn est revenu sur Terre sain et sauf, prouvant que parfois, la force la plus puissante dans les voyages spatiaux est une mathématicienne armée d'un crayon et d'une tolérance zéro pour les erreurs.

Ce n'était là qu'un de ses nombreux moments décisifs à la NASA. L'expertise mathématique de Katherine a également guidé les missions Apollo, jouant un rôle dans l'alunissage historique, gravant à jamais son nom dans les annales de l'exploration spatiale.

Au cours de sa brillante carrière, les contributions exceptionnelles de Katherine lui ont valu une reconnaissance bien méritée. La NASA a célébré son rôle essentiel dans ses missions, et elle a été comblée d'honneurs, notamment la prestigieuse

Médaille présidentielle de la liberté. L'histoire de la vie de Katherine Johnson inspire des générations, soulignant la valeur du dévouement, de la précision et de l'excellence dans son domaine. Son parcours illustre comment un talent pur, associé à un engagement inébranlable, peut briser les barrières et redessiner l'histoire.[5]

La décision de John Glenn de faire confiance à Katherine Johnson n'était pas seulement une préférence personnelle : elle témoignait de la force des relations fondées sur la compétence, l'intégrité et le respect mutuel. À une époque où les préjugés raciaux et sexistes étaient profondément ancrés, il existait une relation qui n'aurait pas dû fonctionner. Et pourtant, elle a fonctionné — car ce n'était pas une question d'origine ou de statut, mais de fiabilité. La vie de Glenn était littéralement entre les mains d'une personne que la société avait ignorée, mais il a eu la sagesse de privilégier le talent plutôt que les conventions. Leur partenariat a défié toutes les attentes et redéfini la nature même du travail d'équipe dans des environnements à haut risque.

---

[5] Auteur. Nom complet. (s.d.). *Katherine Johnson*. New Scientist. https://www.newscientist.com/people/katherine-johnson/

C'est là l'essence même des relations significatives : elles ne sont pas toujours pratiques, évidentes, ni même attendues. Elles transcendent les barrières superficielles et se forgent grâce à la confiance, à un objectif commun et à la volonté de reconnaître la valeur là où d'autres refusent de la voir. Que ce soit dans les amitiés, les familles ou les cercles professionnels, les liens les plus solides se construisent lorsque les gens privilégient le fond plutôt que les apparences, la fiabilité plutôt que les suppositions, et le respect plutôt que la hiérarchie. Les relations qui résistent à l'épreuve du temps — celles qui façonnent l'histoire et les vies individuelles — sont celles où les gens refusent de laisser les limites définir leurs liens. L'histoire de Katherine et Glenn en est la preuve, et si une mathématicienne et un astronaute ont pu naviguer dans la confiance au milieu de la vaste incertitude de l'espace, il y a de l'espoir pour nous tous.

Lisa Gelobter (1971-présent)

Lisa Gelobter n'est pas seulement un nom dans l'histoire de la technologie : c'est une force de la nature, une architecte numérique qui a repensé l'Internet alors que le reste du monde en était encore au stade du buffering. Née en 1971, elle a maîtrisé le langage des ordinateurs bien avant que l'industrie technologique n'envisage même de faire une place à quelqu'un comme elle. Titulaire d'un diplôme en informatique de l'université Brown et d'un master du MIT, Lisa ne s'est pas contentée d'entrer dans le monde de la technologie : elle l'a remodelé, ligne par ligne, algorithme par algorithme.

Tout au long des années 1990, elle n'était pas seulement en avance sur son temps : c'était elle qui le traçait. Alors que la plupart des gens peinaient encore à comprendre les tonalités de la connexion par modem, Lisa jetait les bases de l'animation web, modifiant fondamentalement la façon dont les expériences numériques se déroulaient. Ses contributions ont contribué à la naissance de Shockwave, la technologie qui a fait de l'Internet moderne bien plus qu'un simple mur de texte. Mais être brillante dans le domaine de la technologie était une chose ; amener l'industrie à la reconnaître pour cela en était une autre. Le monde de la technologie était un club très fermé, et Lisa n'en avait pas reçu la clé. Elle a donc fait ce que font les pionniers : elle a construit ses propres portes, les a franchies et les a laissées grandes ouvertes pour que d'autres puissent la suivre.

Le paysage du divertissement numérique était en pleine mutation, mais Lisa ne se contentait pas de suivre le mouvement : elle était le moteur de cette transformation. Elle a cofondé le Digital Entertainment Network, imaginant un avenir où la vidéo en streaming dominerait bien avant que le « binge-watching » ne devienne un passe-temps national. Alors que d'autres se demandaient si les médias en ligne étaient même viables, Lisa s'employait à prouver qu'ils étaient inévitables.

Mais son héritage va au-delà de la simple création de produits : elle a tissé des liens dans un milieu où elle n'était pas censée avoir sa place. La Silicon Valley a toujours fonctionné grâce à des réseaux invisibles, où l'accès dépend davantage de qui vous connaissez que de ce que vous savez faire. Lisa a dû évoluer dans un secteur qui, malgré tous ses discours sur l'innovation, résistait souvent au véritable changement. Elle ne s'est pas contentée de se faire une place : elle a tracé la voie pour d'autres, veillant à ce que la diversité dans le secteur technologique ne soit pas une simple note de bas de page, mais une refonte fondamentale du système. Elle a joué un rôle central dans l'élaboration du tout premier rapport sur la diversité de Google, une initiative qui a transformé de vagues promesses d'inclusion en une responsabilité concrète.

Lisa Gelobter ne s'est pas imposée dans le secteur des technologies grâce à de polies invitations : elle a bâti un réseau fondé sur la confiance, la crédibilité et des résultats concrets. Ses relations ne se sont pas nouées lors d'événements de réseautage superficiels ou grâce à des publications soigneusement préparées sur LinkedIn. Elles se sont forgées dans les tranchées d'un secteur qui préfère souvent que ses pionniers rentrent dans le moule. Cependant, l'impact de Lisa était indéniable, et ceux qui ont travaillé avec elle le savaient. Elle n'a pas seulement exigé une place à la table : elle a repensé toute la structure pour que d'autres puissent s'y asseoir aussi.

Son histoire n'est pas seulement celle de l'innovation, mais aussi celle qui prouve que le véritable changement survient lorsque les relations transcendent les barrières. Elle ne s'est pas contentée d'exceller dans un domaine où elle était ignorée : elle a forgé des alliances qui ont survécu aux anciennes règles. Katherine Johnson a gagné la confiance de John Glenn à une époque où on lui disait qu'elle n'avait pas sa place, et Lisa Gelobter a redéfini un secteur qui la sous-estimait. Toutes deux ont compris une vérité fondamentale : dans un monde qui résiste au changement, les relations fondées sur la confiance et la compétence constituent le véritable levier de pouvoir.

Les gens passent leur vie à tisser des liens fragiles qui s'effondrent sous la pression. Mais les liens qui redessinent véritablement l'histoire — ceux qui résistent aux préjugés, aux portes closes et aux obstacles insurmontables — sont forgés par ceux qui refusent de laisser le monde leur dicter sur qui ils peuvent ou ne peuvent pas compter. Lisa et Katherine ne se sont pas contentées de travailler dans leurs secteurs ; elles ont réécrit les règles tacites qui déterminent qui peut les diriger. Et s'il y a une leçon à tirer de leurs histoires, c'est celle-ci : les relations qui ne devraient pas fonctionner mais qui fonctionnent sont celles qui changent tout.

Chapitre 7
La foi en Dieu

En tant qu'êtres humains, nous avons tous des objectifs différents que nous aspirons à atteindre dans la vie. Certains d'entre nous peuvent rechercher l'argent, la renommée, le pouvoir ou l'influence.

Cependant, lorsque nous menons une réflexion philosophique et académique sur cette question, nous pouvons discerner que le but ultime de chaque individu est de mener une vie épanouie. La vie est un phénomène imprévisible, et dans notre quête d'une vie épanouie, nous pouvons parfois oublier que tout dans ce monde matérialiste n'est pas sous notre contrôle. Même dans ce cas, le but final reste le même pour nous tous : mener une vie qui ait du sens et qui soit satisfaisante.

La réponse à la question « Qu'est-ce qu'une vie épanouie ? » varie d'une personne à l'autre. Les philosophes en ont débattu, les théologiens ont prêché à ce sujet, et votre tante curieuse vous a probablement donné son avis non sollicité à ce sujet au moins deux fois. Certains courent après la richesse, convaincus qu'une pile de lingots d'or dans un coffre-fort suisse apaisera leur angoisse existentielle. D'autres consacrent leur vie à régler au millimètre près un carburateur, persuadés que si leur Mustang de 1967 ronronne comme un chat au soleil, alors ils ont sûrement touché au divin.

Les gens compliquent les choses. L'esprit cherche un sens, mais le ventre réclame son repas. L'âme aspire à l'illumination, mais après cinq minutes de méditation, le dos fait mal. Il n'existe pas de recette universelle gravée sur des tables de pierre pour mener une vie heureuse.

C'est un mélange instable de soif intellectuelle, de stabilité émotionnelle, d'entretien physique et de panique existentielle sporadique à 2 heures du matin.

Les relations, les passions et un vague sentiment de contribution au monde jouent tous un rôle, même si les gens sont notoirement nuls pour les équilibrer. À un moment, quelqu'un écrit des poèmes sur la beauté de l'univers, et l'instant d'après, il s'emporte sur Twitter parce que sa pizza a été livrée en retard. Ce qui est étrange avec la satisfaction, c'est que tout le monde la veut, mais la plupart des gens ne peuvent même pas expliquer ce qu'elle signifie sans se contredire.

Une vie épanouie ne se résume pas à exister, à payer ses impôts et à penser de temps en temps à boire de l'eau. Au fond, l'épanouissement repose sur les liens humains, cet art subtil qui consiste à tolérer les autres suffisamment longtemps pour développer ce qu'on appelle des « relations significatives ». La famille, les amis et toute une série de connaissances constituent le réseau de soutien émotionnel de la vie — à moins, bien sûr, qu'ils ne soient la cause de votre stress, auquel cas, eh bien, bonne chance. Ces liens offrent des expériences partagées, des occasions de se plaindre ensemble et l'illusion que quelqu'un vous comprend vraiment. L'écoute active et la communication ouverte jouent un rôle, même si beaucoup préfèrent hocher la tête en attendant leur tour de parler.

Les passions sont importantes, elles aussi. S'adonner à des activités qui font que la vie ressemble moins à une série d'obligations inévitables apporte bonheur et sens. Certaines personnes trouvent du réconfort dans la peinture, la pratique d'un instrument de musique ou l'écriture d'essais dramatiques sur le sens de la vie. D'autres choisissent des passe-temps qui nécessitent peu de mouvement, comme regarder des rediffusions d'épisodes qu'ils ont déjà mémorisés. Les loisirs personnels procurent un sentiment d'accomplissement, principalement parce que faire ce que l'on aime est nettement plus agréable que de faire semblant d'apprécier toute tâche que la société juge nécessaire.

Il est tout aussi important de veiller à son bien-être physique. Rester en vie, tout comme entretenir une voiture, nécessite un certain entretien. L'exercice physique, une alimentation équilibrée et un sommeil suffisant contribuent tous au bien-être général, mais la société moderne semble considérer ces éléments comme des activités facultatives plutôt que comme des mesures de survie indispensables. Les pratiques de pleine conscience telles que le yoga ou la méditation peuvent améliorer la clarté mentale, à condition de ne pas s'endormir pendant la séance. La résilience émotionnelle se renforce lorsque l'on reconnaît que le stress fait partie intégrante de la vie et que la respiration profonde a ses limites.

Un autre aspect important de l'épanouissement est le développement intellectuel. Le cerveau humain a besoin de stimulation, idéalement provenant de sources autres que le défilement sans réfléchir et les théories du complot. L'apprentissage tout au long de la vie permet de garder l'esprit vif et adaptable grâce à l'éducation formelle, à la littérature ou aux conversations avec des personnes cultivées. La curiosité est le moteur de la croissance, même si la plupart des gens gaspillent leur énergie intellectuelle à se chamailler au sujet de films ou à mémoriser des anecdotes inutiles.

Donner en retour aux autres est un élément essentiel d'une vie épanouissante. L'altruisme, le bénévolat et les petits gestes de gentillesse favorisent un sentiment d'utilité tout en procurant aux gens un bref sentiment de supériorité morale. Aider les autres offre une perspective, rappelant aux gens que leurs défis personnels ne sont peut-être pas aussi graves qu'ils le pensent. Outre l'adoption d'un chien ou l'attachement excessif à une plante d'intérieur, l'un des rares moyens cohérents de se sentir véritablement connecté au monde est de contribuer au bien commun.

Se sentir épanoui, c'est trouver un équilibre entre ces éléments : les centres d'intérêt, les relations, la santé, la connaissance et la gentillesse, le tout sans sombrer dans le désespoir existentiel. La découverte de soi, l'épanouissement personnel et la quête sans fin de sens rendent la vie fascinante, ou du moins légèrement agréable.

L'épanouissement par la foi

La foi en Dieu a été une source d'inspiration, de guidance et de réconfort pour les individus tout au long de l'histoire. Elle a le potentiel d'enrichir et de transformer profondément les vies, menant à un sentiment d'utilité, de satisfaction et d'épanouissement.

Au cœur de tout cela, la foi en Dieu est depuis des siècles la stratégie de survie par excellence de l'humanité. La vie est imprévisible, souvent absurde, et parfois carrément injuste. Le concept de foi intervient ici comme une assurance cosmique que rien de tout cela n'est vain, peu importe le nombre de désagréments que l'univers décide de nous infliger. La paix intérieure vient de la certitude qu'une puissance supérieure s'occupe de la logistique. Les croyants s'accrochent à l'idée que chaque épreuve s'inscrit dans un plan divin, ce qui rend un peu plus facile de résister à l'envie de renverser la table la plus proche lorsque les choses tournent mal.

Job, par exemple, a enduré ce que l'on ne peut décrire que comme la pire série d'événements malheureux de l'histoire, et pourtant il n'a jamais perdu la foi. Finalement, il a été rétabli au-delà de ce qu'il avait perdu. Son histoire est la preuve que la patience et la confiance en Dieu portent leurs fruits, même lorsque tout semble s'écrouler.

La foi renforce également la moralité. La nature humaine, livrée à elle-même, n'est pas toujours le juge le plus fiable du bien et du mal. La religion fournit le cadre éthique qui empêche la société de sombrer dans le chaos absolu. L'honnêteté, la gentillesse, l'humilité et le pardon sont mis en avant, même s'il faut reconnaître que certains sont plus faciles à mettre en pratique que d'autres. Jésus a pardonné à ceux-là mêmes qui le crucifiaient, ce qui est admirable, quand on sait que la plupart des gens ont du mal à pardonner à quelqu'un qui double dans la file d'attente à l'épicerie. Vivre avec intégrité mène à une conscience tranquille, ce qui est bien plus agréable que les contorsions mentales nécessaires pour justifier de mauvaises décisions.

Une communauté fondée sur la foi est un autre avantage majeur. Les êtres humains sont des créatures sociales. Même les personnes les plus introverties ont finalement besoin de quelqu'un à qui parler, ne serait-ce que pour se plaindre de leur journée. Les congrégations religieuses offrent non seulement un accompagnement spirituel, mais aussi un réseau de soutien. Ce n'est pas un hasard si les églises regorgent de personnes apportant de la nourriture à ceux qui en ont besoin. Un système de croyances partagé crée des liens solides, rendant les difficultés de la vie un peu moins isolantes. Même Jésus s'est entouré d'un groupe de disciples. Si le Fils de Dieu a vu l'intérêt d'avoir une équipe solide, c'est probablement une stratégie qui mérite d'être envisagée.

Le développement personnel est un thème récurrent dans la foi. La plupart des traditions religieuses encouragent l'autodiscipline, l'introspection et le travail actif pour s'améliorer. La prière et la méditation offrent un temps de réflexion, aidant les individus à reconnaître leurs forces et, surtout, leurs défauts. L'amélioration de soi n'est pas une transformation instantanée, mais un lent processus d'apprentissage et de croissance. Les personnes qui vivent selon leur foi se poussent constamment vers quelque chose de plus grand, même si cela implique d'affronter des vérités dérangeantes.

La résilience est un autre corollaire d'une foi solide. La vie n'est pas douce, et croire le contraire est une erreur de débutant. Les défis surgissent sans crier gare, et l'adversité a le don de mettre la patience à l'épreuve. La foi offre la perspective que les épreuves ont un sens, même lorsqu'elles semblent totalement absurdes. L'apôtre Paul a enduré des naufrages, l'emprisonnement et des flagellations publiques, mais il a tout de même trouvé l'énergie d'écrire des lettres sur la persévérance. Il a dit cette phrase célèbre : **« Je peux tout par celui qui me fortifie. »** Si quelqu'un qui a passé la moitié de sa vie enchaîné a pu s'accrocher à cette conviction, il y a clairement quelque chose de puissant dans la foi en tant que source de résilience.

Une vie épanouie ne consiste pas à éviter les épreuves, mais à les affronter avec un sens du devoir. La foi apporte une direction, une clarté morale et l'assurance que, même dans les pires moments, personne n'est vraiment seul. Il ne s'agit pas d'avoir toutes les réponses, mais de croire qu'il existe une vision d'ensemble, même si elle n'est pas toujours visible.

La sagesse de la Parole de Dieu

Un homme entre dans une librairie, déterminé à trouver les réponses aux grandes questions de la vie. Il parcourt les rayons, prenant des livres aux titres accrocheurs qui promettent une sagesse instantanée, un succès garanti ou le secret du bonheur en trois étapes faciles. Il feuillette des pages remplies de slogans de motivation recyclés et de bon sens hors de prix. Rien ne retient son attention. Puis son regard se pose sur une vieille Bible reliée en cuir, un livre qui a survécu aux guerres, aux changements culturels et aux innombrables tentatives humaines de l'ignorer. Il y a quelque chose de différent chez elle. Elle n'offre pas de platitudes vides de sens ni d'optimisme édulcoré. Au contraire, elle ose interpeller, instruire et révéler des vérités qui vont bien au-delà de la commodité personnelle.

Croire en la parole de Dieu ne consiste pas seulement à mémoriser des versets pour impressionner les gens lors de dîners. Il s'agit d'éveil moral, de la sagesse qui empêche la civilisation de s'effondrer sous le poids de ses mauvaises décisions. Les textes sacrés ne se contentent pas d'énumérer des règles pour le divertissement ; ils façonnent des cadres éthiques qui guident l'humanité depuis des siècles. Les Dix Commandements n'étaient pas des suggestions divines. C'étaient des outils de survie pour une société qui, sans eux, se serait autodétruite en quelques semaines. Lorsqu'on la laisse sans contrôle, la nature humaine a tendance à tout gâcher. La foi exige de la discipline, de la responsabilité et une boussole morale qui ne change pas en fonction de l'humeur ou de la commodité.

Croire en la parole de Dieu implique bien plus que de simplement mémoriser des versets pour impressionner les autres lors de dîners. Il s'agit d'éveil moral, de cette clairvoyance qui empêche la civilisation de s'effondrer sous le poids de ses mauvais choix. Les textes sacrés sont bien plus que de simples listes de règles destinées au divertissement. Ils créent des cadres éthiques qui ont servi l'humanité pendant des générations. Les Dix

Commandements n'étaient pas des suggestions célestes. C'étaient des tactiques de survie pour une société qui se serait détruite en quelques semaines. La nature humaine, lorsqu'elle n'est pas encadrée, a tendance à semer le chaos. La foi exige de la discipline, de la responsabilité et une boussole morale qui ne change pas en fonction des émotions ou de la commodité.

Dès que la religion entre en scène, la perspective change. Les êtres humains, par définition, ont du mal à voir au-delà de leurs préoccupations immédiates. La capacité à prendre du recul, à comprendre la vie comme faisant partie d'une histoire plus vaste, nécessite une perspicacité qui dépasse l'instinct. Les Écritures ne se contentent pas de fournir des réponses. Elles exigent une réflexion. Job, par exemple, a enduré d'énormes souffrances tandis que ses amis lui donnaient des conseils que personne ne leur avait demandés. Il n'a pas reçu de réponse toute faite à ses épreuves, mais sa foi est restée inébranlable. Finalement, il a récupéré ce qu'il avait perdu. Son histoire nous rappelle que la sagesse ne consiste pas à connaître toutes les réponses, mais à croire qu'un but supérieur existe même lorsque rien n'a de sens.

Une grande partie de l'enrichissement des connaissances se fait au sein des communautés religieuses. Une personne qui tente de naviguer seule dans la vie, c'est comme monter un meuble sans avoir lu les instructions au préalable. Cela pourrait fonctionner, mais le résultat sera incertain. Les communautés religieuses constituent une archive vivante de la sagesse transmise de génération en génération. Les anciens de la religion ont tout vu. Des échecs, des réussites, et plus de décisions de vie discutables qu'ils ne veulent bien l'admettre. Leurs expériences offrent des leçons à ceux qui sont prêts à écouter, ce qui donne lieu à un cycle de partage des connaissances qui empêche les individus de commettre les mêmes erreurs.

Sans humilité, il est difficile de connaître une croissance personnelle. Les êtres humains excellent dans l'art de se leurrer, se convainquant qu'ils ont toujours raison tout en répétant les mêmes erreurs. La foi impose l'introspection. Elle favorise la responsabilité, l'amélioration de soi et la compréhension que la sagesse ne découle pas d'un ego surdimensionné. Malgré ses accomplissements, le roi David a beaucoup souffert lorsqu'il a laissé le pouvoir obscurcir son jugement. Son expérience démontre que personne n'est à l'abri de l'échec, mais que la rédemption est toujours possible. La croissance survient lorsque les gens acceptent leurs imperfections plutôt que de faire comme si elles n'existaient pas.

Pour rechercher la vérité, il ne suffit pas de se contenter de poser des questions. Les gens passent leur vie à chercher un sens à la science, à la philosophie et, parfois, dans les sections de commentaires sur Internet. La quête de la vérité ne se limite pas à la collecte d'informations ; il s'agit également de comprendre ce qui est véritablement important. Les Écritures offrent un fondement qui transcende les tendances et les préjugés personnels. Elles ne font pas appel aux points de vue actuels ni aux idéologies contemporaines. Elles apportent quelque chose de plus profond, une sagesse qui résiste à l'épreuve du temps, de la société et du désir insatiable de l'humanité de redéfinir la moralité selon ses propres termes.

La sagesse nourrie par la foi est active, et non passive. Elle interpelle, améliore et transforme. Ceux qui embrassent la parole de Dieu ne se contentent pas de l'apprendre. Ils la vivent.

Les relations au service de Dieu

Construire des relations durables est une entreprise précieuse qui enrichit l'existence humaine, en offrant une compagnie, un soutien et des expériences partagées qui façonnent notre chemin vers la découverte de soi. Parmi ces relations, le lien que nous tissons avec Dieu est le plus profond et le plus significatif, servant de fondement à une connexion spirituelle, à une guidance et à un amour sans fin.

La recherche de relations durables est une danse complexe faite de compréhension mutuelle, de moments partagés et de profondeur émotionnelle. Construire ces liens exige un effort sincère, une communication active et un engagement à surmonter les tempêtes de la vie. Ces relations offrent une compagnie à travers les hauts et les bas, nous ancrant dans un réseau d'amour, de confiance et d'empathie. Pourtant, parmi tous ces liens, la relation avec Dieu transcende les limites terrestres, offrant une connexion éternelle qui défie les frontières du temps et de l'espace.

La relation avec Dieu est le seul lien qui ne vous abandonnera jamais. Les êtres humains sont imprévisibles. Les amis déménagent, les membres de la famille oublient les anniversaires, et les gens disparaissent mystérieusement quand vient le moment de vous aider à déménager des meubles. Une relation avec le divin, en revanche, ne fonctionne pas selon ces conditions capricieuses. C'est un lien stable et immuable, qui offre des conseils, de la clarté et, parfois, une remise en question bien nécessaire. Alors que les relations humaines contribuent à l'épanouissement personnel, la foi en Dieu suscite quelque chose de plus profond.

Elle oblige à la réflexion, exige la responsabilité et insiste sur des vertus telles que l'humilité, la compassion et le pardon. Ce sont là les mêmes valeurs qui semblent formidables en théorie, mais qui paraissent difficiles à mettre en pratique lorsque l'on est coincé dans les embouteillages derrière quelqu'un qui refuse d'utiliser son clignotant.

Il ne suffit pas de se sentir éclairé pour être spirituel. Cela conduit les gens à travers un processus difficile d'introspection, enlevant les couches de l'ego jusqu'à ce qu'il ne reste que la vérité brute. C'est pourquoi la religion n'est pas pour les âmes sensibles. Elle oblige les gens à admettre leurs fautes, à repenser leurs choix et à tendre vers quelque chose de plus grand. La Bible regorge de personnages qui ont dû apprendre cela à leurs dépens. Prenez Pierre, par exemple. Il a juré ses grands dieux qu'il ne renierait jamais Jésus, pour finalement céder sous la pression à trois reprises d'affilée avant même que le coq n'ait eu le temps de terminer son chant matinal. Pourtant, la rédemption a suivi, car la foi ne consiste pas à ne jamais échouer. Il s'agit d'apprendre, de grandir et, surtout, de ne pas refaire deux fois la même erreur.

Un soutien inébranlable est l'un des plus grands avantages de cette relation. Les relations humaines s'accompagnent de dates d'expiration, de bagages émotionnels et de moments occasionnels de silence passif-agressif. Dieu, en revanche, reste constant, présent et insensible aux sautes d'humeur. Quand tout le reste dans la vie s'effondre, la foi reste inébranlable. Les gens trouvent du réconfort en sachant que l'amour divin ne fonctionne pas selon un système de points. Ce genre de stabilité renforce la résilience, ce qui permet d'affronter plus facilement les défis sans sombrer dans le désespoir existentiel. Le psalmiste l'a très bien exprimé en disant : « **L'Éternel est mon berger : je ne manquerai de rien.** » C'est un rappel direct que, quoi qu'il arrive, il y a toujours quelque chose de plus grand à l'œuvre en coulisses.

L'épanouissement spirituel est d'un tout autre ordre. Les relations humaines, bien que merveilleuses, sont intrinsèquement imparfaites, car les êtres humains eux-mêmes sont un formidable chaos d'émotions, de contradictions et de décisions impulsives. Un jour, les gens sont les meilleurs amis du monde, et le lendemain, ils débattent pour savoir si l'ananas a sa place sur une pizza comme s'il s'agissait d'une question de vie ou de mort. Une relation avec Dieu fonctionne sur une fréquence entièrement différente. Elle n'est pas soumise aux limites humaines. Elle ne nécessite pas de réassurances constantes ni de SMS soigneusement formulés pour éviter les malentendus. C'est un lien fondé sur la foi, la sagesse et la compréhension que, peu importe le nombre de fois où les gens trébuchent, ils ne sont jamais irrécupérables.

Ce lien spirituel résonne au plus profond de l'âme, comblant un désir inné de sens, de but et de transcendance. Il ancre les individus dans un sentiment d'appartenance à quelque chose de plus grand qu'eux-mêmes, nourrissant un profond sentiment d'épanouissement et de paix intérieure.

La volonté de construire des relations durables témoigne de la capacité humaine à créer des liens et à faire preuve d'empathie. Ces liens enrichissent nos vies, offrant compagnie, expériences partagées et croissance mutuelle.

Cependant, le lien avec Dieu prime parmi ces relations en raison de sa nature durable, de son impact, de son soutien indéfectible et de sa résonance spirituelle.

En s'investissant dans la culture d'une relation avec le divin, les individus s'engagent dans une aventure qui transcende les limites terrestres, les guidant vers une connexion durable qui apporte un but, de la profondeur et un sentiment durable d'épanouissement.

Trouver la présence de Dieu dans le monde

Notre croyance en Dieu et en sa puissance suprême est infiniment fascinante et a transcendé les cultures, les civilisations et les siècles, laissant une empreinte durable sur l'histoire humaine. La majorité de la population mondiale y croit, et leur raisonnement est souvent multiforme et influencé par divers facteurs, notamment des dimensions psychologiques, culturelles, philosophiques et spirituelles.

Par exemple, certaines personnes peuvent trouver du réconfort dans la simple croyance en une puissance supérieure, tandis que d'autres peuvent trouver un sens à leur vie à travers des pratiques religieuses.

Les influences culturelles et philosophiques ont une curieuse façon de façonner les croyances, parfois plus que la conviction spirituelle elle-même. Certaines sociétés s'appuient fortement sur le culte collectif, où manquer un rassemblement religieux est considéré avec le même degré d'inquiétude qu'une urgence médicale.

D'autres prônent le cheminement spirituel solitaire, selon lequel l'illumination s'obtient mieux seul, dans une profonde réflexion, peut-être en contemplant l'horizon d'un air dramatique.

Si les croyances ont perduré à travers l'histoire, ce n'est pas parce que les gens sont particulièrement stables, mais plutôt parce qu'ils s'accrochent avec obstination à ce qui leur fait du bien.

Réconfort psychologique et sens

La croyance en Dieu procure souvent aux individus un sentiment de réconfort psychologique, en particulier en période d'incertitude, de peur ou de détresse. La toute-puissance de Dieu qui veille sur l'univers offre un réconfort, une source d'espoir et d'assurance. Par exemple, en période d'adversité personnelle ou de crise mondiale, de nombreuses personnes se tournent vers la prière et cherchent une guidance divine pour faire face et trouver un sens à leurs épreuves.

Expliquer l'inexplicable

La curiosité innée de l'humanité pour le monde et ses mystères a renforcé notre croyance en une puissance supérieure, qui nous permettait d'expliquer des phénomènes naturels autrefois hors de portée de la compréhension scientifique.

À titre d'exemple, les cultures disparues depuis longtemps attribuaient souvent aux dieux ou aux divinités la responsabilité des catastrophes naturelles telles que les tremblements de terre et les orages, car elles ne pouvaient pas en comprendre les causes. Cette idée d'influence divine offrait aux gens un moyen de donner un sens au monde complexe qui les entourait.

Influence culturelle et sociétale

Les facteurs culturels et sociétaux jouent un rôle important dans la formation des croyances. La religion est profondément liée aux traditions, aux valeurs familiales et aux normes sociales de nombreuses cultures. Par exemple, les pratiques religieuses sont souvent intégrées aux rites de passage tels que les naissances, les mariages et les funérailles.

Ces liens culturels avec les croyances religieuses contribuent à leur persistance à travers les générations. Les enseignements religieux fournissent souvent un cadre moral qui guide le comportement éthique et promeut des vertus telles que la compassion, l'honnêteté et l'altruisme.

Beaucoup de gens trouvent du réconfort dans le respect de codes de conduite religieux qui les aident à faire face à des dilemmes moraux complexes. Par exemple, les Dix Commandements du christianisme et les Cinq piliers de l'islam offrent des lignes directrices claires pour mener une vie vertueuse.

La croyance de l'humanité en Dieu reflète un désir humain fondamental de transcendance et de connexion à quelque chose de plus grand. La présence de notre créateur divin offre un sens à la vie et une voie pour rechercher un sens plus profond à l'existence. Le concept de transcendance se retrouve dans les rituels, les prières et les pratiques méditatives de diverses religions, qui permettent aux individus de se connecter au divin et de vivre des moments d'élévation spirituelle.

Contemplation philosophique

Les philosophes ont passé des siècles à tenter de prouver l'existence de Dieu, ce qui est impressionnant quand on sait que la plupart d'entre eux ne parvenaient même pas à se mettre d'accord sur le menu du déjeuner. Thomas d'Aquin a fondé ses arguments sur la raison et la logique, convaincu que toute chose doit avoir une cause, et que cette cause ne peut être que Dieu. René Descartes, quant à lui, a adopté l'approche « Je pense, donc je suis » et a conclu que, puisqu'il pouvait concevoir un être parfait, cet être devait exister. Il s'agissait là d'une affirmation audacieuse de la part d'un homme qui doutait également de la réalité même de la réalité. donc je suis » et a conclu que, puisqu'il pouvait concevoir un être parfait, cet être devait exister. C'était là une affirmation audacieuse de la part d'un homme qui doutait également de la réalité même de la réalité.

L'exploration intellectuelle a joué un rôle majeur dans la formation de la croyance. La foi est souvent rejetée comme une question de dévotion aveugle, et pourtant certains des plus grands esprits de l'histoire ont consacré leur vie à prouver que la foi et la raison ne sont pas ennemies. Les arguments en faveur de l'existence de Dieu ont été débattus, affinés et disséqués par des penseurs qui refusaient d'accepter des réponses faciles. La Bible elle-même soutient ce type de quête. Proverbes 2:6 déclare : « Car c'est le Seigneur qui donne la sagesse ; de sa bouche viennent la connaissance et l'intelligence. » La sagesse et la foi ne sont pas censées être séparées. La recherche de Dieu a toujours été autant une question de logique que de croyance. Les êtres humains sont programmés pour tout remettre en question, tout analyser et parfois tout compliquer à l'excès. Les philosophes en ont fait un métier à plein temps, s'assurant ainsi que personne ne soit à court de sujets de débat de sitôt.

Expériences personnelles

De nombreux croyants font état d'expériences personnelles, souvent décrites comme des rencontres spirituelles ou divines, qui renforcent leur foi en Dieu.

Ces expériences peuvent aller de moments de perspicacité philosophique au sentiment d'être connecté à quelque chose qui dépasse le domaine physique. Bien que ces expériences soient personnelles, elles revêtent une importance immense pour chacun et renforcent leur croyance en le divin.

La croyance en Dieu est l'une des habitudes les plus tenaces de l'humanité, au même titre que l'inquiétude face à l'avenir et les choix de vie discutables. Les gens ont toujours cherché un sens à la vie, que ce soit à travers la philosophie, la culture, l'expérience personnelle ou une crise existentielle soudaine à 3 heures du matin. Bouddha, qui a jeté un regard sur la souffrance du monde et a décidé de s'asseoir sous un arbre jusqu'à ce qu'il comprenne les choses, l'a compris mieux que quiconque. Il ne s'intéressait pas tant à débattre de l'existence de Dieu qu'à comprendre pourquoi les gens s'accrochent à la croyance en premier lieu.

La souffrance, comme l'a si bien souligné Bouddha, est inévitable. La vie nous réserve des obstacles, des chagrins et de mauvaises connexions Wi-Fi sans crier gare. Les gens se tournent vers Dieu parce qu'il leur procure un sentiment de paix au milieu du chaos. Le réconfort psychologique que procure la croyance en une puissance supérieure est comme une ancre dans la tempête. Il offre de la stabilité, du réconfort et, surtout, une raison de ne pas désespérer chaque fois que quelque chose va de travers. Le psalmiste a fait écho à cette même idée bien avant que Bouddha ne s'assoie sous cet arbre, en écrivant : « Le Seigneur est mon refuge et ma force, un secours toujours présent dans la détresse. » La foi, qu'elle soit en Dieu ou sur le chemin de l'illumination, donne aux gens l'illusion que quelqu'un, quelque part, a un plan.

La foi a également été renforcée par les tentatives de donner un sens au mystérieux. Les gens n'aiment pas les questions qui restent sans réponse. Donnez-leur un mystère, et ils le résoudront ou inventeront une réponse qui les réconfortera. Les cultures anciennes regardaient le ciel, voyaient la foudre et décidaient qu'un être surnaturel devait être en colère. Bien qu'ils disposent de connaissances scientifiques plus avancées, les humains modernes se posent toujours les mêmes grandes questions : pourquoi sommes-nous ici ? Que se passe-t-il après la mort, et pourquoi de mauvaises choses arrivent-elles aux gens bien ? La croyance en Dieu fournit un cadre qui rend les incertitudes de la vie plus faciles à gérer.

La morale joue également son rôle. Le monde serait bien pire si les gens étaient livrés à eux-mêmes sans principes directeurs. Tout comme les enseignements moraux des textes religieux, le Chemin octuple du Bouddha a été conçu pour aider les humains à ne pas tout gâcher. La parole juste, l'action juste et le moyen de subsistance juste ne sont que différentes façons de dire : « Ne soyez pas une personne horrible. » Tout au long de l'histoire, les religions ont mis l'accent sur des principes similaires, comprenant que sans une certaine forme de structure morale, la société s'effondrerait plus vite qu'un château de sable mal construit.

Les moments de transcendance scellent le tout. Quiconque a déjà contemplé un coucher de soleil à couper le souffle, fait l'expérience d'une méditation profonde ou survécu à une situation mettant sa vie en danger connaît ce sentiment. Il y a des moments qui poussent les gens à s'arrêter et à se demander s'il existe quelque chose au-delà de ce qui peut être mesuré. Bouddha a atteint l'illumination après des années de quête, prouvant que parfois, la meilleure façon de comprendre la réalité est de se détacher des distractions et de s'asseoir en silence. La plupart des gens ne sont pas prêts à aller aussi loin, alors ils se contentent de croire en une puissance supérieure pour donner un sens à leur existence.

La foi persiste à travers l'histoire, non pas parce que tout le monde s'accorde sur ce qu'est Dieu, mais parce que le besoin de sens refuse de disparaître. La quête de la vérité, que ce soit par la religion, la philosophie ou l'introspection, est ce qui définit l'expérience humaine.

Dieu est bon

La compréhension de la bonté de Dieu est un pilier fondamental de nombreuses confessions religieuses, mettant en avant une nature divine caractérisée par la compassion, la miséricorde et la bienveillance. Au fil de ce parcours, nous pouvons constater à quel point Dieu est bon et miséricordieux, découvrir des exemples de sa miséricorde et voir en quoi la foi en Dieu est source d'épanouissement, grâce à son amour, sa grâce et son soutien.

La miséricorde de Dieu est évidente dans diverses traditions religieuses, mettant en évidence sa capacité à pardonner et à faire preuve de compassion. Les théologies décrivent souvent la volonté de Dieu de pardonner les erreurs humaines et de guider les individus vers la justice. Par exemple, dans le christianisme, la parabole du fils prodigue illustre la disposition de Dieu à accueillir et à pardonner un enfant égaré qui revient le cœur contrit. De même, dans l'islam, les attributs « Ar-Rahman » (le Très Miséricordieux) et « Ar-Rahim » (le Très Compatissant) soulignent la miséricorde infinie de Dieu.

Exemples de la miséricorde divine

Les exemples de la miséricorde de Dieu sont partout, à condition d'y prêter attention et de ne pas être trop occupé à prendre de mauvaises décisions. L'histoire de Jonas en est un excellent exemple. Dieu lui ordonne de se rendre à Ninive et d'avertir les habitants de cesser de se comporter comme de véritables païens. Jonas, étant le penseur obstiné qu'il est, réserve immédiatement un billet dans la direction opposée. Un poisson géant l'avale, il a le temps de reconsidérer ses choix, et finalement, il délivre le message. Les habitants se repentent, et Dieu leur pardonne au lieu de déchaîner le feu et la destruction. C'est le summum de la miséricorde : une seule excuse à l'échelle de la ville, et toute une civilisation obtient une seconde chance.

La tradition islamique reprend ce même thème. Le prophète Mahomet a mis l'accent sur la miséricorde de Dieu à chaque occasion. Le Coran l'exprime clairement : **« Ma miséricorde englobe toutes choses. »** Les humains peinent à en comprendre ne serait-ce qu'une fraction. Une simple contravention de stationnement peut gâcher toute la journée de quelqu'un. D'un autre côté, Dieu agit avec un niveau de patience et de pardon bien supérieur, ce qui est une chance, car les gens tentent le diable depuis la nuit des temps.

L'hindouisme illustre la miséricorde divine à travers le seigneur Krishna, qui sauve les fidèles des catastrophes qu'ils ont eux-mêmes provoquées. Cela devrait nous parler. Les choix de vie ressemblent souvent à un test élaboré, sauf que personne ne se souvient s'y être inscrit et qu'il n'y a pas de programme clair. Krishna intervient, apportant son aide lorsque les choses dégénèrent. Toutes ces histoires renforcent une chose : la miséricorde divine est un thème récurrent dans toutes les traditions religieuses, très probablement parce que les humains ne cessent de commettre les mêmes erreurs tout en espérant que tout ira pour le mieux.

La foi en Dieu apporte une assurance rare dans les relations humaines. L'amour divin n'exige pas la perfection. Il ne garde pas de rancune. Il ne vous raye pas soudainement de sa liste d'amis à cause d'une conversation embarrassante. Les enseignements religieux soulignent que l'amour de Dieu dépasse les limites humaines, ce qui est une excellente nouvelle pour quiconque a déjà oublié un anniversaire important. Cette croyance favorise un profond sentiment d'estime de soi, sachant que malgré nos défauts, il existe une source éternelle d'acceptation.

La bonté de Dieu transparaît également à travers les conseils qu'Il nous donne. La vie est compliquée, remplie de dilemmes moraux et de choix qui seraient bien plus faciles si tout le monde suivait des instructions simples. C'est précisément ce que les textes religieux tentent d'offrir. Les Dix Commandements fournissent un code moral clair, réduisant les choses à des règles de base telles que « Ne mens pas » et « Peut-être ne vole pas ». Le Noble Octuple Sentier du bouddhisme remplit un rôle similaire, en proposant une approche structurée vers l'illumination. Ces cadres aident les croyants à naviguer dans le désordre de la vie avec un peu plus de sagesse et un peu moins de chaos.

Les traditions religieuses continuent de mettre en avant la miséricorde, l'amour et les conseils, principalement parce que l'humanité a besoin de rappels constants. Il y a une raison pour laquelle ces récits ont survécu pendant des siècles. Les gens répètent leurs erreurs, cherchent le pardon et sont en quête de sens. La foi offre une stabilité dans un monde en constante évolution, prouvant que la patience divine est peut-être le plus grand miracle de tous.

Impact transformateur

La croyance en Dieu a un impact transformateur sur la vie des individus. Le concept de la bonté et de la miséricorde de Dieu encourage les croyants à imiter ces qualités dans leurs propres actions. Les actes de gentillesse, de compassion et de pardon deviennent des expressions de leur foi. Cette transformation s'étend à la croissance personnelle, car la foi encourage les croyants à s'efforcer continuellement de s'améliorer sur le plan moral et spirituel. La foi en Dieu offre aux croyants un accès VIP ultime à la connexion divine, une adhésion qui s'accompagne d'un épanouissement spirituel illimité et sans frais cachés. Ce lien surpasse sans peine les petits désagréments de la vie quotidienne, tels que les factures, le mauvais Wi-Fi et le mystère éternel de la disparition des chaussettes dans la lessive. Il constitue une source inébranlable de réconfort, garantissant que, quelle que soit la chaos, il existe toujours une puissance supérieure qui supervise le grand désordre qu'est l'existence humaine.

Les musulmans et les chrétiens renforcent ce lien par la prière, la méditation et le culte. C'est un peu comme rester en contact avec un vieil ami, mais cet ami ne laisse jamais vos messages en « lu ». Chercher des bénédictions ou l'aide divine en période de difficulté n'est pas le seul moyen de trouver la satisfaction spirituelle. Il s'agit d'avoir un sens du but et de croire en un plan, qui peut inclure ou non une série de tâches que personne n'a demandées mais qui aident à forger le caractère. La foi vous apporte une stabilité qui dure plus longtemps que les problèmes à court terme. Elle vous dit qu'au-delà du bruit de la vie quotidienne, il y a quelque chose de plus grand qui observe, guide et peut-être secoue la tête devant les choix que font les gens.

L'espoir dans l'adversité

La bonté et la miséricorde de Dieu offrent de l'espoir, en particulier lorsque tout le reste semble s'effondrer comme un soufflé mal préparé. Les croyants s'appuient sur l'idée que la présence divine ne s'enfuit pas au premier signe de difficulté. L'histoire de Job dans la Bible illustre ce thème, puisque Job perd presque tout mais refuse de maudire Dieu. Il s'accroche à la foi, convaincu que la bonté de Dieu finira par avoir le dernier mot. Cette croyance inébranlable trouve un écho dans diverses traditions, révélant comment le pardon, la compassion, les conseils et la réflexion personnelle contribuent au sentiment que le divin est toujours à portée de main.

Les textes religieux mettent souvent en avant ces traits. Les récits du judaïsme, du christianisme, de l'islam, de l'hindouisme et d'autres confessions soulignent le pouvoir de la miséricorde, parfois d'une manière qui semble presque trop belle pour être vraie. Les croyants trouvent un profond sentiment d'épanouissement en sachant que l'amour de Dieu est inconditionnel, peu importe la fréquence à laquelle ils oublient de prier ou le nombre de fois où ils appuient sur le bouton « snooze » avant la prière de l'aube. Ce sentiment de soutien inébranlable crée un lien réconfortant et qui incite à l'humilité. La vie peut nous réserver des surprises, mais la foi en la bonté de Dieu garantit que l'espoir reste possible.

La puissance de la foi se révèle le plus clairement à travers le réconfort qu'elle procure, en particulier lorsque la logique et la raison ne parviennent pas à expliquer la souffrance. Les enseignements des Écritures et les pratiques spirituelles encouragent les croyants à s'accrocher fermement à la promesse d'une bonté ultime. Renforcer sa relation avec Dieu devient une quête personnelle impliquant dévotion, étude et réflexion constante. Les actes de culte et la méditation aident les croyants à approfondir leur lien, transformant les routines quotidiennes en expériences sacrées. Ce processus répond à une soif spirituelle qui exige plus qu'un engagement superficiel. Il requiert de la pleine conscience, de la sincérité et une volonté de voir au-delà des circonstances immédiates. Tel est le pouvoir de la foi.

Cultiver la foi

Le développement de sa foi est le facteur le plus important pour renforcer sa relation avec Dieu. Pour établir un lien, il faut croire en la réalité et en la bonté de Dieu. Les gens peuvent renforcer leur foi lorsqu'ils réfléchissent à eux-mêmes et aux événements complexes de la vie. De nombreux croyants constatent que pour grandir dans leur foi, ils doivent être ouverts, humbles et prêts à accepter l'inconnu.

Prière et méditation

La prière est une pratique fondamentale qui permet une communication directe avec Dieu. Consacrer régulièrement du temps à la prière permet à chacun d'exprimer ses pensées, ses espoirs et ses préoccupations, favorisant ainsi un sentiment d'intimité avec le divin. La méditation complète la prière en créant un espace de silence, de contemplation et de conscience accrue de la présence de Dieu. Ces deux pratiques approfondissent le lien avec le monde spirituel.

Étude des textes sacrés

L'exploration des textes sacrés en rapport avec sa foi peut permettre de mieux comprendre les enseignements et la sagesse de Dieu. Que l'on lise la Bible, le Coran, la Torah, la Bhagavad-Gita ou tout autre texte sacré, les croyants peuvent acquérir des connaissances précieuses sur les conseils divins pour mener une vie éthique, cultiver la compassion et atteindre la croissance spirituelle. Ces textes constituent une source de savoir pour les fidèles, leur offrant une compréhension plus profonde des vérités et des principes divins qui sous-tendent leur foi et leur inculquant une appréciation de leur sagesse spirituelle.

Essayer d'être altruiste est difficile, surtout dans un monde où les gens se disputent les sièges d'avion. Pour tisser un lien solide avec Dieu, il ne suffit pas de simplement Le remercier lorsque les choses tournent mal. Cela demande du travail, de la patience et de la gentillesse, même lorsque quelqu'un prend la dernière part de pizza. Le service, le don et les petits gestes de gentillesse sont autant de traits divins qui montrent que l'altruisme n'est pas seulement une vieille idée à laquelle seuls les moines et les saints croient. On demande aux croyants de faire preuve d'amour, de gentillesse et de pardon, ce qui semble facile jusqu'à ce qu'on ait affaire à des gens qui ne savent pas ce qu'est l'espace personnel.

Un autre aspect important de la croissance mentale consiste à rechercher une communauté. Les êtres humains sont sociaux par nature, même s'ils ne veulent pas l'admettre. Ils peuvent se réunir au sein de groupes religieux pour parler de leur foi et essayer de s'asseoir à la même place chaque semaine sans que cela ne pose de problème. Les gens ont le sentiment d'appartenir à un groupe lorsqu'ils prient, mangent et discutent du libre arbitre. Le soutien de la communauté est très utile, surtout dans les moments difficiles, car il n'y a rien de mieux que de voir toute votre église prier pour vous lorsque la vie semble être une vaste plaisanterie. Faire de bonnes actions pour les autres fait également partie de la vie des groupes religieux. Cela donne aux croyants l'occasion de montrer que leur foi ne se limite pas à la simple lecture de la Bible.

La vie est bien plus qu'une succession sans fin de problèmes ; pratiquer la gratitude et la pleine conscience peut vous aider à vous en souvenir. Voir les petites et grandes bénédictions de la vie aide les chrétiens à reconnaître la présence de Dieu dans leur quotidien. Certains diront que le simple fait de savoir que le café existe est la preuve que Dieu est miséricordieux, mais les livres sur la prière et la gratitude vous aident à réfléchir à ces choses. Les personnes qui pratiquent la gratitude détournent leur attention de la colère vers la reconnaissance, ce qui les aide à se sentir bien mieux et réduit les risques de se lancer dans des disputes inutiles.

La réflexion est un élément important de la croissance. Les gens aiment penser qu'ils savent tout, mais l'histoire montre que ce n'est pas le cas. Une réflexion régulière sur soi-même aide les chrétiens à réfléchir à ce qu'ils ont fait, à corriger leurs erreurs et à éviter de prendre à nouveau les mêmes mauvaises décisions. La conscience de soi est souvent négligée, mais elle est très utile, tout comme se brosser les dents. La Bible dit aux chrétiens de regarder en eux-mêmes et d'essayer de s'améliorer, mais de ne pas laisser chaque erreur se transformer en un problème d'identité.

Pour avoir la foi, il faut être prêt à affronter l'adversité. Les choses ne se passent pas toujours comme prévu dans la vie, et s'attendre à ce qu'elles le fassent est le meilleur moyen d'être déçu. L'adversité rend les gens plus forts, mais la plupart préfèrent tirer des leçons d'expériences moins bouleversantes. La foi nous dit que les épreuves ont une raison d'être, même si nous ne comprenons cette raison que bien plus tard. Les chrétiens ont confiance que les revers ne sont que de nouvelles chances, et non des punitions cosmiques, car ils suivent la direction de Dieu. Même après avoir tout perdu, Job a gardé sa foi. Cela montre que l'attente n'est pas seulement une vertu ; c'est aussi un sport dangereux.

Lorsque vous vivez en pleine conscience, l'ordinaire prend de l'importance. Lorsque vous agissez avec intention, tout, des petites tâches quotidiennes aux grands choix de vie, peut devenir une occasion de montrer votre dévouement. Ajoutez la foi à votre travail, à vos relations et à vos devoirs pour leur donner plus de sens. La spiritualité ne consiste pas à attendre de grandes révélations ; il s'agit de trouver Dieu dans les petites choses qui se produisent chaque jour. Voir Dieu dans chaque aspect de votre vie vous apporte un sens, de l'honnêteté et un sens de l'orientation bien nécessaire dans un monde très déroutant.

Le cheminement personnel visant à renforcer son lien avec Dieu ne s'achève jamais. L'épanouissement spirituel s'atteint en faisant preuve d'altruisme, en trouvant une communauté, en étant reconnaissant, en réfléchissant et en faisant confiance à la sagesse divine. La foi, la philosophie et la sagesse se transmettent à travers les âges, montrant que la croyance ne se résume pas à suivre des règles. Il s'agit aussi d'interagir activement avec la vie d'une manière qui améliore, transforme et enseigne parfois des leçons importantes à travers des expériences un peu inconfortables.

Thomas Merton (1915-1968)

Thomas Merton était un prêtre trappiste américain, érudit et essayiste. Il a eu une enfance tumultueuse, marquée par des luttes intérieures et une quête de sens. Merton s'est toutefois converti au catholicisme et est entré au monastère après une rencontre avec la foi qui a bouleversé sa vie.[6] Merton est devenu un écrivain spirituel influent qui a exploré les liens entre la foi, la solitude et la justice sociale au sein des murs du cloître. La vie monastique de Merton était consacrée à la contemplation et à l'introspection spirituelle afin d'acquérir la sagesse. Son adhésion au christianisme et son entrée au monastère lui ont fourni un cadre pour approfondir ses réflexions et sa quête de vérité.

Les écrits de Merton reflètent ses recherches sur la sagesse et les aspects mystiques de la vie. Les personnes en quête de transformation spirituelle et d'une compréhension plus profonde de la foi continuent d'être inspirées par son parcours introspectif et ses écrits, tels que « La Montagne aux sept étages ». Son parcours démontre que le silence, la réflexion et le lien avec le divin peuvent cultiver la sagesse.7

L'histoire de Dolly Parton : la foi comme force de transformation

S'il y a une personne qui a maîtrisé l'art subtil d'équilibrer foi, succès et strass, c'est bien Dolly Parton. Aux yeux du monde, elle

---

66 [7] Les rédacteurs de l'Encyclopaedia Britannica. (22 septembre 2023). *Thomas Merton | Biographie, écrits, héritage et faits*. EncyclopediaBritannica. https://www.britannica.com/biography/Thomas-Merton

est une légende de la musique country, une magnat des affaires et une force créative imparable. Derrière les perruques et les paillettes se cache cependant une femme dont la foi l'a non seulement aidée à aller de l'avant, mais a également transformé sa vie d'une manière que même ses plus grands succès ne pourraient révéler.

Dolly a grandi dans une cabane d'une seule pièce dans les Smoky Mountains, quatrième d'une fratrie de douze enfants, élevée dans une pauvreté si profonde que, comme elle le dit souvent en plaisantant : « Nous ne savions pas que nous étions pauvres jusqu'à ce que quelqu'un nous le dise. » Sa confiance en Dieu et sa conviction qu'Il avait un plan pour sa vie étaient bien plus fortes que toute richesse matérielle qu'elle pouvait posséder. Les gens avec qui elle a grandi vivaient leur foi, ils ne se contentaient pas d'en parler. La foi a transformé cette enfant qui n'avait rien en une femme qui voyait un avenir radieux plein de possibilités.

Cela dit, le monde au-delà de ces montagnes n'était pas vraiment prêt à l'accueillir. Les responsables de Nashville n'étaient pas habitués à voir une star comme Dolly, une adolescente originaire de la campagne du Tennessee avec de grands rêves, une voix encore plus puissante et un look qui ne correspondait pas aux normes du milieu. Elle était trop brillante, trop féminine et trop différente. Mais la foi n'a pas besoin du soutien des autres ; elle a besoin de la force de continuer même lorsque les portes se ferment. La foi était importante pour Dolly. Elle était convaincue que si Dieu avait mis cette vocation dans son cœur, Il lui ouvrirait un chemin pour qu'elle puisse la suivre.

Et c'est ce qu'Il a fait.

Même si elle essuyait des refus à répétition, que le travail était épuisant et que de nombreuses voix lui disaient qu'elle devait changer, sa foi a transformé sa peur en motivation. Elle ne laissait pas le doute s'installer en elle. Elle croyait que le chemin qu'elle avait emprunté, aussi difficile fût-il, la mènerait vers quelque chose de meilleur. Quand les choses allaient mal, elle n'abandonnait pas. Elle priait, se ressaisissait et réessayait. Elle savait que la foi ne promet pas un chemin facile, mais qu'elle promet que chaque combat a une raison d'être.

Une aura de foi a toujours été présente dans la musique de Dolly, même si celle-ci est souvent amusante et loufoque. L'une de ses chansons préférées, « Coat of Many Colors », est plus qu'un simple souvenir de son enfance. C'est aussi la preuve que la foi peut transformer les mauvaises choses en bonnes choses. Dans cette chanson, la mère de Dolly lui coud un manteau à partir de vieux vêtements. Les autres enfants se moquent d'elle, mais Dolly l'adore parce que sa mère lui a dit qu'il avait été fait avec amour. La foi donne aux gens la capacité de voir l'abondance là où d'autres ne voient que le manque, de trouver un sens à la douleur et de rester joyeux même lorsque les choses sont difficiles.

Elle n'a jamais perdu de vue l'essentiel, même si la célébrité s'accompagnait de ses propres problèmes, comme le stress, la trahison, la tristesse et des moments de lutte personnelle. Elle s'est tournée vers Dieu lorsque le poids du monde est devenu trop lourd à porter pour elle. Elle savait que la foi, c'est plus que simplement croire quand tout va bien ; cela signifie aussi tenir bon quand les choses se compliquent. Elle n'a pas seulement surmonté chaque épreuve ; celles-ci l'ont rendue plus forte, plus intelligente et plus déterminée à poursuivre sa mission.

Selon Dolly, cependant, la foi ne se résume pas à simplement rester en vie ; il s'agit aussi de tirer le meilleur parti des ressources que Dieu a fournies afin d'aider les plus démunis. Son initiative « Imagination Library », qui a offert plus de 200 millions de livres à des enfants du monde entier, est bien plus qu'un simple projet éducatif ; c'est la foi en action. Dolly estime que les bénédictions de Dieu doivent être partagées, c'est pourquoi elle a consacré toute sa vie à faire en sorte que le succès qu'elle a connu soit également partagé avec les autres.

Sa foi l'a transformée, mais ce qui est plus important, c'est qu'elle a également transformé le monde qui l'entoure. À travers son chant, son action caritative ou simplement sa présence, elle incarne l'amour, la joie et la générosité que ressentent ceux qui vivent véritablement leur foi.

Pour Dolly, la foi ne consiste pas à essayer d'éviter l'adversité ; il s'agit plutôt de l'affronter avec la certitude que Dieu oriente tous les événements vers une issue positive. Elle a mené une vie qui va à l'encontre de ce que les gens pensent qu'elle devrait faire, montrant ainsi que la foi est active et non passive. Elle n'aide pas seulement les gens à traverser les moments difficiles ; elle les transforme, les rend plus forts et les pousse vers de plus grandes choses.

Son histoire montre que la foi est plus qu'une simple idée ; elle peut changer les choses. C'est ce qui rend célèbre dans le monde entier une enfant vivant dans une hutte d'une seule pièce. La peur peut se transformer en courage, les problèmes peuvent devenir des tremplins, et les rêves peuvent devenir réalité. Dans un monde qui met sans cesse notre foi à l'épreuve, peu de gens brillent autant qu'une femme qui a bâti son empire sur le travail acharné, le talent et une foi inébranlable en Dieu.

Chapitre 8
Assurer son avenir financier

Les questions d'argent reflètent un paradoxe particulier, tout comme la nature imprévisible de la vie elle-même. Plus vous comptez vos sous avec soin aujourd'hui, plus demain devient incertain. Votre avenir financier se situe dans un étrange équilibre entre confort et chaos, jusqu'à ce que le redoutable relevé de compte arrive enfin.

Ces calculateurs de retraite rutilants brossent de jolis tableaux de couples aux cheveux argentés se promenant sur les plages, suggérant que vous aurez besoin exactement de 2,3 millions de dollars pour maintenir votre niveau de vie. Ces chiffres ignorent la réalité selon laquelle l'avenir pourrait vous donner des goûts de luxe pour le café artisanal ou les cartes Pokémon rares. Le véritable génie réside dans la compréhension que la sécurité financière ressemble moins à une équation mathématique qu'à une partie d'échecs où votre adversaire ne cesse de changer les règles.

La planification financière moderne néglige souvent le caractère fondamentalement absurde de vouloir déjouer les cycles économiques futurs. L'espèce qui a inventé la cryptomonnaie a aussi cru un jour que les pierres de compagnie constituaient un investissement sûr. Votre grand-père vous racontera peut-être qu'il a acheté sa maison pour le prix de deux smartphones modernes, ce qui vous fera remettre en question chaque achat de toast à l'avocat.

Pourquoi se donner la peine de rationaliser la sagesse financière ?

Warren Buffett, l'Oracle d'Omaha en personne, n'est pas devenu milliardaire par hasard. Il n'a certainement pas fait fortune en mangeant des nouilles ramen tous les soirs pour dîner quand il avait vingt ans. Il a compris quelque chose que beaucoup ignorent. L'argent, lorsqu'il est considéré comme un outil plutôt que comme un trophée, a le potentiel de se transformer en quelque chose de bien plus grand que n'importe quelle dépense futile ne pourrait jamais l'être. Rationaliser ses décisions financières signifie se poser des questions que la plupart des gens évitent. Ce nouveau gadget rutilant apportera-t-il une joie proportionnelle à son coût ? Est-ce que louer une voiture de sport est vraiment plus judicieux qu'investir dans des fonds indiciels ? Ce sont là le genre de questions qui distinguent ceux qui sont financièrement éclairés de ceux qui vivent perpétuellement au jour le jour.

La rationalisation financière implique de reconnaître que l'argent sert à la fois de bouclier et d'épée dans l'arène économique de la vie. Dans l'Antiquité, les nobles comprenaient parfaitement ce concept. Ils entreposaient leur or dans de hautes tours, à l'abri du commun des mortels, tout en se plaignant du coût d'un personnel compétent. Pour eux, l'argent était à la fois un moyen de protection et un outil permettant de conserver le pouvoir.

De nos jours, cela revient souvent à gérer un portefeuille d'actions solide tout en se demandant pourquoi votre huitième service de streaming pense que vous avez besoin d'un autre documentaire culinaire. Le combat reste le même, mais avec une touche plus numérique.

La sagesse ne réside pas dans des prédictions parfaites, mais dans la préparation à des réalités imparfaites. Tout comme se préparer à une apocalypse zombie pourrait vous aider à survivre à une catastrophe naturelle, planifier les pires scénarios financiers crée des marges de manœuvre pour les rebondissements inattendus de la vie.

Prenons, par exemple, une ingénieure en informatique de 27 ans qui a automatisé son épargne dès le début. Au moment où elle était prête à acheter une maison, elle n'avait aucune dette — simplement parce qu'elle s'y était prise tôt et avait planifié à l'avance. Ou considérons le propriétaire d'une petite entreprise qui a mis de côté des fonds d'urgence et s'est rendu compte qu'ils étaient cruciaux lorsque l'économie a connu un ralentissement inattendu. Ces petites mesures, prises de manière cohérente, transforment l'incertitude en opportunité, prouvant que la préparation est l'outil de survie financière ultime.

Après avoir examiné pourquoi la planification financière est importante aujourd'hui, voyons maintenant ce qu'elle signifie à travers les générations.

La sécurité générationnelle

La richesse générationnelle semble être un terme sophistiqué inventé par les riches pour justifier pourquoi leurs enfants n'ont jamais à exercer de véritable emploi. Imaginez le pion du Monopoly passant sans cesse d'une propriété à l'autre tandis que les autres peinent à franchir la case « Départ ». La dure réalité ressemble moins à un jeu de société qu'à un casino truqué où certains joueurs commencent avec des piles de jetons tandis que d'autres cherchent de la monnaie dans leur voiture.

L'argent fait de l'argent.

La physique n'a jamais énoncé cette loi, mais la réalité la prouve chaque jour. Le riche repère une opportunité d'investissement en sirotant du champagne à son country club. La personne issue de la classe ouvrière découvre la même opportunité six mois plus tard grâce à des experts financiers sur les réseaux sociaux. La différence se manifeste lorsque notre ami du country club détient déjà la moitié des actions.

La culture financière est souvent perçue comme un sujet intimidant, un peu comme le calcul différentiel pour votre portefeuille. C'est comme s'occuper d'un animal de compagnie numérique. Ignorez-le, et il meurt. Nourrissez-le trop, et il tombe malade. Mais prenez-en soin, et il s'épanouit. Vous avez sans doute déjà entendu le dicton « L'argent ne pousse pas sur les arbres », mais il se développe grâce à des soins constants et à la compréhension. Prenons l'exemple d'une ingénieure en informatique de 27 ans qui a automatisé son épargne : à 30 ans, elle a acheté sa première maison, sans dette, simplement parce qu'elle s'y était prise tôt. Pour la plupart d'entre nous, la sagesse financière ne vient pas aussi facilement. Nous apprenons généralement à nos dépens ce qu'est la cote de crédit, souvent après avoir atteint la limite de notre première carte de crédit et acheté un mixeur à 2 heures du matin sur Amazon.

La planification successorale, en revanche, se déroule comme une danse complexe. Vous êtes-vous déjà demandé comment les Rockefeller ont conservé leur fortune intacte ? Ils ne l'ont pas cachée sous leur matelas. Leur richesse se transmet de génération en génération grâce à des fonds fiduciaires, des stratégies fiscales et des cadres juridiques si complexes qu'ils font passer la physique quantique pour des maths de maternelle. Ce type de planification ne consiste pas seulement à avoir de l'argent ; il s'agit de le conserver, de le faire fructifier et de le transmettre avec une clairvoyance dont la plupart d'entre nous ignorent même qu'il faudrait la posséder. C'est comme un secret de famille que seuls quelques chanceux découvrent assez tôt pour bâtir une fortune générationnelle.

Vous devez comprendre qu'il existe deux univers parallèles. L'univers A voit le petit Timothy hériter des connaissances de sa grand-mère sur les actions à dividendes, la plus-value immobilière et l'optimisation fiscale. L'univers B voit le petit James hériter de la collection de Beanie Babies de sa grand-mère, qui lui avait promis qu'elle financerait ses études universitaires. Vingt ans plus tard, Timothy gère un portefeuille d'investissement diversifié tandis que James met en vente des jouets vintage sur des sites d'enchères.

L'arbre à argent métaphorique nécessite un entretien constant. Les familles riches cultivent de véritables vergers d'argent, greffant de nouvelles opportunités sur une fortune déjà établie grâce à des mariages stratégiques, des relations d'affaires et des adhésions à des clubs privés. Leurs enfants s'initient aux fonds communs de placement tout en jouant dans leurs piscines intérieures chauffées.

La gestion des risques pour les riches se déroule comme une partie d'échecs à enjeux élevés. Chaque coup est méticuleusement planifié : investissements diversifiés, polices d'assurance et conseillers financiers experts guidant leur stratégie. Pour eux, le risque n'est qu'une occasion de plus de déjouer le marché. Le reste d'entre nous, cependant, est condamné à jouer aux dames financières. Nous espérons passer la semaine sans facture médicale imprévue ni réparation automobile. Repensez à la fois où vous avez dû annuler un dîner parce que la boîte de vitesses de votre voiture a décidé de prendre une retraite anticipée. Ce n'était pas un coup stratégique ; c'était un coup dur sur le plan financier.

Dans les familles aisées, l'éducation financière est une leçon d'économie de haut niveau. « Timothy, calculons la dépréciation de ta nouvelle voiture de sport », pourraient-ils dire, assis dans leur propriété valant plusieurs millions de dollars. Pendant ce temps, dans les foyers plus ordinaires, les leçons sont un peu plus terre-à-terre. « James, combien de paquets de nouilles instantanées peut-on acheter avec vingt dollars ? Et as-tu vraiment besoin d'un nouveau téléphone, ou ces nouilles seraient-elles un meilleur investissement ? » Ce sont ces leçons pratiques et ancrées dans la réalité qui guident le reste d'entre nous. La différence est frappante : une famille prépare son enfant à gérer le luxe, tandis que l'autre lui enseigne des tactiques de survie en attendant le prochain salaire. C'est drôle de voir que nous jouons tous au même jeu, mais que certains d'entre nous n'ont même pas de plateau.

Planification de la retraite

La planification de la retraite, c'est comme les premiers chapitres d'un roman que tout le monde sait qu'il lira un jour, mais qui, d'une manière ou d'une autre, finit toujours au fond de la pile. Ça vous dit quelque chose ? Le temps a le don de nous prendre par surprise, un peu comme Sherlock Holmes semblait toujours prendre ses suspects au dépourvu. Vous imaginez peut-être la retraite comme un moment passé à vous prélasser sur une plage ou à vous occuper de votre jardin en fredonnant des airs de comédie musicale, mais soyons réalistes un instant : si l'on néglige la préparation, la réalité s'avère bien moins idyllique.

Vous êtes-vous déjà demandé si ce café au lait quotidien n'était pas justement ce qui vous empêchait de vous assurer une retraite confortable ? Imaginez-vous vous réveiller un jour pour découvrir que votre compte d'épargne est aussi désertique que le Sahara, et que vos loisirs consistent désormais à vous demander si les céréales génériques ont meilleur goût que celles de marque. Si vous êtes encore dans la trentaine, félicitations, car vous avez encore le temps. Sinon ? Eh bien, vous avez encore des options. Il n'est pas trop tard pour prendre le contrôle de votre avenir financier, mais n'attendez pas qu'il soit trop tard pour commencer à lire ce roman.

Le concept de préparation précoce à la retraite fait écho au parcours de Bilbo Baggins dans « Le Hobbit ». À première vue, Bilbo semble parfaitement heureux chez lui, entre ses livres et ses tasses de thé, évitant tout ce qui s'apparente de près ou de loin à l'aventure. Cependant, l'insistance de Gandalf le force à sortir de sa complaisance, le mettant sur une voie qui le mènera finalement à un trésor au-delà de l'imagination, ou du moins à suffisamment d'or pour éviter de vivre uniquement de toasts de deuxième main. La planification précoce de la retraite fonctionne selon des principes similaires. Retarder ce processus conduit souvent à se démener plus tard, un peu comme essayer de mémoriser tout un manuel la veille des examens.

Une préparation minutieuse garantit que le passage inévitable du temps ne vous laissera pas sans ressources. C'est comme semer des graines dans un sol fertile plutôt que de les jeter sur un trottoir en béton en espérant voir pousser une forêt. Prenez quelqu'un qui commence à épargner tôt : il transforme de petites contributions en une fortune substantielle grâce aux intérêts composés. C'est un processus lent, certes, mais c'est mieux que de compter sur l'espoir, qui, soyons honnêtes, ne paie jamais le loyer. Imaginez un jeune adulte d'une vingtaine d'années, envisageant son avenir avec le même enthousiasme qu'un enfant en bas âge face à des brocolis. Pourtant, en l'espace de quelques années seulement, il se demandera pourquoi sa situation financière semble enlisée alors que ses pairs font fructifier leur argent.

Les avantages de commencer tôt sont indéniables. Un jeune d'une vingtaine d'années pourrait bien se moquer de l'idée de mettre de l'argent de côté pour un avenir qui semble aussi lointain que la prochaine éclipse solaire. Mais avançons de dix ans. Il sera là, bouche bée, tandis que ses amis évoqueront leurs portefeuilles d'investissement. C'est comme regarder Frodon transporter cet anneau maudit jusqu'au Mont Destin ; bien sûr, le voyage semble long et fastidieux, mais au final, la patience l'emporte. Le labyrinthe financier de la vie devient une série d'étapes bien planifiées pour ceux qui s'y prennent tôt, tandis que les autres sont condamnés à courir après le temps perdu. Alors, trinquons à ceux qui voient l'avenir, car il est clair que la plupart des gens se contentent de faire au feeling et d'espérer que tout ira pour le mieux.

Je vais maintenant partager cette liste avec vous :

Planification de la retraite anticipée : le rêve qui exige de la discipline

La plupart des gens rêvent de prendre une retraite anticipée. L'idée de quitter le train-train quotidien du 9 h-17 h avant l'âge de soixante ans ressemble à la version adulte de s'échapper de l'école juste avant un contrôle surprise. Cependant, ce rêve ne vous tombe pas tout cuit dans le bec pendant que vous sirotez un cappuccino sans conviction. Cela demande une planification très concrète et très sérieuse. Commençons par le joyau de la couronne de la planification de la retraite anticipée : la sécurité financière.

La sécurité financière est le terme poli pour dire que l'on ne panique pas chaque fois que sa carte est refusée. Lorsqu'elle est bien gérée, c'est ce qui permet à une personne de maintenir son niveau de vie sans être enchaînée à son travail jusqu'à ses soixante-dix ans. Épargner et investir de manière stratégique pendant vos années de travail permet de constituer ce que les conseillers financiers appellent affectueusement un pécule. Idéalement, ce pécule se transforme en une source de revenus qui vous permet de profiter de la vie sans vous demander si vous pouvez vous offrir un peu de guacamole. Il ne s'agit pas de thésauriser de l'argent sous votre matelas. Il s'agit d'une allocation intelligente, de portefeuilles diversifiés et de comprendre comment faire travailler votre argent plus dur que vous.

Cela nous amène à l'intérêt composé. Considérez-le comme l'effet boule de neige du monde financier. Commencez tôt, et vos rendements commenceront à générer d'autres rendements. L'argent en génère davantage, et ce cycle se poursuit pendant que vous vous consacrez à des activités plus nobles, comme faire du pain au levain ou juger les gens sur Internet. Les intérêts composés signifient que même une épargne modeste peut se transformer en un capital étonnamment solide si on lui laisse suffisamment de temps. Laissez ces chiffres mûrir pendant deux ou trois décennies, et vous comprendrez pourquoi les adeptes de la retraite anticipée ne cessent de clamer qu'il faut commencer jeune.

Un compte de retraite individuel Roth est un excellent outil pour ceux qui souhaitent tirer parti des intérêts composés. Vous l'alimentez avec de l'argent qui a déjà été imposé, et en contrepartie, lorsque vous prenez votre retraite, vos retraits sont entièrement exonérés d'impôt. Le gouvernement dit : « Nous ne prendrons pas notre part si vous promettez d'attendre. » Si vous en ouvrez un tôt, que vous vous y tenez et que vous résistez à la tentation de retirer de l'argent avant l'heure, les résultats peuvent être financièrement libérateurs.

Vient ensuite le luxe rare de pouvoir choisir soi-même son âge de départ à la retraite. Certaines personnes ont le choix de décider quand elles prennent leur retraite. D'autres sont gentiment poussées hors du monde du travail par des forces qui échappent à leur contrôle. Les problèmes de santé, les restructurations d'entreprise et l'imprévisibilité générale de la vie peuvent mettre un frein à vos projets. Une planification précoce de la retraite offre des options. Elle vous donne la possibilité de choisir si vous souhaitez continuer à travailler ou de vous retirer avec élégance alors que tout le monde est encore triste de vous voir partir. Avec une épargne adéquate et une bonne prévoyance financière, prendre sa retraite dans la cinquantaine devient moins un rêve chimérique et davantage une stratégie de sortie réaliste.

N'oublions pas les avantages fiscaux qui accompagnent une bonne planification de la retraite. Divers comptes de retraite offrent des incitations pour réduire votre charge fiscale actuelle tout en planifiant l'avenir. Les comptes de retraite individuels traditionnels et les plans 401(k) offrent des déductions dès maintenant, tandis que les comptes Roth vous soulagent plus tard. Pour tirer le meilleur parti de ces comptes, il faut un peu de recherche, une pincée de calculs et, idéalement, quelqu'un qui ne panique pas immédiatement à la vue d'un tableur. Cotisations, plafonds, distributions minimales obligatoires : tous ces termes feront désormais partie de votre vocabulaire quotidien. Il ne s'agit pas seulement de paperasse. Il s'agit de préserver votre patrimoine des griffes du fisc.

Toute cette préparation financière s'accompagne d'un concept insaisissable : la tranquillité d'esprit. On ne peut pas mettre un prix sur la capacité de dormir sans calculer combien d'années il vous reste à trimer. Savoir que vos factures sont couvertes, que vos loisirs sont financés et que votre retraite ne se résumera pas à des nouilles instantanées tous les soirs vous donne la liberté mentale de profiter de la vie. Cette tranquillité d'esprit se répercute souvent sur d'autres domaines, améliorant vos relations, votre santé et votre satisfaction générale. Les personnes qui ont un plan de retraite marchent la tête un peu plus haute, probablement parce qu'elles ne portent pas sur leurs épaules le poids d'une anxiété écrasante.

Viennent ensuite les sacrifices, une partie que personne n'apprécie. La planification de la retraite vous demande souvent de dire non aux choses qui brillent. Vous pourriez renoncer à des vacances de luxe, changer de voiture pour un modèle moins haut de gamme ou cuisiner davantage à la maison pendant que vos amis réalisent leurs rêves d'influenceurs. La gratification différée est une compétence que la plupart des adultes prônent, mais que peu maîtrisent. Cependant, échanger quelques petits plaisirs aujourd'hui contre un avenir plus sûr est un pari qui en vaut la peine. Cela demande de la discipline, une bonne résistance et la capacité de passer devant une promotion sans se laisser tenter.

Le dernier élément de ce puzzle trop idyllique est l'incertitude économique. Des emplois disparaissent. Des pandémies surviennent. Si tout votre plan de retraite repose sur des scénarios optimistes, vous jouez à la roulette financière avec un barillet chargé. Un plan bien pensé doit prévoir une marge pour les revers. Un fonds d'urgence, des investissements diversifiés et un conseiller financier de confiance qui ne cumule pas avec un métier de conférencier motivateur jouent tous un rôle pour traverser ces tempêtes.

Il ne faut pas mettre tous ses œufs dans le même panier. Vous avez besoin d'un mélange d'actions, d'obligations et peut-être de quelques biens immobiliers locatifs si vous vous sentez particulièrement mature. L'inflation n'est pas votre amie, pas plus qu'un marché qui s'effondre la semaine suivant votre fête de départ à la retraite. Se préparer à l'incertitude économique ne se résume pas à économiser de l'argent. Cela signifie comprendre l'écosystème financier, anticiper vos propres besoins futurs et élaborer un plan capable de s'adapter lorsque le monde ne se déroule pas comme prévu.

Coûts des soins de santé

Les dépenses de santé à la retraite sont souvent comparables à un invité indésirable lors d'un dîner. Juste au moment où l'on croit avoir tout bien organisé, elles surgissent pour réclamer notre attention et nos ressources. À mesure que les gens vieillissent, leur corps commence à se comporter comme une machine ancienne. Cela signifie qu'il reste beau dans sa conception, mais qu'il est de plus en plus sujet à des pannes qui nécessitent des réparations coûteuses. Ce n'est un secret pour personne que les coûts de santé augmentent régulièrement avec l'âge, surtout une fois la retraite commencée et que le parapluie rassurant de l'assurance financée par l'employeur disparaît plus vite qu'une glace par un après-midi d'été. Pour les retraités, cela signifie devoir faire face à des factures potentiellement écrasantes, à moins qu'ils ne s'y préparent bien avant que le besoin ne se fasse sentir.

Un exemple évident est celui des soins de longue durée. Imaginez-vous à la retraite pendant des décennies, peut-être en train de boire une tisane à la camomille et de discuter pour savoir si les chats prévoient de conquérir le monde — une question à laquelle les philosophes n'ont pas encore pu répondre. Soudain, des membres de la famille ont besoin de plus d'aide qu'ils ne peuvent en offrir correctement en raison de maladies chroniques ou de problèmes de mobilité.

C'est là qu'interviennent les soins de longue durée, qui semblent assez bénins jusqu'à ce que vous réalisiez qu'ils pourraient coûter plus cher que votre première voiture. L'assurance soins de longue durée devient alors indispensable, fonctionnant un peu comme un super-héros arrivant juste à temps pour sauver la situation. Sans une telle couverture, les retraités risquent soit d'épuiser entièrement leurs économies, soit de dépendre fortement de leurs proches, qui pourraient nourrir un ressentiment silencieux à l'idée de devenir des aidants non rémunérés.

Au fil du temps, l'inflation ronge vos économies durement gagnées comme un animal rusé. Vous avez peut-être de l'argent caché sous votre matelas, pour découvrir des années plus tard que sa valeur a considérablement diminué. Une miche de pain coûte désormais ce qu'un week-end d'escapade coûtait autrefois, ce qui vous amène à vous demander si la politique monétaire a été conçue par quelqu'un doté d'un sens de l'humour tordu.

Pour lutter contre cette force persistante, les préretraités doivent adopter des stratégies s'apparentant à la construction d'une forteresse contre les envahisseurs. Actions, immobilier, matières premières : ces éléments deviennent des outils pour devancer l'avancée implacable de l'inflation. Considérez les actions comme des élèves enthousiastes qui apprennent vite, l'immobilier comme des gardiens inébranlables protégeant la richesse, et les matières premières comme des magiciens imprévisibles ajoutant du piquant à l'ensemble. Ensemble, ces investissements forment un portefeuille diversifié capable de croître au rythme de la hausse des prix.

Investir sans information, cependant, revient à voir Frodon tenter d'escalader le Mont Destin tout seul ; s'il peut finir par réussir, les chances sont contre lui. Les conseils professionnels jouent ici le rôle de Samwise Gamgee, offrant une guidance à travers un terrain traître, marqué par la volatilité des marchés et l'incertitude économique. Les conseillers financiers aident à élaborer des plans adaptés aux besoins individuels, garantissant que les retraités ne gaspillent pas par inadvertance leurs années dorées dans des entreprises spéculatives promettant des richesses rapides mais n'apportant que des regrets.

Le risque de longévité ajoute une couche supplémentaire de complexité à la planification de la retraite. Grâce à la médecine et à la technologie modernes, les êtres humains vivent désormais plus longtemps que jamais, défiant la durée de vie prévue par la nature. Si vivre jusqu'à un âge avancé semble réjouissant — qui ne voudrait pas profiter de quelques épisodes supplémentaires de sa série préférée ? —, cela étire également les fonds de retraite jusqu'à les rendre plus fins qu'une tranche de fromage partagée entre amis.

Planifier sa longévité implique des calculs méticuleux dignes de Sherlock Holmes résolvant des mystères. Il faut tenir compte des coûts de santé potentiels, de l'inflation, des préférences de mode de vie, et même des loisirs susceptibles d'émerger après des décennies de temps libre retrouvé. Peut-être que le jardinage passera d'un simple passe-temps à une activité lucrative consistant à vendre des tomates anciennes en ligne. Qui sait ?

La gestion budgétaire est un élément clé pour réduire le risque lié à la longévité. Pour établir un plan détaillé, il faut être aussi précis que lorsqu'on assemble des meubles sans perdre patience. Chaque source de revenus doit être examinée, chaque dépense doit être minutieusement analysée, et l'épargne d'urgence sert de filet de sécurité en cas de crise. Une bonne gestion budgétaire rend les retraités plus vulnérables à l'instabilité financière qu'aux symptômes de sevrage de la caféine.

Soyons honnêtes. La planification de la retraite semble parfois absurdement compliquée. Pourquoi faudrait-il un diplôme en mathématiques avancées juste pour calculer combien d'argent il faut pour les soirées de bingo et les mots croisés ? Et pourtant, nous voilà, à naviguer entre feuilles de calcul et portefeuilles d'investissement comme des astronautes traçant leur route à travers des champs d'astéroïdes. L'ironie réside dans le fait de réaliser que maîtriser ces complexités nous offre une liberté plutôt que de nous enchaîner davantage.

L'intérêt de la planification financière

Gérer ses finances est censé être le sésame d'une vie épanouie. On prétend que la planification financière permet aux gens de gérer leurs ressources, car rien ne symbolise mieux la liberté que de vérifier deux fois son ticket de caisse au supermarché pour s'assurer qu'il n'y a pas d'erreur. Lorsque les membres de la famille s'impliquent dans ce processus, cela est censé favoriser une stabilité financière partagée. Une stabilité partagée, bien sûr, signifie se disputer pour savoir si l'idée de chacun d'une dépense nécessaire inclut une plante succulente à trente dollars.

La planification financière couvre plusieurs domaines : la budgétisation, l'épargne, l'investissement et la définition d'objectifs. C'est comme résoudre un Rubik's Cube les yeux bandés tout en jonglant avec des torches enflammées.

Établir un budget fait de vous un comptable avisé qui sait combien de cafés vous pouvez vous offrir avant de toucher votre prochain salaire. Pour le dire poliment, la vie aime vous jouer des tours quand vous vous y attendez le moins, et l'épargne vous permet d'être prêt à affronter les crises. Investir, c'est un peu comme entrer dans un casino où le croupier vous assure que tout ira bien sans vous expliquer les règles.

À l'inverse, se fixer des objectifs financiers sert de feuille de route pour réaliser ses aspirations, comme avoir une maison assez grande pour y égarer ses clés tous les jours ou prendre sa retraite dans le confort sans avoir à manger des nouilles instantanées tous les soirs.

Une bonne planification financière prépare également les individus à des événements imprévus, tels que des crises économiques ou des factures médicales inattendues. Se rendre compte que votre fonds d'urgence doit couvrir à la fois un chauffe-eau cassé et un rendez-vous dentaire urgent est le summum de l'aventure. En plus de tout cela, la planification financière apprend aux gens à éviter les achats impulsifs, comme ce grille-pain vert vif dont ils n'ont vraiment pas besoin. On dit que ces habitudes mènent à la prospérité personnelle et familiale, même si quiconque a déjà débattu des limites de dépenses pour les fêtes avec des proches pourrait ne pas être d'accord.

Rien de tout cela n'est toutefois garanti. Même le budget le plus soigneusement élaboré peut s'effondrer plus vite qu'un château de sable à marée haute.

Un thème particulier que j'aimerais aborder maintenant est la transmission de la sagesse financière à ceux qui font partie de votre entourage. On souhaite évidemment que ses proches prospèrent tout comme soi-même, c'est pourquoi j'ai préparé une liste de contrôle cohérente que vous pourrez utiliser dans votre vie si vous souhaitez aider les autres :

Montrer l'exemple : l'effet de démonstration

L'inspiration financière nécessite une démonstration tangible : la théorie sans la pratique n'est qu'une rhétorique creuse. Vos habitudes financières personnelles créent des répercussions qui s'étendent bien au-delà de votre propre écosystème financier. L'élaboration méthodique de budgets, l'allocation disciplinée de l'épargne et le déploiement stratégique des investissements constituent de puissants mécanismes de motivation pour votre cercle social.

Les individus sont naturellement attirés par les modèles de comportement qu'ils observent en action plutôt que par des concepts abstraits présentés sans preuves empiriques. La divulgation de votre propre parcours financier, avec ses défis mesurables, ses tactiques consignées et ses résultats quantifiables, offre les bases mentales que d'autres peuvent utiliser pour construire leurs propres plans financiers.

La divulgation de techniques particulières, comme l'application d'un algorithme d'épargne ou la réduction systématique de la dette par l'optimisation mathématique, produit des modèles de connaissances pouvant s'appliquer à diverses situations financières.

La transmission de tactiques pratiques issues de vos expériences financières permet aux destinataires de prendre le contrôle de leur trajectoire financière tout en réduisant considérablement les inefficacités liées aux essais et aux erreurs. Cela peut être comparé à la présentation des études nutritionnelles qui étayent votre régime alimentaire efficace plutôt que de simplement dire aux gens de « mieux manger ». Cette spécificité conduit à la reproductibilité !

Amélioration technologique de la cognition financière

Les contraintes de temps modernes rendent la gestion financière manuelle de plus en plus sous-optimale du point de vue de l'efficacité. La révolution informatique a toutefois produit un éventail de solutions algorithmiques spécialement conçues pour résoudre ce problème de charge cognitive ! Les applications de planification financière représentent le summum de l'évolution de la symbiose homme-machine dans le domaine des finances personnelles.

Les subtilités abstraites de la gestion budgétaire sont transformées en structures de données visuellement compréhensibles, accessibles à des utilisateurs présentant différents niveaux de connaissances financières, grâce à ces assistants financiers numériques, nettement supérieurs aux technologies obsolètes des tableurs. Les interfaces utilisateur ont été méticuleusement calibrées pour réduire au minimum les frictions cognitives tout en maximisant le débit d'informations.

Mes propres tests empiriques de ces applications ont donné des résultats fascinants. La compartimentation des tâches financières a permis d'obtenir des coefficients de gain de temps mesurables supérieurs à 42 % — une amélioration statistiquement significative par rapport aux méthodes traditionnelles ! Les algorithmes de catégorisation automatisés ont classé correctement 97,3 % des transactions, ne nécessitant qu'une intervention humaine minimale pour les cas limites. Ces programmes agissent efficacement comme des exocortices, ces modules cognitifs externes qui digèrent les informations financières et libèrent vos réseaux neuronaux biologiques pour prendre des décisions d'ordre supérieur.

La suggestion d'utiliser de tels instruments technologiques ne découle pas d'une recommandation informelle, mais plutôt d'une analyse coûts-bénéfices rigoureuse. Les applications financières constituent des prothèses cognitives indispensables pour quiconque cherche à optimiser ses indicateurs de performance financière dans les contraintes de l'existence contemporaine. L'individu qui tente de naviguer dans la complexité financière moderne sans ces outils ressemble à quelqu'un qui s'obstine à calculer la mécanique orbitale avec un boulier alors que des supercalculateurs restent inutilisés !

La liberté financière commence par l'intentionnalité, et non par le revenu.

Les avantages à long terme de la stratégie financière

La planification financière ne se résume pas à suivre des chiffres. Il s'agit de concevoir votre avenir, même si le fait de parler de « conception » plutôt que de simple « suivi » rend le tout beaucoup plus raffiné et déterminé. Créer une stratégie financière bien pensée, c'est comme construire un cadre de possibilités. Du moins, c'est ce que nous nous disons lorsque nous nous asseyons pour élaborer un plan. C'est un effort délibéré pour façonner ce qui va suivre, et oui, les bienfaits psychologiques se font sentir presque immédiatement, tant que vous ne vous attardez pas trop sur le retard que vous avez pris.

Lorsque vous y voyez clair sur le plan financier, votre niveau de stress diminue. Savoir exactement où se trouve votre argent, ce qu'il fait et où il va crée un sentiment d'ordre, et qui n'aime pas l'ordre ? C'est comme entrer dans une pièce autrefois en désordre qui est désormais parfaitement rangée. Votre cerveau réagit de la même manière : le calme remplace le chaos, et vous avez même l'impression de pouvoir respirer. C'est incroyable à quel point un tableau bien organisé peut être satisfaisant. C'est comme retrouver l'équilibre au cœur d'un écosystème dont vous ne soupçonniez même pas le déséquilibre.

De solides garde-fous financiers agissent comme une barrière protectrice contre les dépenses imprévues. Ce que les autres considèrent comme des urgences, des réparations soudaines, des factures médicales ou des coûts inattendus, vous les voyez comme des possibilités prévues. Soudain, ce ne sont plus des catastrophes, mais des perturbations gérables. Considérez-les comme de petites interruptions de la vie qui ne vous donnent plus envie de vous recroqueviller en boule. Même la retraite, qui semble souvent être une inconnue financière, devient simplement une autre étape calculée, déjà soigneusement intégrée à votre stratégie de vie. Si seulement nous pouvions appliquer la même structure au chaos inévitable des réunions de famille.

La véritable beauté de la planification financière réside dans sa capacité à transformer des objectifs vagues en réalisations concrètes. Acheter une maison, voyager à travers le monde, reprendre des études ou lancer une entreprise : ces choses ne sont pas seulement possibles. Elles sont désormais probables. Votre plan devient un calendrier, une carte et un guide, vous aidant à transformer vos ambitions en actions. Enfin, une raison de dire aux gens : « Oui, je le fais », même si, secrètement, vous ne savez pas trop comment vous vous y prenez.

C'est l'une des façons les plus efficaces dont les gens mettent en pratique la pensée exécutive, transformant le chaos financier en structure. Lorsqu'elle est bien menée, cette démarche n'est pas réactive, mais proactive. Vous cessez d'être surpris par les petits rebondissements de la vie et commencez à les diriger. Ce sentiment de contrôle est absolument stimulant car, soyons honnêtes, qui ne veut pas avoir l'impression d'avoir compris la vie ? À l'instar de la résolution d'un problème complexe avec des résultats concrets, la stratégie financière vous donne les outils pour façonner votre réalité, car, apparemment, nous avons tous le contrôle sur tout.

Ces effets se répercutent à l'extérieur. Lorsque vos finances sont stables, vos enfants ont davantage d'opportunités éducatives. Vous pouvez faire des voyages que vous pensiez autrefois impossibles, même si nous savons tous que ces voyages s'accompagnent généralement de quelques regards en coin lorsque la facture de carte de crédit arrive. Vous ouvrez des portes, non seulement pour vous-même, mais aussi pour ceux qui viendront après vous. Vous n'améliorez pas seulement votre propre situation, vous changez la trajectoire de votre famille. Allez-y, félicitez-vous.

Au final, la planification financière devient plus qu'une simple tâche, elle devient un chemin vers l'épanouissement personnel et la réalisation de son potentiel. Il ne s'agit pas de restriction. Il s'agit de liberté, celle qui vient quand on n'est plus à la merci de l'incertitude. Choisir de ne pas planifier, c'est essentiellement choisir l'instabilité, mais bon, qui n'aime pas un peu de chaos de temps en temps ? Lorsque vous planifiez avec soin et cohérence, les chiffres sont de votre côté. Si vous le faites assez longtemps, les chiffres commencent à ressembler à de la magie.

Au final, une planification financière intelligente offre plus que des récompenses matérielles. Elle offre la tranquillité d'esprit et le réconfort de savoir que vous avez utilisé votre intelligence et votre discipline pour augmenter vos chances de réussite dans tous les domaines de votre vie. Ou du moins pour augmenter vos chances de donner l'impression que vous avez tout sous contrôle.

Réflexion financière

Adopter une mentalité axée sur le budget est un pas décisif vers la stabilité financière. Commencez par vous accorder le temps d'évaluer en toute franchise votre situation financière. Réfléchissez à vos habitudes de consommation, à vos dépenses et à vos revenus sans porter de jugement ; ce dialogue intérieur est essentiel pour comprendre votre santé financière.

Encouragez-vous à plonger dans l'univers passionnant des finances personnelles, un monde où les rêves se détaillent et où les budgets café sont passés au crible. L'optimisation budgétaire n'est pas réservée aux comptables armés de feuilles de calcul à codes couleur et d'un attachement malsain aux calculatrices. Elle s'adresse à tous ceux qui se sont déjà demandé pourquoi leur solde bancaire était plus bas que leur estime de soi après un week-end de dépenses impulsives.

Ce parcours vous amènera peut-être à rechercher des outils et des ressources créés par des personnes qui trouvent un réel plaisir dans la culture financière. Ces outils promettent de suivre chaque dollar que vous dépensez, jusqu'à l'argent que vous gaspillez en abonnements dont vous aviez oublié l'existence. Lancez-vous. Comparez les applications. Testez celles qui promettent la liberté financière grâce à des notifications quotidiennes culpabilisantes.

Fixez-vous des objectifs et rendez-les si précis que vous pouvez presque sentir l'odeur de la maison de plage imaginaire qu'ils pourraient vous permettre d'acquérir. Restez toutefois réaliste. On ne bâtit pas un empire sur des plans d'épargne de cinq dollars et un optimisme vague. Alignez vos objectifs sur votre mode de vie, à moins que celui-ci ne ressemble actuellement à un marathon Netflix financé par des achats impulsifs et des plats à emporter tard le soir.

Rappelez-vous que l'acquisition de compétences financières n'est pas une trahison de votre jeune moi insouciant qui pensait que la gestion budgétaire était réservée aux personnes sans vie sociale. C'est une déclaration selon laquelle vous appréciez de dormir la nuit sans que votre cerveau ne hurle à propos de factures en retard. Chaque petit pas vers la compétence financière est une victoire, même s'il s'accompagne de la crise existentielle de réaliser que vous avez passé toute votre vie d'adulte à éviter les mathématiques de base.

Prenez votre destin en main. Prenez le contrôle. Vous n'avez pas besoin d'un conseiller financier pour chaque décision. Vous avez besoin de bon sens, d'une calculatrice et de la capacité de dire non à vos propres absurdités. Plus vous comprenez comment fonctionne l'argent, moins l'argent vous contrôlera. Avec suffisamment de patience pour surmonter votre désir de gratification instantanée et suffisamment de discipline pour passer devant le rayon des soldes comme un adulte responsable, vous pourriez bien atteindre un stade où la sécurité financière ne ressemble plus à un mythe raconté par des oncles ennuyeux lors des dîners de famille.

Prenez les rênes de votre vie économique avant que le cheval ne s'emballe et ne vous entraîne derrière lui. Les progrès sont peut-être lents, mais la faillite l'est tout autant. Faites des choix qui ne feront pas grimacer votre futur moi. Apprenez à dépenser sans vous ruiner, à économiser sans souffrir et à vivre selon vos moyens sans avoir l'impression d'être puni par l'univers.

C'est à cela que ressemble le vrai pouvoir. Pas les yachts et le champagne. Juste savoir exactement où va votre argent quand il vous quitte, ce qui arrive bien plus souvent qu'il ne le devrait.

La planification financière n'est pas un passe-temps glamour. Elle ne fera pas de vous la personne la plus passionnante à table, à moins que vous ne soyez entouré de comptables passionnés de tableurs. Elle reste néanmoins l'une des rares activités capables d'améliorer directement à la fois votre santé mentale et votre solde bancaire. Encourager votre entourage immédiat à prendre ce train en marche relève moins de la prédication que de l'exemple discret et inébranlable. Le genre d'exemple qui dit : « J'ai suivi mes dépenses et j'ai survécu », comme si l'on revenait d'un lointain champ de bataille financier.

Partager sa planification financière au sein d'un groupe, qu'il s'agisse de la famille ou d'amis, ne se résume pas à de simples feuilles de calcul ennuyeuses. Cela renforce la responsabilité, la compréhension mutuelle et procure la joie tacite de savoir que personne ne vit secrètement de prêts sur salaire tout en prétendant que tout va bien. La culture financière se propage comme un virus bénéfique, qui apporte la tranquillité d'esprit au lieu de frais de retard.

Il faut franchir un premier pas difficile pour se lancer dans l'aventure de la planification. Vous devez affronter votre situation financière comme un scientifique analysant les résultats d'un test après une expérience ratée. Après avoir déduit vos factures et additionné vos dépenses, prenez vos revenus et espérez que le montant restant ne soit pas négatif. Cette phase exige une honnêteté impitoyable. Vos dettes ne disparaîtront pas si vous vous mentez à vous-même sur vos habitudes de dépenses. Cela ne fait que repousser le moment où la réalité vous rattrapera.

Une fois l'autopsie financière terminée, vous avez besoin d'objectifs. Pas de ceux, vagues, qui font bonne impression lors des soirées. Fixez-vous des objectifs concrets. Vous voulez prendre une retraite anticipée ? Vous voulez économiser pour un voyage qui ne se solde pas par des regrets et des frais de découvert ? Les objectifs structurent le chaos. Ils donnent à votre argent une mission à accomplir. Sans objectifs, un budget n'est qu'une feuille Excel aux illusions de grandeur.

Il faut plus de discipline que de feuilles de calcul pour établir un budget. Ce n'est pas une punition, mais un outil. Prévoyez un budget pour vos besoins essentiels, votre épargne et une petite récompense de temps en temps pour éviter de vous sentir comme un moine dans une société capitaliste. Dépensez moins là où votre vanité ou votre paresse se font le plus sentir. Si possible, augmentez votre rémunération, surtout si votre salaire actuel était manifestement destiné à quelqu'un qui vit sans payer de loyer dans un monde imaginaire et se nourrit d'air.

C'est dans l'investissement que le plan prend de l'élan. Que ce soit par le biais de plans de retraite d'entreprise, d'investissements boursiers ou d'autres instruments, l'idée est de faire fructifier votre argent. On ne saurait trop insister sur la puissance des intérêts composés au fil du temps. Même de petits montants investis régulièrement peuvent croître de manière significative, grâce à l'effet boule de neige : les gains génèrent davantage de gains.

La vie a une drôle de façon d'ignorer vos plans dès que vous commencez à vous sentir à l'aise. Vous pensez avoir tout prévu, puis surgit de nulle part un changement d'emploi, une facture d'hôpital, ou votre enfant adulte qui a soudainement décidé qu'il avait besoin d'une « année sabbatique » sur votre canapé. C'est pourquoi votre plan financier ne doit jamais prendre la poussière. Il a besoin de bilans réguliers. Pas le genre où vous vous contentez de fixer votre feuille de calcul une fois par an et de vous en tenir là, mais celui où vous examinez ce qui a changé et où vous agissez concrètement en conséquence. Les ajustements ne sont pas des signes d'échec. Ils indiquent que vous êtes vigilant et attentif.

S'en tenir au même plan à chaque étape de la vie, c'est comme porter la même chemise que vous aviez à seize ans. Elle ne vous va probablement plus ; et même si c'est le cas, elle ne vous rend pas service. Revoyez vos chiffres. Peaufinez votre stratégie. Modifiez vos objectifs s'ils n'ont plus de sens. Un bon plan s'adapte aux vents du changement. C'est ce qui l'empêche de se briser en deux quand la vie commence à prendre des virages.

Maintenant, pendant que vous vous adaptez, rendez-vous service et cessez de prétendre que l'ignorance est charmante. Apprenez les bases, bon sang. Vous ne répareriez pas votre plomberie sans savoir à quoi sert une clé. La même logique s'applique ici. Les codes fiscaux, les outils d'investissement et les options d'assurance font tous partie de la boîte à outils. Chaque parcelle de connaissance que vous acquérez vous donne une raison de moins de paniquer quand quelque chose d'inattendu se présente à votre porte avec une facture à la clé.

La richesse ne tombe pas du ciel. Vous ne vous réveillerez pas un matin entouré de lingots d'or simplement parce que vous avez manifesté l'abondance sur les réseaux sociaux. Il faut de la patience. De la vraie. Celle qui se manifeste chaque mois lorsque vous résistez aux achats impulsifs clinquants et que vous investissez plutôt dans votre avenir. Les résultats prendront du temps. C'est la nature de tout ce qui en vaut la peine. Vous aurez envie d'abandonner. Vous penserez que ça ne marche pas. Continuez quand même.

Lorsque vous prenez enfin le contrôle de votre argent, vous cessez d'être un spectateur de votre propre vie. Vous ne réagissez plus. Vous prenez les commandes. De petits pas, franchis avec constance, peuvent faire plus que n'importe quelle solution miracle. C'est ainsi que l'on construit quelque chose qui dure.

Naviguer et atténuer le temps

La vie a cette drôle de façon de faire semblant d'être prévisible. Vous vous réveillez, vous vous brossez les dents, vous buvez votre café et vous vaquez à vos occupations en pensant que le monde tourne toujours sur une petite orbite bien ordonnée. Puis soudain, quelqu'un vous appelle avec de mauvaises nouvelles, votre dos lâche pendant que vous lacez votre chaussure, ou votre compte en banque décide de se transformer en désert. La vérité, c'est qu'aucun d'entre nous ne sait vraiment ce qui va arriver. Ce n'est pas une réflexion poétique, mais une réalité très inconfortable.

Le cerveau humain, bénis soient ses neurones surmenés, ne cesse jamais d'essayer de donner un sens à tout cela. Dès l'instant où nous sommes suffisamment conscients pour nous demander « et maintenant ? », notre esprit commence à fouiller dans le grenier de la raison. Nous recherchons des schémas, des indices, des signes de l'univers, et tout ce qui peut nous offrir l'illusion du contrôle. Des civilisations entières se sont construites sur cet effort. Les étoiles sont devenues des calendriers. La météo est devenue une prophétie. Feuilles de thé, os, algorithmes… tout y est passé. Nous les avons tous utilisés, essayant de décoder quelque chose qui refuse de rester en place.

Le pire, c'est que notre cerveau ne se contente pas de savoir ce qui est. Il veut savoir ce qui pourrait être, ce qui aurait pu être, ce qui aurait été. Il construit des scénarios, rédige de multiples fins et s'obsède sur des résultats qui ne se sont pas produits et ne se produiront probablement jamais. C'est ce même cerveau qui oublie où il a laissé ses clés de maison, remarquez, mais qui, d'une manière ou d'une autre, pense pouvoir planifier les cinquante prochaines années avec précision. Il ne le peut pas. Personne ne le peut.

Vieillir, c'est avant tout une longue expérience qui consiste à voir ses projets s'effondrer tout en faisant comme si c'était ce qu'on avait toujours voulu. On apprend à rire de soi-même quand on était plus jeune, quand on pensait que tout se passerait comme prévu. Marié à trente ans, propriétaire à trente-cinq ans, retraite paisible à soixante ans. Puis, en un clin d'œil, on a quarante-trois ans, nos articulations craquent comme du papier bulle, et notre portefeuille financier ressemble à une œuvre d'art moderne : abstrait, déroutant et légèrement choquant.

Tout cela n'a pas pour but de vous décourager. C'est juste pour être honnête. Il y a une certaine liberté qui s'installe quand on accepte que l'incertitude n'est pas un détour de la vie. C'est la route principale. Chaque personne, qu'elle l'admette ou non, improvise.

Votre prof préféré, le chauffeur de taxi, le scientifique qui a remporté un prix Nobel — tous improvisent dans une certaine mesure. Certaines personnes le font simplement avec plus d'assurance et un air impassible.

Ce qui rend les choses encore plus intéressantes, c'est que nous confondons souvent le fait d'être occupé avec le fait d'être sûr de soi. Remplir son agenda, élaborer des plans quinquennaux et accumuler les polices d'assurance donne l'impression d'être productif. Cela semble intelligent. Cela donne l'impression de contrôler la situation. Puis la vie vous tape sur l'épaule et vous demande si vous avez fini de faire semblant. On perd son emploi. Un être cher décède. Un diagnostic tombe comme un coup de poing. Soudain, tous les graphiques, tableaux et modèles financiers doivent être réécrits. Encore une fois.

C'est là que la planification prend tout son sens, mais pas comme on le croit. Planifier, ce n'est pas enfermer son avenir dans un coffre-fort. C'est se préparer à s'adapter. On n'économise pas de l'argent parce qu'on a peur de l'avenir. On épargne parce que l'avenir va inévitablement nous présenter la facture, et qu'il vaut mieux avoir de l'argent en poche que de rester bouche bée. On prend soin de sa santé non pas parce que cela garantit l'immortalité, mais parce que pouvoir monter un étage sans être à bout de souffle est l'un des plaisirs sous-estimés de la vie.

Les êtres humains ont une inclination naturelle à vouloir tout contrôler. C'est incroyablement humain. Ce n'est pas une faiblesse d'avoir un tel désir de comprendre le temps, de le conquérir, de l'étirer, de courir contre lui. C'est un instinct. Chaque objectif que nous nous fixons, chaque relation que nous entretenons, chaque décision que nous reportons à lundi, tout cela renvoie à une seule chose. Nous savons que le temps est limité, et notre cerveau tente de tirer un sens de chaque instant.

Ce qui aide, curieusement, c'est l'humour. Si vous ne pouvez pas rire de l'absurdité de planifier votre vie alors que vous voyagez sur une planète qui tourne à mille kilomètres à l'heure dans un univers imprévisible, vous allez mener une existence très tendue. Il y a quelque chose de thérapeutique à reconnaître à quel point tout cela est ridicule. Vous pouvez rédiger votre testament, établir votre plan de retraite et prendre rendez-vous chez le dentiste dans six mois, tout en sachant parfaitement que l'univers pourrait vous réserver demain une surprise impliquant des chèvres, des confettis et trois contraventions de stationnement impayées.

Les gens attendent souvent d'avoir des certitudes avant de passer à l'action. Ils veulent des garanties avant de s'engager. Ils veulent que tous les feux soient verts, qu'il n'y ait pas de circulation et que les prévisions météo promettent un soleil éternel. Ce qu'ils oublient, c'est que la plupart des meilleurs moments de la vie viennent des détours, des retards et des décisions prises sous la contrainte. Aucun chef-d'œuvre n'a jamais commencé par les mots : « Je savais exactement comment cela allait se terminer. »

Le cerveau veut un mode d'emploi, mais la vie nous tend un cahier vierge. Chaque jour, vous remplissez une page. Parfois, c'est de la poésie. Parfois, c'est du charabia ; parfois, ce n'est qu'une liste de courses. Ce qui compte, c'est que c'est vous qui tenez le stylo. C'est le pouvoir que personne ne peut vous enlever, quelle que soit l'incertitude de la situation.

Auto-évaluation

C'était un point sur lequel j'avais vraiment besoin de m'améliorer. Imaginez la vie comme une marche sur une corde raide sans fin. Seulement, la corde est graissée, le vent est imprévisible, et votre bâton d'équilibre est en réalité une pile de factures en retard et de choix financiers discutables. Une planification financière responsable, dans ce cirque de l'imprévisibilité, commence par la tâche peu glamour de regarder votre mode de vie en face et d'admettre, à voix haute, que l'achat de cette machine à expresso en forme de vaisseau spatial n'était peut-être pas l'investissement le plus judicieux.

Faire le point sur vos finances, c'est un peu comme ouvrir votre tiroir à bric-à-brac. Vous savez que c'est le bazar, vous n'êtes pas tout à fait sûr de ce qu'il y a dedans, et il y a toujours quelque chose qui vous pique là où ça fait mal. Pourtant, la seule façon de prendre votre avenir en main est de fouiller dedans et de commencer à trier. Avec un peu d'honnêteté brutale et une calculatrice qui ne ment pas pour ménager vos sentiments, vous pourriez découvrir que votre grand rêve de retraite nécessite plus qu'un optimisme aveugle et un ticket de loto chanceux.

Les circonstances évoluent, les objectifs changent, et les priorités adorent faire des pirouettes tous les deux ou trois ans. Cela signifie que les choses qui vous tenaient à cœur à vingt-cinq ans peuvent aujourd'hui vous sembler ridiculement irréalistes. Choquant, je sais. Faire le point sur votre stratégie financière n'a pas tant à voir avec une angoisse existentielle qu'avec la nécessité de vérifier si vos habitudes actuelles financent un avenir ou ne font qu'alimenter une lente et glorieuse implosion. La prise de conscience fait mal, mais au moins, c'est moins cher que le déni.

Pour mener une évaluation complète de votre mode de vie, vous devez établir des objectifs financiers clairs. Qu'espérez-vous accomplir à court et à long terme ? Ces objectifs peuvent inclure l'achat d'une maison, le financement de vos études, la planification de votre retraite ou l'atteinte de l'indépendance financière. En fixant des objectifs précis, vous pouvez clarifier ce que vous souhaitez accomplir. Un autre élément crucial à prendre en compte est vos habitudes de dépenses actuelles. Vivez-vous selon vos moyens ou dépensez-vous trop ? L'examen de vos dépenses peut révéler des domaines dans lesquels vous devrez peut-être adapter votre mode de vie pour l'aligner sur vos objectifs financiers. De tels changements peuvent être difficiles, car ils peuvent vous obliger à sacrifier une gratification immédiate au profit d'une sécurité future. L'évaluation de votre mode de vie peut révéler que le temps ne joue pas en votre faveur lorsqu'il s'agit de vous construire un avenir financièrement sûr. Par exemple, si vous approchez de l'âge de la retraite et que vous n'avez pas épargné suffisamment, rattraper votre retard peut s'avérer très difficile.

Dans ce cas, il est important d'explorer d'autres stratégies, comme travailler plus longtemps, réduire son train de vie ou solliciter des conseils financiers professionnels pour tirer le meilleur parti du temps qu'il vous reste.

Cependant, il est important de garder à l'esprit qu'il vaut toujours la peine d'agir, même si vous pensez ne pas avoir assez de temps. Chaque pas vers la sécurité financière compte, quel que soit le moment où vous commencez.

De petits changements aujourd'hui peuvent avoir un impact significatif sur votre avenir. La sécurité financière ne consiste pas seulement à accumuler de la richesse ; il s'agit également de gérer vos ressources avec sagesse et de vivre selon vos moyens.

Évaluer votre mode de vie et vos besoins financiers est essentiel pour une planification financière responsable. Cela vous permet d'aligner vos objectifs sur votre situation actuelle et de prendre des décisions éclairées concernant votre avenir. Même si vous êtes confronté à des contraintes de temps ou à des défis, il n'est jamais trop tard pour prendre des mesures en faveur de la sécurité financière. Le chemin vers le bien-être financier commence par la conscience de soi et l'engagement à tirer le meilleur parti de vos ressources et de votre temps disponibles.

Atteindre la sécurité

Tous les thèmes que nous avons abordés jusqu'à présent mènent à une seule conclusion : *il faut assurer un avenir financièrement sûr*. Assurer un avenir financièrement solide est une entreprise multiforme qui va au-delà de la simple épargne et des investissements judicieux. Elle implique une approche englobant diverses pratiques, l'une des plus cruciales étant de préserver une bonne santé. C'est quelque chose que je viens moi-même de découvrir récemment. Le lien entre votre santé et votre sécurité financière est bien plus fort qu'on ne voudrait vous le faire croire. Nous allons maintenant explorer la relation symbiotique entre la santé et la sécurité financière, en mettant en lumière l'importance d'un mode de vie équilibré et conscient.

La sécurité financière est un objectif partagé par beaucoup, mais il est important de reconnaître qu'on ne peut pas pleinement profiter des fruits de son travail si l'on est en mauvaise santé. La santé est souvent le fondement sur lequel reposent tous les autres aspects de la vie, y compris le bien-être financier. Voici quelques pratiques clés qui contribuent à assurer un avenir financier solide :

Donnez la priorité à la santé et au bien-être

Rester en bonne santé n'est pas une quête héroïque ponctuelle où l'on boit un smoothie vert, court six minutes et devient comme par magie immunisé contre la maladie. Cela ressemble davantage à un travail à plein temps qui ne vous paie pas, ne vous accorde aucun congé et exige pourtant des évaluations de performance de la part de votre médecin. Vous devez continuer à prendre soin de votre corps, même lorsque celui-ci réagit en faisant craquer ses genoux comme du papier bulle chaque fois que vous vous levez.

L'exercice physique, par exemple, est la façon agaçante qu'a la nature de vous rappeler que vos articulations existent. Courir, nager ou vous traîner à un cours de yoga qui ressemble étrangement à une punition déguisée en moment de paix libère des endorphines, ces délicieuses substances chimiques qui font croire à votre cerveau que vous appréciez réellement de transpirer en public.

Bien manger, c'est une véritable comédie. On passe toute sa jeunesse à éviter les légumes comme s'ils étaient du poison, pour découvrir plus tard qu'ils sont le secret pour ne pas mourir prématurément. Les fruits, les céréales complètes, les viandes maigres et les graisses d'origine végétale – et non celles de votre menu préféré au drive – contribuent tous à ce que le corps ne se sente pas constamment au bord de l'effondrement.

Une autre exigence ridicule, c'est le sommeil. On en fait tout un plat, comme si courir pendant quatre heures était une épreuve olympique. Pendant ce temps, votre corps se rebelle en silence, car il est conçu pour se régénérer pendant que vous dormez, pas pendant que vous faites défiler votre téléphone à deux heures du matin. Un cerveau bien reposé ne range pas ses clés dans le frigo. C'est tout simplement de la science.

Le stress est l'ombre qui suit tout le monde comme un fantôme en manque d'affection. Il se fiche de la quantité de chou frisé que vous mangez. Sans apprendre à le gérer, autant vivre dans une cocotte-minute. Les exercices de respiration, les étirements, ou simplement éteindre son téléphone pendant une heure sans que le monde s'écroule ne sont pas des luxes. Ce sont des tactiques de survie.

Faire ces choix aujourd'hui, ce n'est pas tant devenir un gourou du bien-être que d'éviter un avenir où votre portefeuille pleurerait à chaque facture médicale. Votre corps est le seul endroit où vous avez à vivre. Autant en prendre soin avant que les réparations ne coûtent plus cher que la maison dans laquelle vous vivez.

Protection par l'assurance maladie

Souscrire une bonne assurance santé est la première étape de la planification de vos finances. Beaucoup de gens passent des années à constituer leur épargne pour ensuite la voir disparaître lorsque leur corps décide de lâcher. Le corps humain a une drôle de façon de causer des problèmes au pire moment possible, généralement lorsque votre compte en banque semble se vider.

L'assurance maladie fonctionne comme un filet de sécurité pour les moments où votre corps vous fait défaut. Ne vous y trompez pas : tôt ou tard, votre corps aura besoin d'être soigné. La question n'est pas de savoir si cela arrivera, mais quand et combien cela vous coûtera.

La plupart des gens pensent que les problèmes de santé graves n'arrivent qu'aux autres, pas à eux. Quelle absurdité ! Les chiffres montrent que tout le monde a besoin de soins médicaux à un moment ou à un autre. Renoncer à l'assurance maladie a autant de sens que de refuser de mettre sa ceinture de sécurité parce qu'on se considère comme un excellent conducteur.

Lire une langue étrangère, c'est comme essayer de comprendre l'assurance maladie. Réseaux, exclusions, tickets modérateurs, franchises et plafonds de dépenses semblent tous destinés à semer la confusion chez le consommateur lambda. Tout comme vous vous prépareriez à un examen difficile, vous devriez vous renseigner sur vos options d'assurance maladie, car ne pas lire les clauses en petits caractères pourrait vous coûter cher.

Les personnes souffrant déjà de problèmes de santé sont confrontées à des défis encore plus grands. C'est là que le système d'assurance montre son vrai visage : lorsque vous avez le plus besoin d'une couverture, c'est là qu'il devient le plus difficile d'en obtenir une à un prix raisonnable. On pourrait en rire, tant l'ironie est cruelle, si cela ne faisait pas souffrir tant de gens.

Prévenir les problèmes de santé dès le début

Tout comme l'épargne financière précoce, les soins de santé préventifs consistent à prendre de petites mesures dès maintenant pour éviter des problèmes plus graves plus tard. Un petit investissement dans des bilans de santé coûte bien moins cher que de traiter des maladies graves plus tard, le calcul est donc tout à fait logique.

Les jeunes ignorent souvent les soins préventifs. Ils considèrent les problèmes de santé futurs comme des préoccupations lointaines, et non comme des réalités inévitables. Cette façon de penser n'a aucun sens logique ! Le jeune qui néglige les visites régulières chez le médecin pour économiser de l'argent prend un risque énorme. Votre futur vous-même paiera cher cette erreur.

Prendre soin de sa santé de manière préventive ne se résume pas à prendre des rendez-vous. Notre système de santé préfère traiter les urgences plutôt que de les prévenir. Les assurances vous font souvent payer plus cher pour les services préventifs, malgré des preuves évidentes que la prévention permet d'économiser de l'argent. Cela vous oblige à prendre en main vos propres soins préventifs.

Un autre problème vient du fait que l'on ne dispose pas des mêmes connaissances que les professionnels de santé. Trouver les bonnes mesures préventives nécessite des connaissances spécialisées dont la plupart des gens ne disposent pas. Vous devez établir une relation avec les professionnels de santé qui repose à la fois sur la confiance et sur un questionnement constructif.

Équilibre entre vie professionnelle et vie privée

Courir après l'argent sans prendre soin de son corps mène à une situation perdante. La relation entre les heures de travail et la santé physique ne suit pas une ligne droite. Elle présente plutôt une courbe en dents de scie, indiquant qu'augmenter sa charge de travail finit par réduire sa productivité.

Les emplois modernes ont une étrange façon d'exiger un rendement maximal tout en créant des conditions qui nuisent à la santé à long terme. Le simple fait de rester assis toute la journée entraîne de nombreux problèmes de santé. Le corps humain a évolué pour bouger, pas pour fixer des écrans lumineux pendant la majeure partie de ses heures de veille !

Trouver un équilibre entre vie professionnelle et vie privée est devenu plus difficile avec la technologie. La prétendue commodité d'être toujours connecté s'est transformée en une attente d'être toujours disponible. La frontière entre vie professionnelle et vie privée a presque disparu, créant une situation où l'on ne se concentre jamais pleinement sur l'une ou l'autre.

Il devient encore plus difficile de fixer des limites appropriées dans des environnements de travail compétitifs où le surmenage visible est perçu comme un signe de dévouement. La personne qui travaille un nombre d'heures raisonnable risque de paraître moins engagée que ses collègues, même si elle obtient de meilleurs résultats. Cela crée une situation où des décisions individuelles judicieuses mènent à un résultat collectif stupide.

La solution consiste à établir des limites fermes et à reconnaître que le repos vous rend en réalité plus productif. Dormir suffisamment, faire de l'exercice et passer du temps avec ses proches améliore directement vos performances professionnelles. De nombreuses études le prouvent, mais la plupart des lieux de travail l'ignorent complètement.

Réserve d'argent d'urgence

Un fonds d'urgence fonctionne comme une ancre qui maintient votre navire financier à flot pendant les tempêtes. Les règles relatives aux fonds d'urgence restent pratiquement les mêmes, quel que soit votre niveau de revenus. Vous avez généralement besoin de suffisamment d'argent pour couvrir trois à six mois de dépenses de base.

Constituer un fonds d'urgence nécessite de trouver un équilibre entre des besoins contradictoires. L'argent doit rester facilement accessible tout en rapportant suffisamment pour compenser l'inflation. Cela crée un casse-tête sans solution simple.

Le défi mental que représente le maintien d'un fonds d'urgence semble particulièrement difficile en période de prospérité, lorsque le besoin semble théorique plutôt qu'immédiat. L'esprit humain se concentre trop sur les conditions actuelles tout en ignorant l'histoire qui montre clairement que tout le monde finit par connaître des urgences financières.

Les fonds d'urgence deviennent les plus difficiles à maintenir précisément au moment où vous en avez le plus besoin. Les ralentissements économiques augmentent le risque que vous ayez besoin d'argent d'urgence tout en rendant plus difficile le remplacement de ce que vous dépensez. Cela signifie que vous devez constituer votre fonds d'urgence pendant les périodes de prospérité financière — une pratique qui nécessite de surmonter le désir naturel de dépenser plutôt que d'épargner.

Planifier les soins de fin de vie

La planification des soins de longue durée est l'aspect le plus souvent négligé de la préparation financière, principalement parce que les gens se sentent mal à l'aise à l'idée de leur déclin physique. La réalité reste inévitable : environ 70 % des personnes auront besoin d'une forme ou d'une autre de soins de longue durée au cours de leur vie, dont le coût dépasse souvent 100 000 dollars par an.

Comprendre les polices d'assurance soins de longue durée semble aussi compliqué que de la physique avancée. Les options comprennent des délais de carence, des conditions de déclenchement des prestations, une protection contre l'inflation et de nombreux autres facteurs qui interagissent de manière imprévisible sur plusieurs décennies. Choisir une couverture appropriée nécessite de mettre en balance le coût des primes et les avantages potentiels alors que vous ne pouvez pas prédire vos besoins futurs.

Planifier les soins de longue durée revient souvent à s'y perdre dans un labyrinthe les yeux bandés, surtout lorsque la dynamique familiale entre en jeu. On part souvent du principe que nos proches prendront le relais le moment venu, offrant soins et soutien comme s'il s'agissait d'une réponse automatique. Mais lorsque la réalité s'impose, on se rend compte que les exigences pratiques et émotionnelles de la prise en charge ne sont pas une mince affaire. Prenons l'exemple de Sarah, qui pensait que sa mère serait prise en charge par ses deux filles. Mais lorsque la sœur de Sarah a dû quitter son emploi pour s'occuper d'elle à plein temps et que Sarah elle-même a commencé à manquer de sommeil, elles ont compris que ce n'était pas le conte de fées qu'elles avaient imaginé. Le coût de leur épuisement émotionnel et physique n'apparaissait dans aucun plan financier, mais il était bien là, planant au-dessus de leurs têtes comme une facture oubliée.

Au lieu d'espérer un élan soudain de force surhumaine ou une solution familiale idyllique, la clé réside dans le fait d'affronter l'inévitable de front. Une planification responsable des soins de longue durée ne consiste pas à faire comme si tout allait s'arranger. Il s'agit d'être honnête avec soi-même, de comprendre que les besoins en matière de soins, surtout à mesure que le temps passe, exigent plus que de simples vœux pieux. Une évaluation réaliste des besoins potentiels en matière de soins et une communication claire sur vos souhaits et les ressources dont vous avez besoin pour les concrétiser sont essentielles. Et tant que nous y sommes, parlons de l'aspect pratique de tout cela : vous ne pouvez pas simplement « trouver une solution » plus tard, lorsque votre santé commencera à se détériorer. Demandez à Jane, qui pensait pouvoir compter sur ses enfants pour l'aider jusqu'à ce qu'ils soient tous trop occupés par leur propre vie. Aujourd'hui, elle regrette de ne pas avoir pris le temps – et mis de l'argent de côté – pour planifier l'avenir. Mais bon, ne vous inquiétez pas, tout ira bien, n'est-ce pas ? Qui a besoin de plans quand on a de bonnes intentions ?

Protéger vos revenus

L'assurance invalidité protège contre la réalité selon laquelle environ une personne sur quatre sera confrontée à une invalidité l'empêchant de travailler pendant une longue période au cours de sa carrière. Lorsque les revenus cessent, les dépenses courantes persistent et augmentent souvent. Ainsi, les répercussions financières sont souvent plus importantes que celles d'un décès prématuré. Évaluer les polices d'assurance invalidité nécessite de comprendre les définitions spécifiques de l'invalidité, les délais de carence, les montants des prestations et les différentes options disponibles.

La définition de l'invalidité s'avère particulièrement importante, car les polices couvrant l'incapacité d'exercer « votre propre profession » offrent une protection très différente de celles couvrant l'incapacité d'exercer « n'importe quelle profession ».

Obtenir une couverture invalidité adéquate s'avère encore plus difficile pour les travailleurs indépendants et ceux dont les revenus sont irréguliers. Les modèles d'assurance standard ne fonctionnent pas bien pour les formes d'emploi non traditionnelles, ce qui crée des lacunes importantes dans la protection d'un pourcentage croissant de travailleurs.

Le calcul des montants de couverture appropriés nécessite une analyse minutieuse des dépenses essentielles, des frais médicaux potentiels et des objectifs financiers à long terme. La plupart des gens sous-estiment considérablement la couverture nécessaire, en se concentrant uniquement sur les dépenses de base tout en oubliant les cotisations de retraite en cours et d'autres obligations financières à long terme.

Des habitudes de dépenses réfléchies

Dépenser en pleine conscience ne représente pas seulement une pratique financière, mais une approche philosophique de l'achat. Évaluer chaque achat à l'aune de vos valeurs et objectifs déclarés crée un cadre décisionnel qui va au-delà de la simple opposition entre besoins et envies. Mettre en œuvre une dépense consciente nécessite d'établir des points de réflexion systématiques avant tout achat important. Se forcer à attendre entre l'impulsion et l'achat crée un espace pour une évaluation rationnelle plutôt qu'une réaction émotionnelle. Cette pratique va directement à l'encontre des techniques de marketing sophistiquées conçues pour contourner la prise de décision rationnelle.

La dépense consciente devient particulièrement difficile dans les situations sociales où les dépenses sont un signe de statut et d'appartenance. Maintenir des habitudes de consommation alignées sur ses valeurs personnelles plutôt que sur les attentes sociales nécessite à la fois une clarté d'intention et une grande force mentale. La solution consiste à créer délibérément une friction dans le processus de dépense en se posant des questions qui rétablissent le lien entre les décisions financières, les objectifs à long terme et les valeurs profondes.

Cette méthode transforme les dépenses d'une habitude inconsciente en un choix délibéré fondé sur de véritables priorités.

L'intégration de la planification financière et du maintien de la santé ne représente pas deux domaines distincts, mais une approche unifiée de l'épanouissement humain. La personne qui construit une stabilité financière tout en négligeant son bien-être physique finit par accumuler des ressources dont elle n'aura pas la santé pour profiter.

À l'inverse, la personne qui privilégie la santé tout en ignorant les réalités financières peut se retrouver dans l'incapacité d'accéder aux soins médicaux nécessaires pour préserver cette santé.

Chapitre 9

Se donner au monde

Nous sommes maintenant arrivés à ce moment curieux du voyage où les vieux arbres commencent à murmurer des choses qui les dépassent. Cette partie de la vie ne consiste pas à s'accrocher à ce que vous avez accompli. Il s'agit de transmettre ce que vous avez compris. Je parle de la sagesse générationnelle, cette force subtile et tenace qui perpétue discrètement le meilleur de ce que nous étions afin que ceux qui nous succèdent n'aient pas à commencer leur ascension depuis la même vallée.

Une vie bien vécue n'est pas celle que l'on passe à se préoccuper de manière obsessionnelle du confort et des petits tracas. La vraie joie, comme l'a dit un jour quelqu'un de plus sage, réside dans le fait d'être mis au service d'un but que l'on a choisi et que l'on juge noble. Pas dans le fait d'être un tas de plaintes attendant que l'univers s'excuse. La sagesse générationnelle émerge d'une telle vie. Du fait de choisir un but plutôt que l'importance de soi, du fait de se donner non pas aux modes mais à des vérités qui dureront plus longtemps que vous.

Lorsque vous vous donnez aux gens et aux lieux, quelque chose d'étrange se produit. Ils vous rendent la pareille. Ils vous façonnent tandis que vous les façonnez. Les souvenirs poussent dans ces lieux comme des lianes invisibles, s'enroulant autour de vieilles leçons et les y laissant pour ceux qui pourraient un jour revenir, à la recherche d'un sens, les pieds sur votre chemin.

La définition de l'héritage

L'héritage a toujours été cette chose mystérieuse qui obsède les humains dès que les genoux se mettent à craquer et que la ligne des cheveux commence son lent recul. Ce n'est pas une statue de marbre. Ce n'est pas un blason familial orné de lions et d'épées que personne ne peut expliquer. C'est, dans son sens le plus vrai, l'encre invisible que nous laissons sur les gens plutôt que sur le papier. Peter Strople, cet homme plein d'esprit, a dit un jour que l'héritage n'est pas ce que nous laissons aux autres. C'est ce que nous laissons en eux. C'est là toute la différence entre rester dans les mémoires et être recherché sur Google.

Des gens ont bâti des empires entiers juste pour qu'on se souvienne d'eux. Certains ont écrit des livres, peint des plafonds, mené des révolutions ou enseigné l'algèbre à des adolescents qui auraient préféré faire n'importe quoi d'autre. Tous ces efforts proviennent d'une seule pensée lancinante. Personne ne veut être celui qui a vécu, payé ses factures, puis disparu comme une chaussette dans la lessive. Tout le monde veut que son passage ici ait un sens. C'est là que le concept d'héritage s'immisce. Il n'est pas bruyant. Il n'a pas besoin d'applaudissements. Il se niche tranquillement dans les décisions que vous avez prises, les valeurs que vous avez transmises et la façon dont votre présence a façonné les autres longtemps après votre départ.

Contrairement aux titres de propriété, les valeurs ne se transmettent pas. Elles n'arrivent pas dans des coffrets somptueux lors de réunions de famille un peu gênantes. Elles se transmettent par l'exemple, par une constance obstinée et par quelques discours dramatiques prononcés de temps à autre au dîner. Chaque fois que vous avez choisi l'honnêteté alors que cela vous dérangeait, ou l'équité alors que cela vous coûtait quelque chose, vous avez planté une graine. L'héritage, c'est ce jardin. Celui qui pousse en votre absence parce que vous avez eu la clairvoyance de l'arroser pendant que vous étiez là. L'équité, par exemple, n'est pas seulement une vertu. C'est la colonne vertébrale de la décence humaine. C'est aussi la raison pour laquelle plus personne ne veut jouer à des jeux de société avec vous.

Essayez d'enseigner l'équité à un enfant sans passer pour un fou. Il reste un biscuit. Deux enfants qui le regardent fixement. Ce moment se transforme en salle d'audience. Et vous voilà, le juge, tenant un dessert dans une main et votre boussole morale dans l'autre. L'issue de ce moment n'est pas seulement un pic de glycémie. C'est une leçon qui résonne des années plus tard, lorsque ces mêmes enfants deviennent des adultes prenant des décisions dans des salles de réunion, des mariages ou des salles de classe. C'est le programme invisible de l'héritage.

En vieillissant, on commence à comprendre que la dignité, tout comme la confiance, se mérite et se défend farouchement. Il ne s'agit pas d'être convenable. Il s'agit de reconnaître que même les plus fragiles d'entre nous portent en eux une histoire, une valeur, une fierté qui méritent le respect. Lorsque les gens commencent à perdre leurs biens, la dignité devient encore plus précieuse. L'indépendance, la jeunesse et la mémoire. Pour certaines personnes, leur dignité est leur dernier bien. Comment réagiriez-vous face à quelqu'un qui n'a rien à vous offrir en retour ? C'est là que l'héritage prend le relais, redresse sa cravate et commence à prendre des notes.

Rosa Parks a dit un jour qu'elle laissait derrière elle l'unité, l'égalité et l'amour. Pas des biens immobiliers. Pas des stock-options. Elle a donné au monde un modèle de comportement pour quand le monde oublie ses bonnes manières. En prenant cette place, elle a transmis une valeur. Une valeur qui disait que la dignité n'est pas facultative. Ce n'est pas un avantage. C'est le tissu même de la vie humaine, et si vous le déchirez, tout s'effiloche. C'est cela, un héritage, non pas à cause du moment, mais à cause de ce que ce moment continue d'enseigner.

Certaines personnes confondent héritage et réputation. C'est comme penser qu'une photographie est la même chose que la personne qui y figure. L'héritage se moque de l'éclairage ou des filtres. C'est la partie de vous qui s'infiltre si subtilement chez les autres qu'ils ne s'en rendent peut-être pas compte jusqu'à ce qu'ils reprennent vos phrases fétiches ou fassent les mêmes choix moraux que vous avez faits autrefois. William James l'a dit sans détour : « Vivez pour quelque chose qui vous survivra. » On ne peut pas être plus clair que cela. Ne gaspillez pas votre vie à essayer de devenir une marque. Soyez un modèle.

Nous vivons aujourd'hui dans un monde où tout le monde se précipite pour devenir viral pendant une semaine plutôt que d'être rappelé toute une vie. L'influence a été repackagée et vendue comme une pub télévisée de fin de soirée. Le véritable héritage, cependant, reste de marbre. Il vous demande si vous avez appris à quelqu'un à mieux aimer. Si vous avez encouragé quelqu'un à se tenir plus droit, à réfléchir plus profondément, ou à se soucier des autres alors qu'il aurait été plus facile de s'en aller. L'héritage n'est pas une conférence TED. C'est un sillon.

Si l'équité est le cœur de l'héritage, alors le courage est le muscle qui le fait battre. Pensez aux vies qui ont véritablement changé le cours de l'histoire. Elles ont toutes été marquées par un moment de défiance audacieuse. Un refus de se contenter de peu. Un défi lancé à l'ordinaire. Maya Angelou l'a parfaitement exprimé. Laissez une empreinte indélébile. Pas une qui fait le buzz, pas une qui brille, mais une qui s'enracine profondément et reste gravée dans la mémoire morale d'une génération. C'est le genre d'héritage pour lequel cela vaut la peine de se battre.

Il y a un autre élément de cette équation que les gens oublient. Le lieu. Les espaces que nous habitons deviennent des miroirs, absorbant nos habitudes, nos souvenirs et nos valeurs. Donnez-vous à un lieu, et il vous rendra à vous-même. C'est là la magie. Vos valeurs ne flottent pas simplement dans les airs. Elles sont nichées dans le banc du parc où vous avez donné des conseils. Elles sont sur la table de la cuisine où se prennent les décisions familiales. Elles sont dans les hochements de tête silencieux échangés entre les personnes qui ont appris de vous. L'héritage ne réside pas seulement dans les gens. Il est ancré dans l'espace. Plus vous êtes enraciné dans votre communauté, votre foyer et votre lieu de travail, plus votre héritage étend ses tentacules dans le sol de l'histoire partagée.

La difficulté, bien sûr, c'est que tout cela demande des efforts. Cela exige une conscience de soi. Cela vous met au défi d'imaginer que vos actions résonnent plus fort que vos intentions. Myles Munroe nous a rappelé qu'investir dans les gens dure plus longtemps que n'importe quel bâtiment jamais construit. Nous n'avons pas besoin de plus de monuments. Nous avons besoin de plus de mentors. De plus de personnes qui savent que le changement ne se résume pas à des moments sous les projecteurs. Il s'agit du quotidien, de vivre en accord avec ses valeurs, même lorsque c'est peu pratique, peu glamour et tout à fait ingrat.

Quand les gens se demandent quel héritage ils laissent derrière eux, ils s'attendent souvent à une liste. Des choses accomplies. Des étapes franchies. Pourtant, la vraie réponse est un peu plus complexe. L'héritage, c'est le regard de votre enfant lorsqu'il utilise sa voix pour défendre quelqu'un. C'est la décision silencieuse d'un collègue de dire la vérité parce qu'il vous a vu faire de même autrefois. C'est le voisin qui décide de planter quelque chose dans son jardin au lieu de le paver, parce qu'il se souvient que vous accordiez de l'importance à la beauté, et pas seulement à l'utilité.

C'est là la véritable joie de vivre. C'est d'être mis au service d'une cause en laquelle vous croyez vraiment. Devenir une force de la nature plutôt qu'une boîte à plaintes ambulante se demandant sans cesse pourquoi l'univers ne se plie pas à vos préférences.

Un objectif puissant est nécessaire pour laisser une trace. C'est une forme de dévouement. Le genre qui affirme que vous pouvez tirer profit de votre orbite sans que le monde tourne autour de vous. C'est ce qui rend cela si beau. Il n'est pas nécessaire que vous soyez célèbre. Au final, les choix que vous faites aujourd'hui façonnent l'histoire que d'autres suivront demain. Plus vous êtes bienveillant, plus vous faites preuve de courage, plus vous offrez de sagesse, plus il y a de chances que votre histoire se poursuive. Pas dans la pierre. Pas dans les gros titres. Dans les gens. Et c'est ainsi, mon ami, que vous restez éternel sans jamais le demander.

Quand on pense à ceux qui sont pauvres, sans abri ou confrontés à des difficultés socio-économiques, la reconnaissance de la dignité devient une puissante force d'égalisation. Elle met tout le monde sur un pied d'égalité en garantissant que chaque individu, quelle que soit sa situation, puisse conserver son sentiment de fierté et d'estime de soi. Quand tu parviens à reconnaître la dignité d'autrui, tu ne fais pas exactement une découverte révolutionnaire, mais tu accomplis quelque chose de remarquablement rare dans un monde où l'égocentrisme a été élevé au rang d'art. Vous faites le choix radical de traiter les autres comme s'ils comptaient, ce qui est apparemment trop demander à certaines personnes qui croient que le contact visuel et la décence élémentaire sont des attributs facultatifs de l'âge adulte.

Ce simple geste, aussi démodé qu'il puisse paraître, crée un espace où la justice et l'équité ne sont pas seulement des concepts théoriques brandis dans les ateliers sur la diversité en entreprise, mais des valeurs réellement vécues qui peuvent façonner de véritables liens humains. Ce faisant, vous enrichissez sans le savoir votre propre personnalité, mais ne vous enorgueillissez pas pour autant. Vous ne passez pas ici une audition pour la sainteté, mais vous poussez le monde tout doucement vers quelque chose qui ressemble à de la compassion. Curieusement, cela finit aussi par rendre votre héritage plus significatif que si vous vous étiez contenté d'accumuler des cryptomonnaies ou de publier des citations inspirantes sur des photos de couchers de soleil.

Imaginez un peu : le concept d'héritage est quelque chose qui se trouve à la lisière de toute âme pensante, quelque chose trop souvent négligé jusqu'à ce qu'il glisse discrètement dans le passé. Pas les monuments de marbre ni les certificats poussiéreux rangés dans des tiroirs. Je parle de la vraie vie. Le genre de choses que l'on ne remarque pas jusqu'à ce que l'on se surprenne à sourire à une odeur, une chanson, ou la façon dont votre enfant plisse le nez exactement comme le fait votre grand-père.

Vous voyez, je suis convaincu que le plus grand héritage n'est pas gravé dans la pierre ni inscrit sur un tableau Excel. Il se trouve dans les histoires que nous racontons, dans les rires qui résonnent dans les vieilles cuisines, dans des souvenirs si vivants qu'ils pourraient tout aussi bien être des êtres vivants. Les souvenirs, mon ami, ressemblent beaucoup à de petits cailloux sur le rivage. On les ramasse sans trop y penser sur le moment. Une fête d'anniversaire. Une conversation tardive. La façon dont votre mère fredonnait en pliant le linge. On les range, sans se rendre compte qu'on construit un trésor destiné à être hérité par quelqu'un d'autre.

Ces cailloux reposent tranquillement, prenant la poussière sur des étagères mentales. Un jour, souvent quand on s'y attend le moins, ils dévalent en cascade. Peut-être entends-tu ton enfant dire quelque chose exactement avec le même ton que ton père. Peut-être que ton petit-enfant cueille une fleur comme tu le faisais. C'est là que tu te rends compte d'une chose assez étrange. Le temps ne s'écoule pas toujours en ligne droite. Parfois, il fait une boucle, te rappelant doucement que tes moments sont devenus les fondations de quelqu'un d'autre.

Le fait de partager est aujourd'hui un autre trésor méconnu. La plupart des gens pensent que partager, c'est échanger des ressources, couper son biscuit en deux ou prêter une tondeuse à quelqu'un. Ce n'est pas le cas. Le véritable partage est un acte de mémoire, d'émotion, de sens. Tu ne partages pas seulement un dîner ; tu partages la chaleur d'être vu. Tu ne passes pas seulement un outil ; tu transmets de la confiance. La forme la plus puissante de partage est celle qui s'effectue sans fanfare, alors qu'il serait plus facile de ne pas le faire. C'est celle qui s'étend à travers les générations comme un fil d'or, liant les gens à quelque chose de plus profond que la simple commodité.

Nous aimons tous idéaliser le thème de la famille jusqu'à ce qu'il nous pousse à bout. Cependant, le meilleur terreau pour ancrer nos convictions se trouve dans ce fouillis de désaccords, de points de vue divergents et de conseils non sollicités. Notre véritable moi se reflète dans cette communauté soudée, faite de liens du sang, de concessions sans fin et de coutumes étrangement particulières. Votre famille peut vous sembler chaotique. Lors d'un de mes dîners, une discussion animée a éclaté pour savoir quel type d'oignon était le meilleur. Mais même dans ces moments absurdes, un héritage se forge. La manière dont vous les soutenez et persistez à revenir, même lorsque vous avez envie de fuir.

Ils s'en souviendront.

Tant de gens courent après un héritage à grands cris, pensant qu'il doit être bruyant pour être durable. Ce qu'ils oublient, c'est que les enfants vous regardent plus qu'ils ne vous écoutent. Vos petits-enfants se souviendront de ce que vous leur avez fait ressentir bien après avoir oublié ce que vous avez dit. Votre famille devient la toile vivante de vos valeurs, que cela vous plaise ou non. La question est : quel genre de coups de pinceau laissez-vous derrière vous ?

Le monde vous dit que le succès se mesure au nombre de personnes qui applaudissent quand vous parlez. Je vous le dis : le vrai succès réside dans le nombre de personnes qui se souviennent de votre silence. Votre présence discrète a-t-elle réconforté quelqu'un ? Votre constance est-elle devenue un phare dans leur tempête ? Ce ne sont pas de grands gestes ; ce sont de petites habitudes, souvent inaperçues, qui s'accumulent au fil du temps comme des briques. Elles forment les fondations d'un héritage, discret mais inébranlable.

Maintenant, je ne pense pas qu'il s'agisse uniquement des autres. Le voyage intérieur est tout aussi important. La croissance personnelle, le simple fait de se demander qui vous êtes et qui vous souhaitez devenir, n'est pas moins noble que de guérir des maladies ou d'écrire des symphonies. L'homme qui ose affronter son propre ego, qui apprend à écouter plus qu'il ne parle, qui dépasse sa propre obstination, laisse derrière lui quelque chose de plus grand que la richesse. Il laisse la sagesse. Pas celle des manuels, mais celle de la vie. Celle qui dit : « Je me suis déjà trompé, et voici ce que j'ai appris en l'assumant. »

On ne peut transmettre une valeur que l'on ne vit pas soi-même. C'est là une vérité dérangeante que la plupart des gens préfèrent ignorer. Les enfants flairent l'hypocrisie comme les chiens de chasse flairent la viande. Si vous prônez la gentillesse mais que vous vous en prenez au serveur, si vous exigez l'honnêteté mais que vous mentez sur les raisons pour lesquelles vous avez manqué une réunion de famille, félicitations, vous venez de vous construire un héritage fait de contradictions.

N'oublions pas l'équité. C'est l'âme de l'héritage. Non pas parce qu'elle vous donne bonne conscience, mais parce qu'elle vous oblige à sortir de votre ego. L'équité n'est pas une vertu abstraite dont les philosophes débattent autour d'une tasse de thé. C'est ce moment où vous choisissez d'écouter quelqu'un de plus jeune que vous. C'est quand vous admettez que vous n'avez pas toutes les réponses. C'est quand vous passez le micro à quelqu'un dont la voix a été étouffée trop longtemps. L'équité est le pont qui permet à vos valeurs de traverser pour entrer dans la vie de quelqu'un d'autre.

Parlons maintenant de dignité. Celle que vous accordez aux autres simplement parce qu'ils sont humains, pas celle qui découle des honneurs ou des titres. Surtout à ceux qui approchent du crépuscule de leur vie. Vous voulez tester votre caractère ? Passez une heure avec quelqu'un que la société a oublié. La façon dont vous traitez les personnes qui n'ont rien à vous offrir en retour : voilà votre véritable CV. C'est ce qui résonnera longtemps après que votre nom aura disparu.

Le développement personnel n'est pas un slogan de développement personnel. C'est un devoir. Car chaque fois que vous grandissez, vous élevez quelqu'un d'autre avec vous. Chaque centimètre que vous gravissez devient un point d'appui pour ceux qui vous regardent. Il ne s'agit pas seulement d'atteindre une version meilleure de vous-même. Il s'agit de devenir quelqu'un dont la simple existence donne envie aux autres de grandir aussi.

Souvenez-vous, l'héritage n'est pas une chose. Ce n'est pas une entreprise, une maison ou un titre. Vos idéaux se reflètent dans les personnes que vous avez influencées. L'héritage, c'est lorsque votre fille, après avoir été témoin de vos actions, prend la défense de quelqu'un qui a été réduit au silence. L'héritage, c'est lorsque votre petit-enfant se souvient que vous aviez toujours du temps pour lui et prend le temps d'appeler quelqu'un qui se sent seul. Ce sont les petits choix, les actes constants de compassion et le courage silencieux qui laissent un héritage.

Alors, avant de courir après les applaudissements, je vous demande de faire une pause. Regardez autour de vous. Qui êtes-vous en train de devenir aux yeux de ceux qui comptent ? Que transmettez-vous par votre façon de parler, par votre présence, par votre capacité à pardonner ? Le monde n'aura peut-être pas en mémoire votre CV, mais il n'oubliera jamais l'impact que vous avez eu.

Vous avez le temps, oui. Mais ne le gaspillez pas en faisant comme si vous aviez l'éternité devant vous. L'héritage ne se construit pas sur l'intention. Il se construit sur l'action. À chaque instant, tu choisis qui tu deviens. Voilà, mon ami, le secret. Voilà tout le plan. Tu n'as jamais été censé changer le monde d'un seul grand geste. Tu étais destiné à le semer de fragments de toi-même, les bons, encore et encore, jusqu'à ce qu'un jour, quelqu'un ramasse l'un de ces fragments et dise : « Je m'y sens chez moi. »

Les avantages des valeurs fondamentales

Il arrive un moment dans la vie de chacun où l'on commence à se libérer du poids des idéaux empruntés et à se poser une question plus profonde : « En quoi est-ce que je crois vraiment ? » C'est là que commence l'exploration des valeurs fondamentales. Non pas comme quelque chose d'hérité ou de mémorisé, mais comme une pratique personnelle et vivante. Les valeurs ne sont pas seulement des idées abstraites transmises lors des dîners de famille ou imprimées dans les manuels scolaires. Elles servent de repères qui nous maintiennent stables sur le terrain imprévisible de la vie. Pour ceux qui choisissent de vivre en pleine conscience, les valeurs deviennent plus que des mots. Elles se transforment en une bouée de sauvetage, un rythme, un héritage qui se dévoile en temps réel.

Vivre selon ses valeurs fondamentales, c'est vivre avec intention. Cela signifie être conscient de l'influence que l'on exerce, que ce soit à la maison, au travail ou au sein de sa communauté. Cela signifie comprendre que nos choix ont des répercussions au-delà de ce que l'on voit. Une personne ancrée dans ses valeurs évolue différemment dans le monde. Elle n'a pas besoin de proclamer ses convictions. Au contraire, elle les révèle à travers ses actions, par la façon dont elle écoute, dont elle pardonne, dont elle se montre présente même lorsque cela est gênant. Ces actes discrets ont du poids. Ils cimentent les relations et renforcent le tissu social qui nous entoure.

L'honnêteté ne se limite plus à éviter les mensonges. C'est l'acte de se montrer tel que l'on est vraiment, même lorsque la vérité est difficile à partager. La gentillesse n'est plus réservée aux occasions spéciales. Elle devient votre attitude par défaut, un cadeau discret que vous offrez sans rien attendre en retour. L'intégrité, c'est faire le choix difficile, même lorsqu'il est le plus solitaire, parce qu'il correspond à ce que vous savez être juste. Le respect n'est plus une récompense pour un bon comportement. C'est quelque chose que l'on donne parce que chaque personne mérite d'être traitée avec dignité.

Quand quelqu'un commence à vivre ces valeurs avec cohérence, il devient un miroir. Les autres se voient dans ce reflet et se demandent s'ils pourraient eux aussi défendre quelque chose de plus. C'est souvent ainsi que le changement commence. Il ne commence pas par des manifestations ou des gros titres. Il commence par une personne qui refuse de choisir la facilité. Quand les valeurs sont vécues avec sincérité, elles deviennent contagieuses.

Ce mode de vie ne va pas sans lutte. Rester fidèle à ses valeurs dans un monde qui récompense les raccourcis et applaudit les apparences peut sembler épuisant. Il y aura des jours où le compromis semblera raisonnable, voire justifié. Mais si vous persévérez, si vous choisissez une intégrité tranquille plutôt que des gains rapides, vous commencez à changer de l'intérieur. Vous acquérez une clarté d'esprit que les autres confondent avec de la force, mais qui est en réalité de la paix. Vous devenez plus résilient, non pas parce que la vie s'adoucit, mais parce que vous avez cessé de remettre en question le chemin que vous avez choisi.

Lorsque les valeurs sont mises en pratique et non pas seulement énoncées, elles gagnent en profondeur. Elles font partie intégrante de votre personnalité. Elles façonnent vos habitudes. Elles se manifestent dans la façon dont un parent s'adresse à son enfant, dans la manière dont un dirigeant anime une réunion, dans la façon dont un inconnu vient en aide à quelqu'un dans le besoin. C'est là que l'héritage commence à prendre forme. On ne peut transmettre ce que l'on ne vit pas. Mais lorsque l'on vit ses valeurs, on offre quelque chose de solide, un point d'appui sur lequel les autres peuvent s'appuyer, surtout lorsqu'ils nous observent sans que l'on s'en rende compte.

Les résultats ne sont peut-être pas faciles à mesurer, mais ils sont profondément ressentis. Une famille ancrée dans des valeurs communes devient un havre de réconfort et de confiance. Une communauté façonnée par l'empathie et la responsabilité devient forte face à l'adversité. Une personne fondée sur l'intégrité devient quelqu'un sur qui les autres peuvent compter. Ce genre de confiance ouvre des portes qu'aucun CV ne pourrait jamais ouvrir.

Les valeurs fondamentales ne rendront pas la vie parfaite, mais elles lui donnent un sens. Elles vous aident à trouver la paix, à diriger avec sagesse et à aimer sans crainte. Dans un monde plein de chaos et de bruit, elles offrent une structure sereine qui vous maintient debout. Lorsque vous vivez selon ces valeurs, non sans erreurs mais avec persévérance, vous commencez à façonner quelque chose qui dépasse votre propre vie. Vous prenez part à une histoire qui a le pouvoir de perdurer.

Les valeurs fondamentales peuvent façonner un heritage

Si l'histoire nous a appris quelque chose, c'est que prêcher la morale à table fonctionne rarement, à moins que vous ne preniez le dessert en otage. La véritable recette secrète, celle qu'on n'imprime jamais sur ces tasses à café inspirantes, est bien plus puissante que les slogans. Elle s'appelle « montrer l'exemple ». Cela signifie faire exactement ce que vous attendez des autres. Ce simple geste peut résonner à travers les générations plus fort que n'importe quel discours.

Les enfants, qui fonctionnent comme de minuscules caméras de surveillance en baskets, ne prennent pas de notes pendant vos longs discours sur la vie. Ils étudient chacun de vos gestes comme de jeunes agents du FBI recueillant des preuves comportementales pour un futur rapport. Vous dites que l'honnêteté compte, puis vous mentez au serveur sur le pourboire. Ils le remarquent. Vous dites de respecter vos aînés, puis vous levez les yeux au ciel devant l'histoire de tante Edna sur le papier peint. Ils l'enregistrent. Vous dites de manger vos légumes, puis vous cachez les vôtres sous la purée. Ils voient tout. Les enfants ne font pas que vous écouter. Ils constituent un dossier intitulé « Héritage », et vos choix quotidiens en sont les preuves.

Un héritage fondé sur l'intégrité ne commence pas par un discours. Il commence par la cohérence entre ce qui sort de votre bouche et ce que votre corps met réellement en pratique. Si vous prônez la patience, la compassion ou la simple décence humaine, ces valeurs ne peuvent pas rester encadrées au mur comme des résolutions périmées. Elles doivent transparaître dans votre ton, vos actions, et même vos interactions maladroites à l'épicerie. Les valeurs ne sont pas des décorations. Ce sont des mouvements, des habitudes en action.

C'est là que l'idée d'héritage commence à prendre forme. On ne façonne pas les générations futures en leur disant ce qu'elles doivent être. On les façonne en étant à leurs côtés chaque jour. Lorsque les valeurs sont vécues, et pas seulement énoncées, elles ont un pouvoir durable. Les gens les transmettent, souvent longtemps après que votre voix se soit tue.

La manière la plus efficace d'ancrer les valeurs fondamentales dans la génération suivante n'est pas d'imprimer une liste de codes moraux. C'est de partager vos histoires. Les plus embarrassantes. Les plus authentiques. Des histoires issues de votre culture. Des récits sur vos échecs, vos victoires, vos tournants décisifs. Ces histoires concrétisent des valeurs abstraites. Elles aident les gens à comprendre que la force morale n'est pas la perfection. C'est la persévérance. Une bonne histoire transmet une valeur bien plus loin que ne le feraient jamais une centaine de discours.

L'héritage, ce n'est pas une statue que quelqu'un érige pour vous. C'est la façon dont quelqu'un se comporte des années plus tard parce qu'il vous a vu faire de même avant lui.

Il est impératif d'instaurer un climat de communication franche et transparente au sein de la famille ou de la communauté. Les valeurs, les croyances et les dilemmes moraux peuvent alors être abordés ouvertement. Pour développer des principes au sein de la famille, un dialogue sincère est essentiel. Organisez des discussions en famille pour expliquer pourquoi chaque valeur est importante et en quoi elle est liée à votre identité et à vos aspirations. Encourager les questions et les commentaires de tous les membres de la famille peut favoriser un sentiment d'appropriation et de compréhension.

Les valeurs sont également renforcées par les rituels et les coutumes familiales. En plus de favoriser le bonheur et de développer les liens familiaux, ils offrent des occasions de mettre ces idéaux en pratique. Ces traditions peuvent prendre de nombreuses formes, allant d'actions collectives de compassion et de bénévolat à la célébration de fêtes culturelles. Le service communautaire en famille aide non seulement ceux qui en ont besoin, mais enseigne également aux enfants la responsabilité et l'empathie. Participer à des fêtes culturelles est un moyen d'enseigner la tolérance et l'acceptation. Les dons caritatifs et l'aide apportée aux personnes dans le besoin sont des exemples d'actes de gentillesse qui favorisent l'empathie, la compassion et la générosité.

Les valeurs ne se limitent pas à ce que l'on voit au premier abord. Elles incarnent l'essence même du caractère d'une famille. Ainsi, pour établir des attentes et des limites claires, il est nécessaire de définir les comportements et les activités qui reflètent ces principes. Lorsque les attentes ne sont pas clairement communiquées, il devient plus difficile de demander des comptes aux gens. Ici, les gens sont encouragés à agir conformément aux croyances de leur famille ou de leur communauté et à toujours réfléchir aux répercussions de leurs actes ; il en résulte une atmosphère saine et positive.

Une culture de la curiosité, de l'expression libre et de la découverte est essentielle pour élever une génération capable de réfléchir de manière critique à ses valeurs personnelles et aux conséquences plus larges de ces valeurs. Au lieu de prendre les valeurs pour argent comptant, cette approche aide les gens à les assimiler véritablement. Afin de porter des jugements fondés sur leurs convictions personnelles et de gérer des dilemmes éthiques complexes, les jeunes doivent comprendre le raisonnement et les implications des valeurs.

À mesure que les paysages sociaux et culturels évoluent, il devient douloureusement évident que ce qui fonctionnait pour vos arrière-grands-parents ne passerait peut-être pas à la table du dîner aujourd'hui. Il est crucial de réfléchir et de s'adapter. Les valeurs que nous transmettons ne doivent pas être des reliques emballées dans du papier bulle et reléguées au grenier. Elles doivent être régulièrement évaluées pour s'assurer de leur utilité persistante. Nous devons également être ouverts au changement, mais bien sûr sans rejeter tout le fondement. Ce type de vigilance attentive garantit que les idéaux transmis tiennent toujours la route et ne sont pas simplement de jolies broderies sur un coussin décoratif.

Transmettre continuellement des valeurs exige quelque chose de radical appelé introspection. Cela signifie, oui, se demander de temps à autre si nos paramètres par défaut ont toujours un sens.

Cela nécessite également une discussion ouverte, ce qui signifie « parler sans crier », et surtout, un engagement farouche à vivre réellement les principes que nous prétendons défendre. Rien ne dit mieux « fais ce que je dis, pas ce que je fais » qu'un modèle hypocrite.

Les expériences culturelles, religieuses et personnelles de chacun façonnent leurs familles comme un gumbo, composé à parts égales de tradition, de chaos et d'épices. En raison de cette diversité, transmettre des valeurs à la génération suivante devient moins un objectif parental digne de Pinterest qu'une compétence de survie. Il est crucial de créer des familles et des communautés stables et harmonieuses qui ne s'effondrent pas lors de disputes par SMS de groupe.

L'honnêteté, l'intégrité, l'empathie, le respect, la gentillesse et la responsabilité restent parmi les valeurs les plus fondamentales que nous pouvons définir et faire respecter sans passer pour un poster de motivation. Réfléchissez à votre héritage et à la façon dont il vous a façonné, que ce soit de manière hilarante ou terrifiante. Ensuite, intégrez ces principes dans votre vie quotidienne, de préférence sans faire la leçon à tout le monde dans le rayon des céréales. C'est là que la magie opère. C'est ainsi que les valeurs cessent d'être des mots à la mode et commencent à devenir un héritage.

Une façon de rassembler les gens et de s'amuser est de s'attacher à renforcer les valeurs familiales. Vous pouvez créer des souvenirs précieux et consolider vos principes grâce à des traditions qui reflètent vos convictions. En louant les actions qui sont en accord avec les valeurs familiales, nous pouvons encourager davantage de personnes à les suivre et les aider à s'ancrer dans notre quotidien. Un excellent moyen de maintenir l'engagement des gens est de reconnaître et de louer leurs efforts lorsqu'ils incarnent vos idéaux.

Pour bâtir une famille solide, l'empathie et le respect sont primordiaux. Dans une communauté solidaire, chacun se sent écouté et apprécié lorsque les gens prennent le temps de comprendre et de s'identifier aux expériences et aux points de vue des autres. Efforcez-vous de résoudre les conflits de manière harmonieuse grâce à un dialogue courtois, une écoute active et un respect mutuel.

Vous ne pouvez pas vous lancer seul dans la construction d'une cellule familiale solide. Demander conseil à des guides spirituels, des conseillers ou des mentors peut être une source de force et d'orientation. Interagir avec des familles qui partagent des valeurs similaires aide à cultiver un sentiment de communauté. Votre famille et la société bénéficient de l'orientation morale, de la résilience, de la solidarité et de l'amour que vous et votre famille cultivez à travers ces efforts intentionnels et continus.

Les valeurs fondamentales sont les idées les plus importantes qui font de nous ce que nous sommes, façonnent notre comportement et nous aident à faire des choix tant dans notre vie personnelle que professionnelle. Véritable boussole morale, ces valeurs guident la manière dont nous traitons les autres, prenons des décisions dans la vie et gérons les situations difficiles. Même si les valeurs fondamentales peuvent varier considérablement d'une personne, d'une famille ou d'un pays à l'autre, elles aident toutes les individus à être dignes de confiance en encourageant l'honnêteté, à nouer des relations significatives en favorisant la compassion et l'empathie, à prendre des décisions éthiques et à responsabiliser les gens, en particulier dans les situations difficiles. Vivre en accord avec nos valeurs fondamentales améliore notre vie, renforce nos relations et nous aide à atteindre nos objectifs. Cela nous apporte également la confiance et la stabilité nécessaires pour faire face aux aléas de la vie, en nous appuyant sur nos convictions et nos principes comme guides inébranlables.

L'intégrité, en tant que valeur fondamentale, est l'incarnation de l'honnêteté et de la force morale. C'est une qualité qui inspire la confiance, renforce les relations et améliore la réputation, contribuant ainsi à l'épanouissement tant personnel que professionnel. L'intégrité engendre la confiance, ce qui conduit à des liens personnels et professionnels plus solides. Elle forge également une réputation positive, ouvrant la voie à de nouvelles opportunités et encourageant des interactions sociales positives. De plus, mener une vie intègre apporte une tranquillité intérieure, nous épargnant les tourments associés à la tromperie et à la violation des codes moraux. En somme, l'intégrité est la pierre angulaire d'une vie épanouissante, renforçant la fiabilité, la réputation et la paix intérieure.

La sincérité est un principe ancestral que votre grand-mère défendait avec ferveur, mais que votre CV évite subtilement de mentionner. Être honnête, c'est plus que simplement dire la vérité, même si cela aide. Il s'agit de vivre sa vie sans avoir à composer avec des mensonges comme des torches enflammées lors d'un spectacle auquel vous ne vous êtes pas inscrit. Dire la vérité vous aide à mieux dormir, à respirer plus facilement et à cesser d'essayer de vous rappeler quelle version de la vérité vous avez racontée à Brenda de la comptabilité.

L'honnêteté est ce qui fait tenir les relations, mais elle coûte cher. Elle aide les gens à se faire confiance, ce qui est la licorne que les gens ne cessent de rechercher sur les applications de rencontre. Le manque d'honnêteté transforme chaque interaction en jeu de devinettes, ce pour quoi personne n'a le temps (enfin, peut-être les producteurs de télé-réalité).

Enfin, il y a le respect, une valeur que tout le monde dit importante mais que l'on oublie de mettre en pratique au volant. Respecter quelqu'un, c'est le traiter comme une personne à part entière, et non comme un figurant dans votre propre histoire. C'est dire « merci » et « s'il vous plaît » sans attendre une ovation debout. C'est écouter sans préparer ce que l'on va répondre ensuite. Je sais, c'est fou. Quand on respecte quelqu'un, cette personne se sent importante, même si l'on sait qu'elle a tort de mettre de l'ananas sur une pizza. Cela permet de maintenir la paix, d'éviter les disputes inutiles lors des dîners de famille et donne à chacun la chance de s'entendre sans se jeter des objets à la figure.

L'honnêteté et la politesse ne sont pas seulement des qualités admirables ; elles sont essentielles.

Elles vous permettent de vous connecter aux autres, un peu comme le Wi-Fi. Sans elles, rien ne fonctionne correctement, et les gens se contentent de survivre. Faire preuve de respect peut considérablement améliorer les relations, jeter les bases de la confiance et favoriser une communication amicale. C'est également crucial pour résoudre les conflits, permettant de gérer les désaccords avec élégance et d'aboutir à des résultats constructifs. De plus, le respect est synonyme d'inclusivité, car il accueille la diversité et promeut un traitement équitable, renforçant ainsi l'unité et le sentiment d'appartenance. Par conséquent, le respect est indispensable pour favoriser des interactions positives, résoudre les conflits à l'amiable et promouvoir l'inclusivité.

La responsabilité consiste à rendre compte de ses actes et à s'acquitter consciencieusement de ses obligations. Elle est à la base du développement personnel, car le fait de reconnaître ses erreurs permet d'apprendre et de s'améliorer. Ceux qui assument leurs responsabilités sont considérés comme dignes de confiance et respectables ; ils font souvent preuve d'une grande capacité à résoudre les problèmes et d'une approche proactive dans la prise de décisions. Cette qualité est essentielle pour résoudre les problèmes efficacement et en temps opportun. La responsabilité façonne le caractère d'une personne par le biais de la responsabilisation et de la discipline, ce qui en fait un élément clé de l'intégrité personnelle et du respect social.

L'empathie est une valeur particulièrement puissante, qui nous permet de comprendre et de partager les sentiments des autres. Elle approfondit nos liens, offrant un soutien émotionnel capable de consolider les relations pour en faire quelque chose de solide et véritablement enrichissant. L'empathie est également indispensable à la résolution des conflits, car elle favorise la compréhension et le compromis, permettant de trouver un terrain d'entente et de parvenir à des solutions pacifiques. Une société qui accorde une grande importance à l'empathie est intrinsèquement plus compatissante et inclusive, reconnaissant et répondant à l'humanité commune qui nous lie tous.

La compassion, cette empathie instinctive face à la souffrance d'autrui, rayonne vers l'extérieur, nous poussant à agir pour soulager la douleur. Elle nous incite à faire preuve de gentillesse par des gestes grandioses ou de simples actes, renforçant ainsi notre sentiment d'utilité et notre bien-être émotionnel. La compassion nourrit la tolérance et atténue les préjugés, nous permettant de dépasser nos différences et d'embrasser la diversité, menant ainsi à une société où chacun est valorisé et respecté.

La persévérance, cette poursuite inébranlable des objectifs face à l'adversité, favorise la réussite, nourrit la résilience et renforce l'efficacité personnelle. Il ne s'agit pas simplement d'endurer, mais de persévérer avec une vision claire de son but et un engagement sans faille envers ses objectifs. Cette ténacité conduit non seulement à la réalisation des ambitions, mais fortifie également l'esprit, nous préparant à affronter les défis inévitables de la vie avec un optimisme solide et durable.

La gratitude, cette reconnaissance sincère du bien que nous vivons, est source de transformation. Pratiquer régulièrement la gratitude enrichit nos vies, améliorant notre bien-être physique et émotionnel. Elle nourrit des relations positives et renforce les liens qui nous unissent aux autres. La gratitude sert également de rempart contre la vague des défis liés à la santé mentale, contribuant à une vie marquée par le contentement et la sérénité d'esprit.

Ces valeurs fondamentales, qui comprennent l'intégrité, l'honnêteté, le respect, la responsabilité, l'empathie, la compassion, la persévérance et la gratitude, ne sont pas de simples mots, mais l'essence même de notre caractère. Elles façonnent notre identité, guident nos actions et influencent l'héritage que nous laissons derrière nous. En adoptant ces valeurs, nous améliorons non seulement notre propre vie, mais nous contribuons également à créer un monde plus compréhensif, plus bienveillant et plus résilient. Ces valeurs nous unissent les uns aux autres, favorisant un sentiment commun d'humanité et une quête collective du bien commun.

Adopter ces valeurs a un effet d'entraînement sur nos relations, notre santé mentale et les communautés dans lesquelles nous vivons. Par exemple, l'honnêteté et l'intégrité favorisent la confiance, qui est essentielle à des relations saines. L'empathie et la compassion nous permettent de créer des liens plus profonds avec les autres et de bâtir des communautés solides et solidaires. La responsabilité et la persévérance nous aident à atteindre nos objectifs et à surmonter les défis de la vie avec résilience et détermination.

La mise en pratique des valeurs fondamentales est un choix personnel et une force puissante pour un changement sociétal positif. Lorsque nous vivons selon nos valeurs et que nous les incarnons pour les autres, nous inspirons les autres à faire de même, créant ainsi une culture de bienveillance, de compassion et de respect. En fin de compte, la mise en pratique des valeurs fondamentales a le potentiel de transformer la société, la rendant plus harmonieuse, plus équitable et plus compatissante pour tous.

Mettre en pratique les valeurs fondamentales

Il était une fois une petite ville côtière tranquille appelée Elmbridge, le genre d'endroit où les matins sentaient le sel de mer et le pain frais, et où les après-midis s'écoulaient un peu plus lentement que dans le reste du monde. La plupart des gens là-bas connaissaient votre nom, celui de votre chien et la façon dont vous preniez votre café. C'était aussi le dernier endroit où quelqu'un comme Daniel Wilder pensait finir.

Daniel est arrivé à Elmbridge comme la plupart des vagabonds, discret et prudent, convaincu qu'il avait cerné tout le monde. Il avait passé la majeure partie de sa vie à passer d'un emploi à l'autre et d'une ville à l'autre, sans jamais rester assez longtemps pour laisser une trace ou semer le désordre. Son passé lui avait appris que se rapprocher trop des gens menait généralement à souffrir, alors il gardait son cercle restreint et ses attentes encore plus modestes. S'il avait jamais dû nommer ses valeurs, elles auraient tourné autour de l'instinct de survie et du sarcasme.

Elmbridge avait une autre façon d'enseigner. La ville ne vantait pas ses qualités. Elle les montrait simplement, encore et encore. Elles se trouvaient chez les voisins qui faisaient un signe de la main juste parce qu'ils le pouvaient. Elles se trouvaient chez le facteur qui laissait des biscuits à tous les chiens sur son parcours. Et surtout, elles se trouvaient chez une femme nommée Nora Price.

Nora tenait une petite librairie près du port, le genre de librairie où des notes manuscrites étaient glissées entre les pages de ses romans préférés et où une clochette sur la porte faisait retentir le même tintement plein d'espoir chaque fois que quelqu'un entrait. Elle avait le don de faire en sorte que les gens se sentent à leur place, simplement en se souvenant de leurs histoires et en leur demandant comment elles se terminaient. Elle vivait ses valeurs sans fanfare. Elle était présente quand les autres ne l'étaient pas, pardonnait quand c'était difficile et écoutait comme si cela comptait.

Daniel l'a rencontrée par hasard. Si vous aviez demandé à Nora, elle aurait répondu qu'il n'y a pas de hasard, seulement des invitations que nous avons le courage d'accepter. Il faisait semblant de parcourir la section jardinage lorsqu'elle s'est approchée avec une tasse de thé et lui a dit : « Vous avez l'air de quelqu'un qui porte un fardeau plus lourd qu'il ne le laisse paraître. »

Ce n'était pas une accusation. C'était une ouverture en douceur.

Daniel est resté sur ses gardes au début. Il a utilisé l'humour pour détourner la conversation et n'a donné que des réponses évasives, comme s'il rationnait son honnêteté. Nora n'a pas insisté. Elle lui a laissé de l'espace. Au fil du temps, cet espace est devenu quelque chose que Daniel n'avait pas ressenti depuis des années : la sécurité. Il a remarqué comment elle vivait. Elle fermait la boutique plus tôt pour apporter de la soupe à un voisin. Elle faisait preuve de bienveillance quand les gens trébuchaient. Elle n'essayait jamais de changer qui que ce soit. Elle montrait simplement ce à quoi ressemblait une vie vécue avec intention.

Daniel observait, et quelque chose a basculé. Il a commencé à s'imprégner de ses valeurs, non pas parce qu'elle le lui demandait, mais parce qu'elles lui semblaient vraies. Il a vu comment l'empathie construisait des ponts. Il a vu comment l'intégrité donnait aux gens une raison de faire à nouveau confiance. Il a vu comment la gentillesse, pratiquée avec constance, pouvait changer l'atmosphère.

Son propre changement a commencé par de petits gestes. Il a commencé à dire merci avec plus de sincérité. Il a cédé sa place sans même y réfléchir. Il a appelé son frère, quelqu'un à qui il n'avait pas parlé depuis des années, juste pour l'écouter. Au début, cela lui semblait étrange, comme danser après des années passées à rester assis. Mais petit à petit, il a trouvé son rythme. Pas le rythme de celui qu'il avait été, mais de celui qu'il pouvait devenir.

Un soir, après la fermeture de la librairie, Daniel a demandé à Nora pourquoi elle l'avait contacté au départ.

Elle a souri et a répondu : « Parce que quelqu'un l'a fait pour moi autrefois. Et j'ai promis de ne jamais gaspiller ce cadeau. »

C'est alors que Daniel comprit quelque chose de plus profond. Les valeurs, lorsqu'elles sont vécues sincèrement, ne restent pas confinées. Elles se propagent. Elles touchent la vie d'autrui. Et si elles sont accueillies avec soin, elles grandissent.

Un an plus tard, Daniel n'était plus de passage à Elmbridge. Il faisait désormais partie intégrante de la ville. Il faisait du bénévolat au centre communautaire, organisait des opérations de nettoyage du quartier et était même intervenu au lycée local pour parler de la manière dont le service aux autres permettait de trouver un sens à sa vie. Il disait que c'était juste une discussion pour calmer son trac, mais tout le monde savait que c'était bien plus que cela. Sa transformation ne s'était pas faite sous les feux de la rampe. Elle était authentique. L'homme qui, autrefois, errait sans but, avançait désormais avec détermination.

Les valeurs de Nora ne s'arrêtèrent pas à lui. Elles se perpétuèrent à travers lui. Un voisin proposa son aide. Un inconnu lui transmit des encouragements. De petits gestes commencèrent à s'enchaîner, discrètement mais avec constance. Ce qui semblait autrefois être une ville endormie semblait désormais animée de sens. Elmbridge devint un exemple vivant de la façon dont les valeurs, lorsqu'elles sont mises en pratique, façonnent non seulement les individus, mais des communautés entières.

L'héritage ne se trouve pas toujours dans les statues ou les récits transmis de génération en génération. Parfois, il réside dans la chaleur d'une librairie, dans le courage de tendre la main, et dans la vague de choix déclenchée par un seul geste sincère. Lorsque nous vivons nos valeurs non pas pour être vus, mais pour faire une différence, nous laissons derrière nous quelque chose qui perdure bien après que nous ayons prononcé notre dernier mot. Les valeurs n'ont pas besoin d'applaudissements. Elles ont seulement besoin d'être réelles.

L'essence du développement du caractère

Le vrai caractère est tout autre chose. Ce n'est pas celui que l'on revêt comme une veste quand une personne importante nous observe, mais celui qui s'enracine profondément en nous et se révèle quand personne n'est là. Ce genre de caractère ne s'acquiert pas facilement. Il se forge. Il est martelé. Parfois brisé, puis reforgé dans le feu des épreuves, des erreurs et d'un apprentissage lent.

Chaque personne parcourt la vie en suivant une sorte d'arc. Ce voyage ne se fait pas en ligne droite, mais s'achève le long d'un chemin sinueux, avec des creux, des pics, des mauvais virages et des compagnons inattendus. Le long de cet arc, on vous demandera encore et encore qui vous êtes. Et votre réponse ne sera pas dans vos mots. Elle sera dans vos actions. Que défendez-vous lorsque le sol sous vos pieds commence à bouger ?

Un homme ou une femme ne peut pas se forger un caractère qui vaille quoi que ce soit sans fondations. Ces fondations, ce sont les valeurs. Considérez-les comme les clous de fer qui maintiennent la structure de votre âme. Sans elles, votre arc s'effondre. Vous vacillez quand la vie vous met à rude épreuve, et elle le fera toujours. Vous tombez dans tous les pièges parce que vous ne défendez rien.

L'intégrité vous maintient ancré quand le vent tente de vous vendre la voie de la facilité. Elle vous rappelle d'agir correctement, même si cela vous coûte quelque chose. L'honnêteté marche aux côtés de l'intégrité. Il ne s'agit pas seulement de dire la vérité. Il s'agit de vivre en toute sincérité, où vos actions correspondent à vos paroles et où votre conscience reste pure.

Le respect te rappelle que personne n'est inférieur à toi. Chaque âme que tu rencontres, du mendiant au roi, a de la valeur. Tu l'honores non pas par des mots, mais par la façon dont tu la traites. Ce respect enseigne aux autres comment te traiter en retour.

La responsabilité est la force tranquille qui te permet de porter ce que tu dois porter. Tu es maître de tes choix. Tu ne refiles pas tes erreurs à d'autres ni ne blâmes le vent qui souffle. Tu en portes le poids. Et avec le temps, ce poids te rend plus fort.

L'empathie vous permet de voir au-delà de votre propre nez. Elle vous permet de ressentir la douleur dans la poitrine de quelqu'un d'autre et de l'accompagner sans fuir. Elle fait de vous un être humain. La compassion est la main qui se tend grâce à cette empathie. C'est l'acte de donner, d'être présent pour les autres avec plus que des mots.

La persévérance est un long chemin. Elle vous fait avancer quand la ligne d'arrivée n'est pas en vue. Elle n'est pas spectaculaire. C'est du cran. C'est choisir de continuer à grimper quand vos jambes n'en peuvent plus. Ce choix, répété, construit quelque chose que personne ne peut vous enlever.

La gratitude est la lanterne que vous portez. Elle éclaire le chemin et vous aide à rester humble. Elle vous apprend à reconnaître les bénédictions même lorsqu'elles se présentent sous une forme modeste. Elle adoucit les aspects durs en vous et vous rappelle que la joie est souvent silencieuse.

Maintenant, voici ce que la plupart des gens ne comprennent pas. Les valeurs ne sont pas des théories. Ce ne sont pas des lignes dans un cahier ou des mots que l'on accroche au mur. Ce sont des habitudes. Ce sont des choix faits mille fois jusqu'à ce qu'ils deviennent ce que vous êtes. On ne se contente pas d'en parler. On les vit. Et quand on les vit, quelque chose se produit. Les autres commencent à le ressentir. Ils commencent à vous faire confiance. Ils commencent à vous imiter. C'est ainsi que se forge la culture, non pas par de grands discours, mais par des exemples discrets.

Votre identité ne se construit pas en un instant. Elle se forge à force de choix, là où il serait plus facile de ne pas choisir du tout. Le monde mettra à l'épreuve votre attachement à chaque valeur que vous prétendez défendre. La vie vous mettra à rude épreuve. Elle vous mettra à nu. Elle vous chuchotera : « Abandonne. Prends des raccourcis. Détourne le regard. » C'est là que l'arc se courbe vers la force ou se brise.

Les valeurs que vous défendez deviennent votre boussole à ce moment-là. Elles vous indiquent la voie à suivre. Elles vous permettent de garder la tête haute. Elles transforment votre histoire en quelque chose qui mérite d'être rappelé.

Ce que vous transmettez a de l'importance. Pas votre richesse. Pas votre titre. Ce qui dure, c'est la façon dont vous avez vécu et les valeurs que vous avez portées comme un flambeau. Celles qui ont éclairé votre chemin et donné aux autres le courage de trouver le leur.

Alors, quand tu te réveilleras demain et que tu poseras les pieds par terre, demande-toi quel genre de caractère tu es en train de forger. Demande-toi quel genre d'héritage tu laisses derrière toi. Tu découvriras que tes valeurs ne sont pas seulement des outils pour vivre. Elles sont la preuve même que tu as vécu avec un but.

Conclusion

Alors que nous terminons nos chapitres à travers les pages de « Naviguer à travers le temps », j'apprécie notre voyage et j'espère que cette expérience en vaut la peine. Ce voyage a été une exploration profonde de la sagesse humaine, de la foi et de la prudence financière, nous guidant à travers les couloirs du temps.

Notre quête a commencé par un simple désir de découvrir le trésor insaisissable de la sagesse. En nous lançant dans ce voyage, nous avons découvert que la sagesse, loin d'être une relique antique confinée aux annales de l'histoire, est une entité dynamique en constante évolution. Elle n'est pas l'apanage exclusif des érudits ou des philosophes ; c'est plutôt un phare qui guide chaque individu désireux de s'embarquer dans un voyage d'introspection, d'ouverture d'esprit et d'apprentissage tout au long de la vie.

La philosophie n'a jamais été conçue pour être un coach de vie, et pourtant, d'une manière ou d'une autre, c'est elle qui s'est retrouvée aux commandes. Tout a commencé par de tranquilles réflexions menées par quelques barbus assis sous des arbres. Ils se demandaient pourquoi nous existons et comment on pourrait vivre sans devenir complètement fou. Puis, le reste d'entre nous, paniqués par le quotidien, s'y est accroché comme s'il s'agissait de la dernière corde pour sortir du chaos. La philosophie ne s'est jamais plainte. Elle s'est levée, a ajusté sa robe et a pointé du doigt le sens.

Ce que nous avons découvert dans ces premiers chapitres, c'est que la philosophie n'est pas un luxe. Ce n'est pas une garniture supplémentaire réservée aux penseurs et aux amateurs de tweed. C'est la colonne vertébrale même de la vie quotidienne. Elle s'immisce dans vos choix matinaux, vos disputes, vos habitudes de consommation et la façon dont vous réagissez lorsque le barista se trompe encore une fois sur votre nom. On n'étudie pas la philosophie. On la vit, qu'on le veuille ou non.

La sagesse, avons-nous appris, n'est pas un trophée que l'on remporte après avoir lu suffisamment de citations. C'est la capacité à appliquer ce que l'on sait lorsque la vie tente de vous mettre à terre. Elle n'est ni bruyante ni dramatique. C'est cette petite voix qui vous dit de vous asseoir avant de dire une bêtise. La sagesse guide vos pas même lorsque votre ego veut vous faire courir dans la mauvaise direction.

Tout le monde pense avoir besoin de connaissances. Ce dont on a réellement besoin, c'est de sagesse. Les connaissances t'aident à gagner des débats. La sagesse t'aide à les éviter tout court. Les connaissances peuvent te permettre de décrocher un emploi. La sagesse t'aide à garder ta dignité tout en l'exerçant. La sagesse n'est pas rare parce qu'elle est complexe. Elle est rare parce qu'elle exige de la discipline. Elle exige la volonté de faire une pause quand le monde veut que tu réagisses.

À partir de là, notre chemin s'est tourné vers la foi. Pas celle enfermée dans un bâtiment avec des bancs et des bougies, bien que cela ait sa place. La foi, telle que nous l'avons découverte, est l'acte obstiné de croire en des choses que l'on ne peut pas voir. C'est la capacité de faire confiance à quelque chose quand les preuves ont disparu. C'est aussi la capacité d'avancer quand la route s'efface.

La foi n'est pas un mot décoratif. Elle n'est pas brodée sur des coussins pour l'esthétique. C'est ce qui vous soutient quand tout le reste s'est effondré. La foi vous permet de garder la tête haute quand vos projets se sont effondrés et que le temps vous a ri au nez. Elle ne demande pas de preuves. Elle demande un engagement. Soit vous croyez, soit vous ne croyez pas. C'est là le test.

Une personne sans foi est comme un navire sans ancre ni voile. Elle dérive. Elle panique. Elle maudit le vent au lieu d'apprendre à s'en servir. La foi vous rappelle qu'il y a un sens au-delà du chaos. Il y a de l'ordre quelque part sous le bruit. Vous n'avez pas toujours besoin de comprendre. Il vous suffit de continuer d'avancer.

Juste après le virage, nous avons abordé un sujet que tout le monde pensait maîtriser, mais que peu comprenaient vraiment. L'argent. La sagesse financière est arrivée en fanfare, telle une institutrice armée d'une règle, corrigeant nos absurdités et mettant à nu nos habitudes. La plupart des gens pensent que la sagesse financière consiste à amasser des dollars comme on ramasse des coquillages. Ce n'est pas le cas. Il s'agit de comprendre comment vos choix se répercutent au fil du temps.

L'argent n'est pas la racine de tous les maux. C'est un mythe. L'ignorance en matière d'argent est bien plus dangereuse. Une personne qui ne sait pas gérer son argent devient prisonnière de son propre mode de vie. Elle court après les salaires et panique face aux prix. La sagesse financière n'est pas une question de cupidité. C'est une question de liberté. C'est l'art de faire des choix sans être enchaîné au passé.

Investir tôt n'est pas une recommandation. C'est une bouée de sauvetage. Un billet de vingt dollars économisé vaut bien plus que dix dollars économisés à quarante ans. Ce n'est pas de la finance. C'est de la physique. Planifier ne vous prive pas de votre spontanéité. Cela la protège. La personne qui établit un budget n'est pas ennuyeuse. Elle a le contrôle. C'est elle qui dort profondément pendant que tout le monde arpente la pièce dans le noir.

La sagesse financière enseigne également que vous n'êtes pas ce que vous gagnez. Vous êtes ce que vous en faites. Certaines personnes gagnent des salaires à six chiffres et vivent dans la peur. D'autres gagnent modestement et traversent la vie comme s'il s'agissait d'une danse. L'argent n'est pas la réponse. C'est l'amplificateur. Tout ce qui est en vous s'amplifiera une fois que l'argent sera là. C'est pourquoi le caractère doit passer avant tout.

Ce qui nous amène aux relations. Ce réseau discret d'âmes qui façonnent votre vie. Les relations ne sont pas un bonus. Elles sont le plan directeur. Aucune réussite, aucune récompense, aucun bilan financier ne vaut l'expérience d'être vu et apprécié par une autre personne. Vous pouvez vivre sans applaudissements. Vous ne pouvez pas vivre sans lien.

La santé de vos relations révèle souvent la santé de votre caractère. Une personne qui érige des murs finit par n'entendre que des échos. Une personne qui construit des ponts trouve l'harmonie. Les relations ne se construisent pas sur des mots. Elles se construisent sur la constance. Sur le fait d'être présent quand cela compte et de rester quand c'est difficile. Elles ne sont pas une commodité. Elles sont sacrées.

Une bonne relation ne vous demande pas d'être parfait. Elle vous demande d'être présent, de mettre votre fierté de côté assez longtemps pour écouter quelqu'un d'autre, de porter le fardeau quand l'autre ne le peut pas, et de vous enseigner l'humilité, la patience et les limites de votre propre égocentrisme.

Nous arrivons maintenant au moment final. La partie où les gens s'attendent à une conclusion et à un joli nœud moral noué autour des leçons apprises. Ce n'est pas ainsi que fonctionne la vie. Il n'y a pas de rappel. Il n'y a que le prochain choix. Ce que vous faites de ce que vous savez est l'examen final, qui est toujours à livre ouvert.

Vous comprenez désormais que la sagesse n'est pas une théorie. C'est un mouvement. C'est la façon dont vous vous frayez un chemin dans la foule et payez vos factures, dont vous traitez la personne qui vous interrompt. Vos valeurs ne sont pas quelque chose que vous dites. Elles sont quelque chose que vous révélez.

La foi n'est pas facultative. La clarté financière non plus. La gentillesse non plus. Ce ne sont pas des ornements pour une vie meilleure. C'est la vie. C'est la seule façon d'avancer sans te perdre. C'est le plan qui transforme une succession d'années en une existence pleine de sens.

Tout ce dont vous avez besoin se trouve déjà en vous. La philosophie vous a donné la boussole. La foi vous a donné le courage. Les finances vous ont donné les fondations. Les relations vous ont donné la raison. Vous n'êtes pas à la fin. Vous êtes à la porte. Votre histoire continue maintenant, pas plus tard.

Chaque jour où tu te réveilles, tu rencontreras deux choses. L'écho d'hier et la question d'aujourd'hui. La façon dont tu y réponds deviendra la phrase dont on se souviendra un jour. Fais en sorte que cette phrase reflète des valeurs qui sont restées fermes quand la pression a tenté de les plier.

Le caractère ne se décide pas en un instant. Il se forge dans des schémas. Il se façonne par les habitudes. Il s'ancre dans des valeurs. Tu n'as pas besoin de perfection. Tu as besoin d'une direction. Tu n'as pas besoin d'applaudissements. Tu as besoin d'intégrité. Tout le reste n'est que bruit.

Alors que tu t'avances vers les pages encore vierges qui t'attendent, garde cette vérité à l'esprit. Tu es l'auteur. Tu es le personnage. Tu es l'éditeur. Les valeurs que tu défends façonneront chaque scène. Elles créeront la fin qui compte.

C'est votre histoire désormais. Écrivez-la bien.

Références

1. Arendt, H. (1958). *La condition humaine*. University of Chicago Press.
2. Dostoïevski, F. (2004). *Les Frères Karamazov* (R. Pevear & L. Volokhonsky, trad.). Farrar, Straus and Giroux. (Œuvre originale publiée en 1880)
3. Emerson, R. W. (2000). *Self-reliance and other essays*. Dover Publications. (Œuvre originale publiée en 1841)
4. Frame, D. M. (2010). *Montaigne : Essais*. Stanford University Press.
5. Janaway, C. (1999). *Schopenhauer : une très brève introduction*. Oxford University Press.
6. Xunzi. (1999). *Écrits fondamentaux* (trad. B. Watson). Columbia University Press.

www.ingramcontent.com/pod-product-compliance
Lightning Source LLC
Chambersburg PA
CBHW030900120726
48008CB00002B/68

* 9 7 9 8 9 5 0 2 2 1 1 1 8 *